India's
Nuclear Strategy

印度的核战略

章节根 · 著

时 事 出 版 社

本书受云南财经大学中国与东印度洋地区
合作发展协同创新中心研究项目资助

目 录

图表目录

绪 论

第一节 问题由来

印度于1998年5月进行了地下核武器试验，并随即宣布为核国家。自此，印度走向了公开核武器化并开始制定和发展核威慑战略之路。在进行核试验之后，印度还成立了国家安全委员会，其重要职能之一就是制定印度核战略的原则。具体负责制定印度核原则的机构是国家安全委员会下属的国家安全理事会，由其起草的印度《核原则草案》于1999年8月17日发布，其中提出了不首先使用核武器和“可信的、最低限度的威慑”这两大原则。在这两大核战略理论原则的指导下，印度正致力于发展三位一体的核战略力量，一项公开的印度核战略正在发展和完善之中。印度为何走向公开核威慑之路？印度核战略的内容是什么？它具有哪些特点？这些都需要从理论上做出解释。而就实践意义而言，印度是中国的第二大邻国，并且两国之间的边界问题仍然没有解决，印度在进行核试验以及发展核战略的实践中都以“中国威胁”为依据，因此研究印度核战略对于思考中国的周边战略环境以及南亚安全政策有着重要的实践意义。

第二节　研究对象

本书是就印度核问题进行的战略研究。根据本书中的定义，战略是指一国在其对外行为中形成的有关运用武力达成国家政策目标的理论，以及据此进行的使用武力或以武力相威胁的实践。相应地，核战略是指有核武器国家在其对外行为中形成的有关运用核力量达成国家政策目标的理论，以及据此进行的发展核力量并以核力量相威胁的实践。由于核武器的不可使用性，世界上有核武器国家先后都接受了威慑的理念，核威慑因此成为核战略的灵魂。印度在进行公开核武器试验之后，不久就宣布了不首先使用核武器原则，并明确表示印度的核武器用于威慑。这样，研究印度的核战略实际上就是研究印度的核威慑战略。

就一般情况而言，战略可分为公开宣称的战略与实际执行的战略。同所有其他国家一样，印度官方公布的核战略可能只是宣传性的，它可能是、也可能不是印度实际执行的核战略。公开宣称的战略往往只是停留在理论层面，至于在实践当中具体实施何种战略则要与具体的战略环境以及本国的军事力量相结合。印度公开宣称的核战略可见诸于 1999 年出台的《核原则草案》以及 2003 年发布的官方核文件，其核心内容是不首先使用核武器和“可信的、最低限度的威慑”这两大原则。本书对印度公开宣称的核战略的研究即围绕这两大原则展开。在对印度核战略两大原则进行深入研究的基础上，本书还对印度核战略力量的发展与使用进行探讨，并根据印度的战略意图以及印度核力量的结构总结归纳出印度实际执行的核战略的特点。

第三节　前人研究综述

尽管印度在 1998 年进行核武器试验之后才走上公开核威慑之路，但印度发展核武器的历史却由来已久，因此关于印度核问题的研究成果已经相当丰富。国外对印度核问题的研究从20世纪60年代就已经开始，在1974年印度进行所谓的“和平核爆”之后，有关印度核问题的研究成果更是层出不穷。相对于国外的研究状况，国内对于印度核问题的研究起步较晚，主要兴起于1998年印度以“中国威胁”为借口进行核武器试验之后。

一、国内研究状况

1998年印巴系列核试验震惊了世界，中国学术界对此也给予了高度关注，有关印度核问题的研究迅速成为国内学术界的一个热点。仅这一年，国内出版的有关印度核问题的著作就有四本，分别是肖敬民、吴鹏合著的《南亚核风云——印巴核试验扫描》，田源、京西、陆保生合著的《印巴核爆冲击波》，王福春、沈春兰、陈敬华、王传剑等编著的《核阴云下的南亚》，以及王联、史哲、叶海林等编著的《南亚上空的蘑菇云——印巴核试验前前后后》。[①] 但在这一研究热潮过去之后，学术界对印度核问题的研究并没有进一步深入，直到2004年复旦大学博士生赵恒写了一篇题为《印度核政策研究》的博士论文。这篇博士论文以历史学的视角论述了印度独立以来各个时期核政策的历史演变，并就中印关系中的核问题做了一些有益探讨。[②] 除了上述与印度核问题直接相关的专著与编著之外，国内涉及到印度核问题的著作还包括：孙士海主编的《南亚的政治、国际关系及安全》和《印度的发展及其对外战略》；赵德喜、王佑生编著的《印巴对抗何时休》；马加力所著的《关注印度——崛起中的大国》；曹永胜、罗健、王京地合著的《南亚

① 肖敬民、吴鹏著：《南亚核风云——印巴核试验扫描》，北京：长虹出版公司，1998年版；田源、京西、陆保生著：《印巴核爆冲击波》，北京：昆仑出版社，1998年版；王福春、沈春兰、陈敬华、王传剑等著：《核阴云下的南亚》，北京：文化艺术出版社，1998年版；王联、史哲、叶海林著：《南亚上空的蘑菇云——印巴核试验前前后后》，北京：新华出版社，1998年版。

② 赵恒：《印度核政策研究》，复旦大学博士生论文，2004年。

大象——印度军事战略发展与现状》；张贵洪著的《超越均势：论后冷战时期的美国南亚安全战略》；胡思得主编的《周边国家和地区核能力》等。[①]

从国内刊物上发表的文章来看，与印度核（威慑）战略直接相关的研究成果主要有以下几篇论文：宋德星：《略论印度的‘区域性威慑’军事战略》；张力整理：《印度学者谈印度核战略》；张力：《印度的核政策与核战略》；周学海：《核威慑的条件——兼论南亚核威慑的前景》；原狄：《印度新型战略导弹的开发与‘核威慑’》；杜朝平：《印度海军与核战略》。[②]

此外，由于印度核战略包含的内容非常丰富，其他与印度核有关的研究均与本论题有一定的相关性，大致可以分为四类。第一类是与印度核有关的历史研究，主要有王晓彬：《大漠烽烟？——印度核试验的来龙去脉》；吴康和、宋德星：《论印度核政策的历史演变及其核武化的危害性》；滕建群：《50 年来印度核武器发展政策演变》；薄燕：《印度核政策的演变》；宋德星：《论尼赫鲁政府的和平核政策》。[③] 第二类是有关印度核试验及其影响的研究，主要有杜幼康：《印度核试验与中印关系》；

---

① 孙士海主编：《南亚的政治、国际关系及安全》，北京：中国社会科学出版社，1998 年版；孙士海主编：《印度的发展及其对外战略》，北京：中国社会科学出版社，2000 年版；赵德喜、王佑生编：《印巴对抗何时休》，郑州：中原农民出版社，2000 年版；马加力著：《关注印度——崛起中的大国》，天津：天津人民出版社，2002 年版；曹永胜、罗健、王京地著：《南亚大象——印度军事战略发展与现状》，北京：解放军出版社，2002 年版；张贵洪著：《超越均势：论后冷战时期的美国南亚安全战略》，杭州：浙江大学出版社，2007 年版；胡思得主编：《周边国家和地区核能力》，北京：原子能出版社，2006 年版。

② 宋德星：《略论印度的“区域性威慑”军事战略》，《当代亚太》1998 年第 4 期；周学海：《核威慑的条件——兼论南亚核威慑的前景》，《世界经济与政治》1999 年第 4 期；原狄：《印度新型战略导弹的开发与“核威慑”》，《南亚研究季刊》2000 年第 1 期；张力整理：《印度学者谈印度核战略》，《南亚研究季刊》2000 年第 1 期；张力：《印度的核政策与核战略》，《南亚研究季刊》2000 年第 2 期；杜朝平：《印度海军与核战略》，《舰载武器》2003 年第 2 期。

③ 王晓彬：《大漠烽烟？——印度核试验的来龙去脉》，《当代世界》1998 年第 7 期；吴康和、宋德星：《论印度核政策的历史演变及其核武化的危害性》，《世界经济与政治》1998 年第 6 期；滕建群：《50 年来印度核武器发展政策演变》，《南亚研究》2000 年第 2 期；薄燕：《印度核政策的演变》，《国际论坛》2000 年第 6 期；宋德星：《论尼赫鲁政府的和平核政策》，《史学月刊》2002 年第 5 期。

高子川：《印度核试验的背景及其对国际安全的影响》；张位均：《印度核试验与南亚安全》；杜健：《南亚核风暴及其影响》和《印度核试验的背景及其对国际安全的影响》；张文木：《核试后南亚形势及走向》；张力：《印度核试以来的中印关系》；陈继东：《印巴核对抗及其双边关系的发展趋势》。① 第三类是有关印度核政策与核力量的研究，主要有吴健：《神秘的印度核军备》；嵇绍国：《接通最后一根导线　建立陆海空核力量　谋求大国地位——印度核军备的现状及未来》；周义：《印度核力量现状与发展趋势》；吴薇：《印巴冲突加剧，核实力孰高孰低?》；傅小强：《印度缘何核军备动作频繁》；肖寿高：《印度的核能力到底有多大?》。② 最后一类是有关美印核合作的研究，主要研究成果包括张力：《从"核协议"解读印美战略关系》；孙建波：《印美"民用核能合作协议"与印美关系的未来发展》；张力：《印度、美国围绕民用核合作的利益关联》；王艳：《核印度"转正"》；赵青海：《美印核合作及其影响》。③

---

① 杜幼康：《印度核试验与中印关系》，《国际问题论坛》1998年第3期；高子川：《印度核试验的背景及其对国际安全的影响》，《国外社会科学情况》1998年第4期；张位均：《印度核试验与南亚安全》，《当代亚太》1998年第6期；杜健：《南亚核风暴及其影响》，《世界经济与政治》1998年第7期；张文木：《核试后南亚形势及走向》，《战略与管理》1999年第2期；张力：《印度核试以来的中印关系》，《南亚研究季刊》2004年第1期；陈继东：《印巴核对抗及其双边关系的发展趋势》，《国际观察》2002年第3期。

② 吴健：《神秘的印度核军备》，《当代世界》1998年第7期；嵇绍国：《接通最后一根导线　建立陆海空核力量　谋求大国地位——印度核军备的现状及未来》，《国际展望》2001年第7期；周义：《印度核力量现状与发展趋势》，《中国航天》2002年第5期；吴薇：《印巴冲突加剧，核实力孰高孰低?》，《国防》2002年第7期；傅小强：《印度缘何核军备动作频繁》，《现代国际关系》2003年第2期；肖寿高：《印度的核能力到底有多大?》，《环球军事》2003年第20期。

③ 张力：《从"核协议"解读印美战略关系》，《南亚研究季刊》2005年第3期；孙建波：《印美"民用核能合作协议"与印美关系的未来发展》，《南亚研究季刊》2006年第2期；张力：《印度、美国围绕民用核合作的利益关联》，《南亚研究季刊》2006年第2期；王艳：《核印度"转正"》，《中国新闻周刊》2006年3月13日；赵青海：《美印核合作及其影响》，《国际问题研究》2006年第4期。

二、国外研究状况

印度开发核武器的历史可追溯到20世纪60年代中期，因此国外有关印度核问题的研究从此时就已经开始了，并且其研究相当深入，研究成果也相当丰富。尽管印度于1998年之后才开始制定公开的核威慑战略，但有关印度核问题的战略研究在20世纪70年代就已经开始了。这主要是印度国内战略学家就印度核战略原则展开的理论探讨，曾两度担任印度国防研究分析所（IDSA，Institute for Defence Studies and Analyses）所长的K. 萨布拉曼亚（K. Subrahmanyam）是研究印度核原则的先驱。K. 萨布拉曼亚关于印度核原则的思想最早见诸于1974年印度“和平核爆”后发表的一篇文章，题为《保持选择公开》。[①] 在这篇文章中，他在阐释印度可能面临的核威胁的基础上，直言不讳地批评印度政府缺乏对“威慑”、“升级”、“讨价还价”等有关核战略的重要概念的理解，还批评印度战略界对如何在美国—苏联—中国三极核力量主导的安全环境中维护非核武器国家的安全缺少研究。在文章的最后，他还批评印度政府对发展核武器战略缺少热情的做法，主张印度应集中力量发展针对中国的战略核威慑，并主张印度应建设与中等核国家的发展水平相持平的核力量。20世纪80年代之后，萨布拉曼亚的战略主张得到越来越多印度战略学家的支持。另一位有着特别重要影响的战略学家是来自军方的K. 桑达吉（K. Sundarji）上将。K. 桑达吉的核战略思想主要形成于20世纪80年代至90年代初，这段时间他对最低限度的核威慑以及不首先使用核武器原则有非常深入的研究，印度在公开制定核战略时提出的两大核原则很大程度上受到他的影响。K. 桑达吉于1999年2月去世，在K. 萨布拉曼亚等人的主持下，其遗著《眺望2100：一项21世纪的战略》于2003年出版，该书第二部分内容记录了他主要形成于20世纪八九十年

---

① K. Subrahmanyam, “Keeping the Option Open”, in Robert M. Lawrence and Joel Larus eds., *Nuclear Proliferation Phase* Ⅱ, Lawrence/Manhattan/Wichita: The University Press of Kansas, 1974, pp. 112 – 148.

代与印度核战略有关的思想。[1] 但由于印度政治领导人在相当长时间内没有接受核威慑的思想，印度战略学家的主张并未得到官方的重视。20世纪90年代之后，印度的战略文化发生了重要变革，印度国内主张发展核武器的呼声再次高涨。印度战略学家在制定核原则方面显得更加积极，其中影响最大的是以萨布拉曼亚为代表的最低限度派及以贾斯吉特·辛格（Jasjit Singh）为代表的“隐性威慑”（Recessed Deterrence）派。前者主张印度应发展最低限度的核威慑力量；[2] 后者则主张尽管印度有制造核武器的能力，但不需要实施核武器化，印度核武器能力即使不公开化也能起到“隐性威慑”的效果。[3] 总体来说，在1998年之前尽管印度有不少战略学家在从事印度核战略原则的研究，但从笔者所收集的材料来看，其战略主张主要散见于一些论文之中，尚未出现关于印度核战略研究的专著。

1998年印度系列核武器试验结束之后，在印度政府表示公开制定核战略原则以及实施核战略的背景下，有关印度核战略的各种著作相继出版。有关印度核战略的专著主要有四本：

（一）V. N. 坎纳（V. N. Khanna）著：《印度的核原则》[4]

这本著作的主要内容包括印度核政策的演变、印度核战略所包含的不首先使用核武器与最低限度可信威慑两大原则、核印度与世界和平。该书主要对印度核战略及其基本原则的由来做了综述，其中借鉴其他学者的研究成果较多，创新性并不太大。该书作者是一位大学政治学学者，故而其专业性不如长期从事战略研究的学者，对于印度核战略如何发展

---

① General K. Sundarji, *Vision 2100: A Strategy for the Twenty-Fist Century*, Delhi: Konark Publishers Pvt Ltd., 2003.

② See K. Subrahmanyam, “Nuclear Force Design and Minimum Deterrence Strategy for India”, in Bharat Karnad ed., *Future Imperilled: India's Security in the 1990s and Beyond*, New Delhi: Penguin books India (p) Ltd., 1994.

③ Jasjit Singh, “Prospects for Nuclear Proliferation”, in S. Sur, ed., *Nuclear Deterrence: Problems and Perspectives in the 1990s*, New York: United Nations Institute for Disarmament Research, 1993, p. 66.

④ V. N. Khanna, *India's Nuclear Doctrine*, New Delhi: Samskriti, 2000.

也没有提出自己的看法，但书中关于印度核战略两大原则发展过程的研究对本书有着重要借鉴作用。

（二）拉贾·梅农（Raja Menon）著：《一项印度的核战略》[①]

作者是一位退役的印度海军少将。作者认为，就威慑战略本身而言，亚洲人的思考并不会比西方人的思考更高明，因此他在该书中大量借鉴了西方的核战略思想。但他同时指出，印度的战略家们可以在西方理论的基础上，利用印度的经验来改进这一理论，从而使得印度的核战略研究可以站在更高的起点上。他指出，印度核政策必须建立在明确的战略基础上，但无论是在印度民间还是印度军方，都还没有出现一个专门研究核战略的机构。他的结论是贫穷的印度正在玩一个应该由富国参加的游戏，因此印度最低限度的威慑必须考虑到印度财力承受的底线。作者鉴于其专业性背景，主张印度未来的核战略应以海基核力量为主，陆基核力量为辅。他所主张的印度核力量是两位一体的结构，因为在他看来空中轰炸机在印巴常规战争中也可能用来携带常规弹头，从而在巴基斯坦误认为携带有核弹头的情况下，招致先发制人的核打击。

（三）阿什利·J. 特里斯（Ashley J. Tellis）著：《印度正出现的核态势：在隐性威慑和装备完毕之间》[②]

这是美国兰德公司赞助并为美国政策制定者写就的一本书，它探讨了印度发展核武器的动因、印度战略界对核武器的真实想法以及正在发展中的印度核威慑战略。这本书从印度的战略利益、制度结构以及安全目标等方面，以较宽阔的视野考察了印度正在出现的核态势。作者用“现有力量”（Force-in-being）一词来描述正在出现的印度核态势，认为这一态势具有三大特点，分别是规模有限、核武装部署分散、核指挥与控制权高度集中等。由于其写作目的所限，这本书进行这些研究主要是

---

① Raja Menon, *A Nuclear Strategy for India*, New Delhi: Sage Publications, 2000.

② Ashley J. Tellis, *India's Emerging Nuclear Posture: Between Recessed Deterrent and Ready Arsenal*, Santa Monica: CA, Rand Corporation, 2001.

为美国的不扩散政策以及地区安全政策服务。而且，该书作者本人是出生在孟买的印裔学者，这种出身在一定程度上影响了作者研究立场的客观性。

（四）巴拉特·卡纳德（Bharat Karnad）著：《核武器与印度安全：战略的现实主义基础》①

作者是印度国内支持核武器项目的最大限度派代表，并且曾是第一届印度国家安全理事会的成员。全书大部分内容在阐述印度核政策的历史，但与其他研究印度核政策历史的著作不同，本书对于历史的阐述主要集中在印度领导人的战略思维上，作者这么做的主要目的在于批判印度传统战略中的道义政治因素，而对 1966 年以来印度逐渐发展起来的现实主义政治因素予以肯定。全书的最后一章是作者本人对印度核战略的主张，认为印度应从现实主义的立场出发，以更广阔的战略眼界来制定印度的核战略，并主张印度必须发展热核武器。

除以上专门论述印度核战略的著作之外，1998 年之后与印度核战略有关的著作还有更多，主要包括贾斯吉特·辛格编：《核印度》；贾斯旺特·辛格（Jasjit Singh）著：《防卫印度》；阿米达博·马图（Amitabh Mattoo）编：《印度的核威慑：博克兰Ⅱ及以后》；A. 萨布拉曼亚·拉居（A. Subramanyam Raju）编：《核印度：问题与前景》；阿宁迪欧·J. 马加达（Anindyo J. Majumdar）编：《进入新世纪的核印度》；M. L. 桑迪（M. L. Sondhi）：《核武器与印度国家安全》；D. R. 萨德赛（D. R. SarDesai）和拉居·G. C. 托马斯（Raju G. C. Thomas）编：《21 世纪的核印度》；阿鲁纳巴·高斯（Arunabha Ghosh）编：《印度的核政策：博克兰Ⅱ及以后》；萨米特·甘勾利（Sumit Ganguly）编：《正在出现的大国印度》；普拉卡什·钱德（Prakash Chander）著：《冲突下的印度与巴基斯坦：核原则及以后》；贾斯吉特·辛格编：《核威慑与外交》；拉贾·梅农：《大

① Bharat Karnad, *Nuclear Weapons & Indian Security: The Realist Foundations of Strategy*, Delhi: Macmillan India Limited, 2002.

规模武器：印度的选择》；阿皮特·拉杰恩（Arpit Rajain）：《南亚核威慑：中国、印度与巴基斯坦》；卡斯特恩·弗莱（Karsten Frey）：《印度的核弹与国家安全》。①

除以上主要与印度核战略有关的著作之外，本书对有关印度核政策及大战略的研究亦有参考，有两本著作对本书写作非常重要。第一本是乔治·帕克维奇（George Perkovich）的权威之作——《印度的核弹：全球扩散的影响》。② 该书按照时间顺序，对印度研究试验核武器的背景、国内政策的辩论、技术的准备、核外交等方面的内容都做了很详细的叙述。其着重回答了为什么在149个国家签署了全面禁止核试验条约的时候，印度却追求核武器地位？是什么因素推动印度教民族主义政府抛弃了数十年的核克制？美国的不扩散政策如何影响印度的政策制定？作者在写作过程中走访了原来的政策制定者、科学家、战略学家等与印度核问题直接相关的人员，其研究态度十分严谨，该书是研究印度核问题不可绕过的参考书。另一本著作是美国著名南亚问题专家斯蒂芬·科恩所著的《印度：正在出现的大国》，这本书是有关印度大战略的经典之作，其深邃的思想以及严密的逻辑对于本书的研究有着很大的启发意义。科

---

① Jasjit Singh ed., *Nuclear India*, New Delhi: Knowledge World, 1998; Jaswant Singh, *Defending India*, Chennai: Macmillan India Ltd, 1999; Amitabh Mattoo ed., *India's Nuclear Deterrent: Pokhran Ⅱ and Beyond*, New Delhi: Har-Anand Publications Pvt Ltd., 1999; A. Subramanyam Raju ed., *Nuclear India: Problems and Perspectives*, New Delhi: South Asian Publishers, 2000; Anindyo J. Majumdar ed., *Nuclear India into the New Millennium*, New Delhi: Lancer's Books, 2000; M. L. Sondhi, *Nuclear Weapons and India's National Security*, New Delhi: Har-anand Publications Pvt Ltd., 2000; SarDesai and Raju G. C. Thomas eds., *Nuclear India in the twenty-first century*, New York: Palgrave-Macmillan Publishes Ltd., 2002; Arunabha Ghosh ed., *India's Nuclear Policy: Pokhran Ⅱ and Its Aftermath*, Kolkata: Progressive Publishers, 2002; Sumit Ganguly, *India As an Emerging Power*, London and Portland: Frank Cass, 2003; Prakash Chander, *India and Pakistan Unending Conflict: Nuclear Doctrine and Its Aftermath*, New Delhi: A. P. H. Publishing Corporation, 2003; Jasjit Singh and Manpreet Sethi eds., *Nuclear Deterrence and Diplomacy*, New Delhi: Knowledge World, 2004; Arpit Rajain, *Nuclear Deterrence in Southern Asia: China, India and Pakistan*, New Delhi: Sage Publications, 2005; See Karsten Frey, *India's Nuclear Bomb and National Security, London and New York: Routledge*, 2006.

② George Perkovich, *India's Nuclear Bomb: The Impact on Global Proliferation*, Berkeley, Los Angeles and London: University of California Press, 1999.

恩这部著作对本书研究最有帮助的有两个方面：一是科恩有关印度领导人战略思维演变的研究，二是他对印度通向核武器之路的几次大辩论的叙述与分析。

除了上述与印度核战略相关的各种专著、编著之外，主要国际政治类刊物刊发了不少与印度核战略有关的论文。这些刊物包括《国际安全》（International Security）、《外交事务》（Foreign Affairs）、《亚洲观察》（Asia Survey）、《不扩散评论》（Nonproliferation Review）、《今日军控》（Arms Control Today）等。这些论文主要集中在对印度核原则的分析以及印度核态势的评估方面。而在印度国内，印度主要战略研究机构，主要包括国防研究分析所以及和平与冲突研究所（Institute of Peace and Conflict Studies），发表了不少与印度核战略相关的论文。另外，印度的战略分析家还在印度各大新闻媒体上发表各种讨论印度核战略的文章，新闻媒体也是他们就印度应当成为一个什么样的核国家展开辩论的平台。限于篇幅，有关论文不再一一列举，其中不少文章在本书的参考文献中有提及。

第四节 研究方法与基本框架

从前文研究综述可以看出，有关印度核战略的研究在国内虽然比较贫乏，但印度以及西方国家的相关研究却已比较丰富。印度核战略虽然产生时间较晚，但其包含的内容却很多。本书并不奢求能解决所有与印度核战略相关的问题，但对于印度核战略的核心问题，包括印度对核威慑的理解、印度核战略的基本原则、印度核战略的力量发展以及力量结构都有关注。

现实主义一直是战略研究中占主导地位的分析范式。现实主义认为，在无政府状态的国际社会中，主权国家的国家利益是以权力和安全来界定的。古典现实主义是关于权力政治的理论，认为主权国家参与国际政治的动因就是最大限度地获取权力；新现实主义则认为主权国家的最终目标是安全，而权力是实现国家安全的重要手段。只要现实主义关于国际社会的无政府状态的理论假设是有效的，那么现实主义分析范式对于研究主权国家的行为就能发挥积极作用。对于印度核战略的研究同样离不开现实主义的分析范式，这是基于两个方面的原因：一方面，在国际核领域，尽管在美国等大国的主导下，国际社会对于核权力达成了包括不扩散核武器条约和禁止核试验条约在内的机制性安排，但印度和巴基斯坦两国均未参与进来，国际社会并不能从根本上防止两国为获取权力和增进自身安全而发展核武器的行为；另一方面，就南亚次大陆这个地区性的国际系统而言，无政府状态能够真实地描述该地区的战略结构。本书对于现实主义分析范式的运用主要有：（1）以古典现实主义的权力政治理论来分析国际核权力体系对印度战略选择的影响；（2）以新现实主义的安全政治视角来分析印度的威胁观，进而分析印度如何将核武器与国家安全联系起来；（3）核威慑理论是现实主义进行战略研究的主要理论工具，本书对印度核战略的研究也是围绕核威慑这一核心概念展开的。

无论是古典现实主义还是新现实主义，它们更多地都是从主权国家与国际社会的互动中分析主权国家行为的。20 世纪 70 年代之后，新现实主义成为国际安全研究领域（包括战略研究）的主导性分析范式，但是肯尼思·华尔兹对新现实主义做了一个基本的定性，即“国际政治的系统理论研究的是在国际层面，而非在国内层面发挥作用的力量”。[①] 就国家安全战略而言，现实主义者认为战略决策完全是基于“现实政治”的考虑，决策者在进行战略决策时，基本上只考虑国家的物质实力以及国际体系结构中的实力分配，观念、文化类的因素则基本为现实主义理论范式所忽略。但是对于印度核战略的研究，在印度国内因素的分析方面必不可少。这是因为如果仅从对权力的追求以及外来的安全威胁角度去分析，印度完全有可能在 1998 年之前很久就制定并实施核战略。事实

---

① ［美］肯尼思·华尔兹著，信强译，苏长和校：《国际政治理论》，上海：上海人民出版社，2003 年版，第 95 页。

上，印度早在 1974 年就以“和平”名义进行了核武器试验，但印度政府并没有在这次核试验之后采取核武器化的政治决定。本书认为，一国的战略行为首先根源于国内，形成于一国特定历史与文化中的“战略文化”是导致该国做出战略选择的国内根源。相对于现实主义的分析范式，战略文化的分析范式出现较晚，并且研究战略文化的学者对于该范式所运用的核心概念“战略文化”一词的理解存在着分歧。因此，本书在第二章花了大量篇幅对战略文化分析范式进行了理论综述，并在此基础上对战略文化下了一个明确的定义，指出战略文化是“指一个国家在客观地缘环境、历史经验以及民族文化的基础上形成的有关威胁、武力使用以及国际战略定位的态度、价值取向以及行为模式，这些态度、价值取向以及行为模式构成了国家战略选择的文化环境，它具有相对的稳定性，同时又会在现代化的进程中得以发展”。印度战略文化的稳定性解释了 1998 年之前印度核政策上的连贯性，即在相当长时间内保留核选择，但在发展核武器问题上表现得很克制，而印度战略文化的变革则解释了印度的公开核威慑战略选择。

综合运用以上两种分析范式，本书的基本框架如下：第一章首先界定了战略研究的范围，并对战略以及核战略的概念做出了明确界定。在这之后，在引入西方核威慑理论的基础上，借助对印度国内政治过程以及历史经历的阐述，界定 1998 年之后印度官方提出的“可信的、最低限度的威慑”战略为本书的研究对象；第二、三章运用战略文化和现实主义这两大分析范式，分别从国内和国际层面论述印度核战略的国内根源以及影响印度核战略的国际因素；第四、五章运用核威慑这一理论工具，分别论述印度核战略的理论原则与战略实践；最后一章在前面几章分析的基础上，着重分析了印度核战略对印巴核威慑稳定性以及中印安全关系的影响。

第一章／核战略与印度的核战略

现代战略的概念产生于西方，对于印度这样的亚洲国家来说，战略、核战略等概念都是舶来品。研究核战略的印度学者也承认，“就核战略而言，亚洲并没有特殊的智慧。总体来说，印度政府在核战略决策方面不可能比西方国家政府做得更好”。[①] 本章首先对战略概念做出明确界定，并对战略研究进行必要的理论梳理，然后在分析西方核战略理论的基础上，结合印度自身的政策决策过程以及历史经验来阐释印度的核战略。

第一节　战略与战略研究

一、战略概念的界定

有关战略的概念五花八门，不同时代和不同国家的人们对它有着不同的理解。在西方，“战略”原本是军事上的用语，这个词间接来自希腊语的 strategos（将军），但 strategos 并没有“战略”现代单词的含义。在希腊语中，与“战略”一词相对应的单词是 atrategike episteme 或 strategon sophia（将军的智慧）。[②] 公元 579 年，东罗马帝国皇帝毛莱斯为了训练其将领，编了一部教材，题名 strategicon，意为“为将之道”，或简

① Raja Menon, *A Nuclear Strategy for India*, New Delhi: Sage Publications, 2000, p. 20.

② Ibid.

称“将道”，英文的“strategy”（战略）就是从“strategicon”翻译而来的。[①]

现在所知，最早为战略下定义的是德国军事理论家海因里希·迪特里希·比洛（Heinrich Dietrich Bülow）。他在1799年写成的《最新战法要旨》中，把军事科学分为战略和战术，并对战略和战术下了定义，明确提出：“战略是关于在视界和火炮射程以外进行军事行动的科学；而战术是在上述范围以内进行军事行动的科学。”[②]“战略”一词的广泛出现是在拿破仑战争之后，一批优秀的战略思想家在这场战争中涌现出来，瑞士人安托万·亨利·若米尼（Antoine Henri Jomini）和德国人卡尔·冯·克劳塞维茨（Carl von Clausewitz）更是其中的杰出代表。若米尼认为，战略是“或为入侵别国，或为保卫本国而在战场上巧妙指挥大军的艺术”。[③]在他看来，凡涉及整个战争区的问题，均属战略范畴，因而他又将战略定义为“在地图上进行战争的艺术，是研究整个战争区的艺术”。[④]克劳塞维茨对战略的经典定义是“为了达到战争的目的而对战斗的运用”。[⑤]战略必须为整个军事行动规定一个适应战争目的的目标，也就是拟制战争计划；并且必须把达到这一目标的一系列行动同这个目标联系起来，也就是拟制各个战局的方案和部署其中的战斗。[⑥]由于两者皆处于拿破仑战争时代，他们对战略的理解有着共同点，那就是两者都强调消灭敌人的军队，并将其视为军事行动的核心目标。[⑦]

第一次世界大战的残酷现实引领战略学家们重新思考战略的概念。

---

① 钮先钟著：《现代战略思潮》，台北：台湾黎明文化事业股份有限公司，1985年版，第4页。

② 阎铸主编：《军事战略导论》，北京：中国社会科学出版社，1992年版，第29页。

③ ［瑞士］A. H. 若米尼著，刘聪译：《战争艺术概论》，北京：解放军出版社，2005年版，第26页。

④ 同上书，第106页。

⑤ ［德］卡尔·冯·克劳塞维茨著，中国人民解放军军事科学院译：《战争论》，北京：商务印书馆，1982年版，第175页。

⑥ 同上。

⑦ 参见J. 莫汉·马利克：《战略思想的演变》，［澳］克雷格·A. 斯奈德等著，徐纬地等译：《当代安全与战略》，长春：吉林人民出版社，2001年版，第23页。

其中，特别值得一提的是英国战略学家利德尔·哈特（Basil Henry Liddell Hart）的战略思想，他于1929年提出了著名的“间接路线战略”。他批评克劳塞维茨的战略概念只以单纯地利用会战为限，于是便产生了一个错误观念，使人们以为只有会战才是达到战略目的的唯一手段。[①] 在利德尔·哈特看来，战略是一种分配和运用军事工具以达到政治目的的艺术。[②] 他认为，最完美的战略，也就是那种不必经过严重战斗而能达到目的的战略——所谓不战而屈人之兵，善之善者也。[③] 他的间接路线战略的精髓在于：“战争中的真正目标不在于寻找敌人进行会战，而在于建立一种有利的战略态势。如果说这种态势本身还不足以保证取胜，那么再继而进行一个会战，就可以很有把握地保证夺得胜利。”[④]

利德尔·哈特的战略思想有着承前启后的意义。一方面，尽管他对克劳塞维茨的会战思想提出了批评，但他的间接路线战略仍然是为了取得最终的战斗胜利而设计的，其本质上仍然是一种实战战略，这与此前的战略思想是一脉相承的。另一方面，间接路线战略同现代的威慑战略有着历史的血缘关系。[⑤] 他本人声称，他的间接路线战略乃脱胎于《孙子》的“不战而屈人之兵”。不过间接路线战略所追求的是“小战而屈人之兵”，就这一点意义而言，两者本质上是相通的。威慑的突出特点是对敌人的心理素质施加压力，迫敌屈服。间接路线战略的基本途径是通过各种手段使对方心理失衡，而最终就范。这是两者的相似之处。

第二次世界大战结束之后，民间机构——公司、非军事的政府部门甚至大学——都开始提出战略一词，战略一词在他们那里通常表示任何类型的政策计划。[⑥] 因此，战略一词被大大泛化了，从而造成了理解上

---

① ［英］巴兹尔·亨利·利德尔·哈特著，中国人民解放军军事科学院译：《战略论——间接路线战略》，北京：战士出版社，1981年版，第445页。

② 同上书，第448页。

③ 同上书，第453页。

④ 同上书，第493页。

⑤ 参见陈崇北著：《威慑战略》，北京：军事科学出版社，1989年版。

⑥ 参见J. 莫汉·马利克：《战略思想的演变》，［澳］克雷格·A. 斯奈德等著，徐纬地等译：《当代安全与战略》，长春：吉林人民出版社，2001年版，第17页。

的麻烦。另外，一些学者也批评战略一词不应该严格限于军事事务，认为战略是一个宽广得多的领域。这两种情况表明，形成统一的战略概念越来越困难了，同时严格对战略概念加以界定也就更加有必要了。

考察第二次世界大战后学者们对战略的定义，大致可分为两大类。第一类是广义的战略概念，如 D. K. 帕利特在 1966 年出版的《威慑时代的战争》一书中就将战略定义为“动员和指导包括武装力量在内的国家或国家集团的全部资源，保卫和推进国家利益，使其免受现实或潜在的敌人的侵害”。[①] 另一类则是狭义的战略概念，它等同于军事战略，其中以 1952 年美国参谋长联席会议出版的《美国军语辞典》的定义最为权威。这本辞典将军事战略定义为“运用一国武装力量，通过使用武力或以武力相威胁，达成国家政策目标的一门艺术和科学”。[②] 这一定义带有利德尔·哈特关于战略定义的痕迹，但它明显具有自己的特点：它包含了威慑的内容，从而考虑到了核时代的战略特征。1983 年美国陆军学院编写的《军事战略》一书仍然沿用了这一概念。[③]

以上主要讨论了西方国家关于战略的定义，这些定义的一个共同特点是它们将战略视为一种艺术，二战之后又赋予战略以科学的含义。与西方国家不同，苏联将战略视为一种理论和实践。如 1976 年出版的《苏联军事百科全书》中将军事战略列为辞条，并兼指战略。其表述为：军事战略是“军事学术的组成部分和最高领域，它包括国家和武装力量准备战争、计划与进行战争和战略性战役的理论与实践”。[④] 这一定义明显具有实战而不具有威慑的涵义，但它将战略视为理论与实践，对于理解战略有着积极意义。苏联将战略定义为理论与实践的做法后来也为部分

① 转引自 J. 莫汉·马利克：《战略思想的演变》，［澳］克雷格·A. 斯奈德等著，徐纬地等译：《当代安全与战略》，长春：吉林人民出版社，2001 年版，第 17 页。

② 转引自阎铸主编：《军事战略导论》，北京：中国社会科学出版社，1992 年版，第 63 页。

③ 参见美国陆军军事学院编，军事科学院外国军事研究部译：《军事战略》，北京：军事科学出版社，1986 年版，第 1 页。

④ 《苏联军事百科全书》总编译组：《战争与战略》，北京：中国社会科学出版社，1983 年版，第 95 页。

西方学者所采用，如柯林·S. 格雷（Colin S. Gray）就将战略定义为“为达到政治目的而使用和威胁使用有组织的武力的理论与实践”。[①]

作为一种分析工具，概念需要与研究对象相对应。本书集中研究印度的核战略，而核战略又属于军事战略之一种，因此本书从狭义上定义战略。另外，本书的研究范围局限于战略研究，这也要求采取狭义的战略概念。[②] 本书对战略的概念的理解是：一国在其对外行为中形成的有关运用武力达成国家政策目标的理论，以及据此进行的使用武力或以武力相威胁的实践。这包括以下几个方面的含义：

首先，战略的主体是国家。事实上，现代战略的概念是在拿破仑战争之后，随着现代民族国家体系的出现而广泛得到运用的。

其次，战略是在国家对外的行为中形成的。战略主要是一个现实主义的分析概念。现实主义认为国际社会处于无政府状态，置身于其中的国家单元需要通过自助的手段才能最终确保自己的安全，它们之间必然会发生冲突甚至战争，战略因此应运而生。

再次，战略既是一种理论，也是一种实践。理论来源于实践，但战略理论常常具有超前性。在第二次世界大战之前，很难说美国有系统的战略，但随着二战的结束以及核武器的出现，越来越多的民间学者参与到战略的研究中来。与二战前的战略学家不同，他们中的大多数没有军事背景，但他们的战略思想对美国政治产生了深远的影响。[③] 正是在这些战略思想家理论的影响下，战后美国的战略才逐渐得到完善。在考察印度核战略时，战略理论的超前性再次表现出来。

最后，这一战略定义包含了实战战略和威慑战略两个方面。在第二

---

① Quoted in John Baylis, James Wirtz, Eliot Cohen, and Colin S. Gray eds., *Strategy in the Contemporary World: An Introduction to Strategic Studies*, New York: Oxford University Press, 2002, p. 3.

② 关于战略研究和安全研究的关系，以及狭义的战略概念为何更适合战略研究，下文中将会详细论述。本书以下关于战略的理解都是在狭义上进行的。

③ 在20世纪70年代，当美国的国家军事学院想了解战术核武器的政治、经济以及社会意义时，它倾向于邀请没有直接军事经历的民间学者做演讲。这一事实说明了民间战略思想家的影响力。See Colin S. Gray, “Across the Nuclear Divide-Strategic Studies, Past and Present”, *International Security*, Vol. 2, No. 1, 1977, p. 36。

次世界大战之前，有关战略的概念基本上是和实战密切联系在一起的。实战战略因二战而达到高峰，但盛极必衰，经历过二战浩劫的人们痛定思痛，开始对实战战略的价值产生怀疑。随着核武器的出现，一种全新的战略——威慑战略在战后兴起。一个完整的战略概念理当反映这种历史事实。

战略的存在是人类冲突过程中一个反复出现的客观现象。[①] 因此，自从人类有了战争，战略就产生了。相对于战略本身而言，战略的概念产生较晚，而系统的战略研究则更是晚近的事情。

二、战略研究概述

战略是战争的伴生现象，人们为了有效地指导战争，就有意识地研究战略。因此，甚至在现代战略概念出现之前，有关战略的研究活动就已经展开了。现代意义上的战略研究始于尼科洛·马基雅维利（Niccolò Machiavelli），并在拿破仑战争之后得到进一步发展。系统的战略研究则是在第二次世界大战之后才兴起的，它是安全研究的一部分，同时与安全研究又有着重要区别。

（一）战略研究的历史与现状

早期对于战略的研究，主要是从历史学和军事学的角度进行的，其研究的内容仅局限于军事领域。[②] 现代战略研究与此前战略研究的根本区别在于将研究视野从军事领域扩展到政治领域，做出这一努力的代表人物为马基雅维利和克劳塞维茨。被视为现代政治学奠基人的马基雅维利同时也被视为第一位现代战略的研究者。他关于当时意大利诸邦国的军事组织需要变更的观念，是他就政治领域所做的全部思考的一大动力

① ［美］爱德华·鲁特瓦克著，军事科学院外国军事研究部译：《战略——战争与和平的逻辑》，北京：解放军出版社，1990 年版，第 244 页。

② 有关早期战略研究的视野可参见段培君：《战略学何以可能》，《中共中央党校学报》第 7 卷，第 1 期，2003 年 2 月。

和主要关注。因为马基雅维利是一名军事思想家，所以他才成为一名政治思想家。[①] 克劳塞维茨的《战争论》被公认为军事理论的经典，他认为："战争只不过是政治交往的一部分，而决不是什么独立的东西"，"战争是政治的工具，战争不可避免地具有政治的特性；它必须用政治的尺度来加以衡量。因此战争就其主要方面来说就是政治本身"。[②]

战略研究作为一个独立的学科领域并成为国际关系研究的一个重要分支，是在第二次世界大战之后。此前，无论是若米尼、克劳塞维茨还是利德尔·哈特，这些研究战略的名家几乎都是职业军人出身，他们从事战略研究主要是个体式的，未能形成一个学术行业。二战结束之后，由于核武器的出现以及冷战的爆发，大批民间学者参与到战略研究中来，由伯纳德·布罗迪等四位耶鲁大学教授写成的《绝对武器》一书是开山之作。[③] 在这些战略分析家的努力下，战略研究在冷战期间得到迅速发展，并成为冷战期间国际关系研究领域最重要的子领域之一。

根据肯·布斯（Ken Booth）和理查德·K. 贝茨（Richard K. Betts）等人的分析总结，[④] 冷战期间战略研究经历了三个高潮期，这三个高潮期都是与国际关系的紧张局势密不可分的。第一个高潮期是战后最初十年，这一阶段的战略研究主要围绕核战略和美苏之间的对抗展开讨论，学者们提出并初步分析了"进攻"与"防御"、"威慑"与"侵略"、"大规模报复"与"有限战争"、"军备竞赛"等概念和问题。20 世纪 50 年代中期，随着冷战的进一步深入，以及核武器及其运载工具的快速发

---

① 研究现代战略思想演变历史的经典著作《现代战略的缔造者：从马基雅维利到核时代》就是从研究马基雅维利的思想开始。参见费利克斯·吉尔伯特：《马基雅维利：战争艺术的复兴》，［美］彼得·帕雷特主编，时殷弘等译：《现代战略的缔造者：从马基雅维利到核时代》，北京：世界知识出版社，2006 年版，第一章。

② ［德］卡尔·冯·克劳塞维茨著，中国人民解放军军事科学院译：《战争论》，北京：商务印书馆，1982 年版，第一章。

③ ［美］伯纳德·布罗迪等著，于永安、郭莹译：《绝对武器》，北京：解放军出版社，2005 年版。

④ See Ken Booth, "Strategy", in A. J. R. Groom and Margot Light, eds., *Contemporary International Relations: A Guide to Theory*, London: Pinter Publishers Ltd., 1994, pp. 110 – 118; Richard K. Betts, "Should Strategic Studies Survive?", *World Politics*, Vol. 50, No. 1, 1997, pp. 7 – 33.

展，战略研究进入了第二个高潮期，并一直持续到20世纪60年代中期。这个十年被视为西方战略理论发展极为繁荣的“黄金年代”，“核威慑”、“军备控制”、“危机管理”、“革命战争”等富有创新性的概念相继被创造出来。在这期间，理论家们还就如何利用核能力来稳定美苏之间的威慑关系进行了大量探讨。来自象牙塔的战略家们就“不受摧毁的第二次打击能力”、“突然袭击的相互恐惧”、“反击力量选择”、“相互确保摧毁”、“逐步升级”、“危机稳定”等思想进行了逻辑论证，他们的结论对文职领导人有着深刻的影响。经过战后头20年的快速发展，战略研究随着20世纪60年代中期后东西方关系的缓和而进入一个相对的低潮期。20世纪70年代末，随着“新冷战”到来和里根政府上台，战略问题重新回到政治议程的首要位置，第三个高潮期随之到来，一直持续到20世纪80年代，这一时期讨论的热点包括“有限核战争”、“核冬天”、“弹道导弹防御”、“核讹诈”等等。在贝茨看来，前两个时期战略研究主要围绕威慑、稳定、可信性等基本概念的相关思想展开，而第三个时期战略学家们主要就此前所提出的主题的一些概念、变量等进行深入讨论，其力图回答的是具体的力量结构是怎样维持或者破坏和平的。①

当代的战略研究兴起于冷战，然而随着冷战的结束，一些学者认为战略研究已经不再重要，因而有必要重新思考战略研究在后冷战时代的作用。在巴瑞·布赞（Barry Buzan）看来，冷战的结束对于战略研究来说意味着一个“失去方向的时期”的到来。② 贝茨认为一个幽灵在战略研究领域游荡，这个幽灵就是和平。随着冷战的结束，学者们对于和平的前景太过乐观，他们的研究兴趣发生了转向，以至于不少学者发出了“战略研究的许可证是否已经过期”这样的疑问。③ 大卫·鲍德温（Da-

---

① Richard K. Betts, “Should Strategic Studies Survive?”, *World Politics*, Vol. 50, No. 1, 1997, p. 17.

② ［英］巴瑞·布赞等著，朱宁译：《新安全论》，杭州：浙江人民出版社，2003年版，第3页。

③ Richard K. Betts, “Should Strategic Studies Survive?”, *World Politics*, Vol. 50, No. 1, 1997, p. 7.

vid Baldwin）主张用更宽泛的安全研究代替战略研究，并宣称“废除安全研究的子领域的时代已经到来”。[①] 但仍有不少学者认为战略研究仍有其自身存在的价值。尽管布赞也是更宽泛的安全研究议程的主张者，但他也承认，在一个宽泛的安全研究议程内，应当保留一个战略研究的特殊性军事子域。[②] 贝茨的总结非常到位，他认为冷战及冷战之后战略研究中的两种危险倾向，其中一种危险倾向就是由于广泛地确定安全研究的领域，结果把军事研究给排挤掉了。这一危险在后冷战时期正在增大。[③] 为了避免战略研究湮没于宽泛的安全研究，有必要界定战略研究和安全研究的理论边界，并明确它们之间的区别。

（二）战略研究与安全研究

英国国际战略研究所的第一任所长布强在 1958 年首创了“战略研究”（strategic study）这个概念，并将其解释为“在冲突的情况下对如何使用武力的分析”。[④] 冷战时期，“战略研究”作为一个专门的术语与研究领域，在相当长一段时期内是“安全研究”的同义语，并且主导了国际关系的研究。相对于“安全研究”，“战略研究”是一种更加正式而典型的称谓。[⑤] 如前所述，冷战期间的战略研究的每个高峰期都是与紧张的国际局势密不可分的。一旦东西方关系出现缓和，大战的危险不再，战略研究的主导地位就受到挑战，它也进入了相对的低潮期。这种情况最早出现在 20 世纪 70 年代，以罗伯特·基欧汉（Robert O. Keohane）和

---

① David Baldwin, “Security Studies and the End of Cold War”, *World Politics*, Vol. 48, No. 1, 1995, p. 135.

② ［英］巴瑞·布赞等著，朱宁译：《新安全论》，杭州：浙江人民出版社，2003 年版，第 3 页。

③ 另一种危险倾向是只看见军事的树木，却看不见政治的森林。在冷战时期，这种危险倾向比后冷战时期大。See Richard K. Betts, “Should Strategic Studies Survive?”, *World Politics*, Vol. 50, No. 1, 1997, p. 9。

④ 参见钮先钟著：《现代战略思潮》，台北：台湾黎明文化事业股份有限公司，1985 年版，第 239 页。

⑤ 罗天虹：《论西方战略与安全研究的转变》，《世界经济与政治》2005 年第 9 期，第 32 页。

约瑟夫·奈（Joseph S. Nye）为代表的一批学者认为军事力量在国际关系中只是起着次要的作用，国际关系研究关注的焦点应当是国家间的相互依赖以及军事之外的其他政治经济问题。[①] 20 世纪 80 年代上半期，一批来自战略学界之外的学者为战略研究带来了新的思想，他们被称为“替代性安全思想者”（alternative security thinkers），提出的概念包括共同安全、非进攻性防御、核冻结、建立军事信任、民主与裁军、来自下层的缓和、替代性安全秩序等。[②] 此后，文化变量以及自由、民主与和平的关系等因素和问题也被带入战略研究。[③] 随着冷战的结束以及更宽泛的安全研究时代的到来，广泛而尖锐的批评对战略研究造成极大冲击。主要的批评意见包括：战略研究的眼界过于狭隘，过分强调国家安全的军事方面，对历史、文化、政治等非军事方面关注得太少；过分专注于美苏关系等全球战略问题，无法对众多地区性冲突提供真知灼见；偏离较广泛的安全政策如何与更大的外交政策目标相匹配的问题，局限于核战略等少数几个问题；将冷战的安全议程概念化、简单化，未能预见冷战结束，等等。[④]

贝茨认为战略研究既有必要，又具有竞争力，因为它集中于一个克劳塞维茨式的根本性问题：如何使武力成为理性的政策工具，而不是盲目的杀戮。[⑤] 安全研究不应当替代战略研究，它们是两个既有联系又有重要区别的研究领域。按照《企鹅国际关系词典》的界定，安全研究是“国际关系领域的一个分支，涉及安全概念的解释，安全理论在发展外交

① ［美］罗伯特·基欧汉、约瑟夫·奈著，门洪华译：《权力与相互依赖》，北京：北京大学出版社，2002 年版，第二章。

② Ken Booth, “Strategy”, in A. J. R. Groom and Margot Light, eds., *Contemporary International Relations: A Guide to Theory*, London: Pinter Publishers Ltd., 1994, p. 112.

③ Ibid.

④ 参见罗天虹：《论西方战略与安全研究的转变》，《世界经济与政治》2005 年第 9 期，第 33 页。

⑤ Richard K. Betts, “Should Strategic Studies Survive?”, *World Politics*, Vol. 50, No. 1, 1997, p. 8.

政策过程中的贯彻，以及随之产生的对国际政治结构与过程的影响”。[1]战略研究则是“涉及行为体运用军事力量达到既定政治目的的过程的研究领域”。[2] 冷战时期，学者们之所以把战略研究与安全研究等同起来，其原因就在于当时安全研究的范围相对狭窄，主要集中于军事领域。而随着冷战的结束，主张安全研究的学者认为传统的军事威胁降低了，安全研究应当拓宽其研究范围。克雷格·A. 斯奈德认为，战略研究与安全研究的区别主要在于它们对安全威胁的认识不同：战略研究更多地集中关注国家所面临的军事威胁；而安全研究的研究范围不仅包括军事威胁，还包括非军事威胁，不仅包括对国家的威胁，还包括非国家角色和次国家集团的威胁。[3] 这样一来，战略研究就只成为安全研究的一部分，而不再是安全研究的同义语了。贝茨认为在战略研究之下还有一个军事科学的子领域，安全研究、战略研究以及军事科学构成了三个从外到内的同心圆：安全研究的范围最广，它包括了与一个政治组织的安全相关的任何东西；战略研究居于中间，它所研究关注的是特定的社会、经济以及其他因素制约下的军事手段和政治目的之间的互动；军事科学位于最里层，它研究的是如何综合运用技术、组织以及战术去赢得战争。[4]

战略研究作为一个研究领域，在后冷战时代安全学者的质疑声中仍然保持了它的独立地位，这部分原因在于一部分战略研究学者的坚持，但更根本的原因在于战争的危险并未解除，只要人类没有消除战争，战略研究就有其必要性。冷战后十多年来的历史表明，传统的军事威胁并没有消失，虽然大国之间发生重大战争的可能性降低了，但地区性的冲突、战争从未停止过，而这中间又不乏大国权力政治的因素。如今，学者们对战略研究的学术位置基本上有了一个大体一致的看法：它是一个

---

① G. Evans, J. Newnham, *The Penguin Dictionary of International Relations*, London: Penguin Books, 1998, p. 496.

② Ibid, p. 518.

③ 参见［澳］克雷格·A. 斯奈德等著，徐纬地等译：《当代安全与战略》，长春：吉林人民出版社，2001 年版，第 5—6 页。

④ Richard K. Betts, "Should Strategic Studies Survive?", *World Politics*, Vol. 50, No. 1, 1997, p. 9.

属于政治科学的范畴、包含于安全研究之下的国际关系研究子领域。其具体位置请参照图1—1。

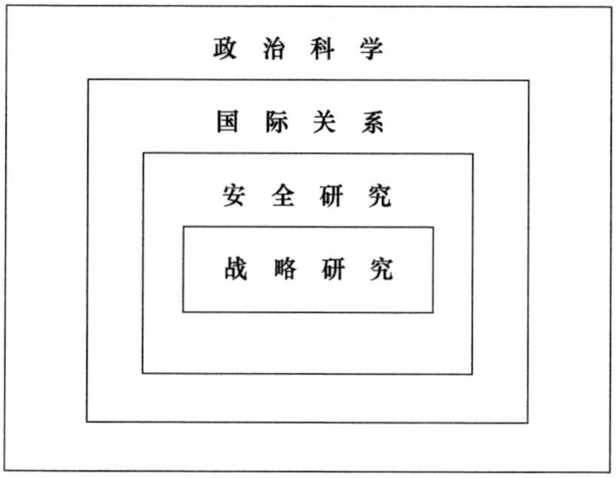

图1—1　战略研究的位置图

接下来的问题是，战略研究具体研究什么？冷战时期，战略研究主要集中在核威慑研究以及东西方均势两大方面。随着冷战的结束，东西方均势已不复存在，美苏之间的威慑关系这一研究主题也已经消失。但战略研究仍然必须继续，一方面它仍然关注大国之间的战略关系，另一方面传统战略研究所忽视的地区性战略问题应该得到更多重视。布赞从理论上界定了战略研究的主题来源，即影响国际体系的两个变量——政治结构与政治结构中的政治行为者可以利用的主体技术的本质。其中，技术变量才是“影响政治行为者可以使用的力量手段的主要因素”；权力、安全、战争、和平、联盟等概念都深深地植根于国际关系的政治结构，它们属于战略研究的“边界性概念”（boundary concept）。①

---

① Barry Buzan, *An Introduction to Strategic Studies: Military Technology and International Relations*, New York: St. Martin's Press, 1987, pp. 6-8.

第二节 核战略及核威慑理论

1945 年 8 月 6 日和 9 日投掷在日本广岛和长崎上空的原子弹向世人宣告了核时代的到来。尽管此后核武器从未在实战当中运用过，但美苏庞大的核武库和长期的核对峙使得冷战中的国际安全始终处于一种“恐怖平衡”的阴影之中。在这种背景之下，以威慑概念为核心的核战略思想几乎从核时代一开始就出现了，并在冷战期间得到充分发展。冷战的结束并不意味着核时代的结束，相反核扩散的进程仍在继续。伴随核武器扩散的是西方核战略思想的扩散，新兴的拥有核武器的国家在吸收、引进西方核战略理论的基础上努力发展它们自己的核战略。

一、核战略概述

根据本书对战略概念的界定，核战略是有核国家在其对外行为中形成的有关运用核力量达成国家政策目标的理论，以及据此进行的发展核力量并以核力量相威胁的实践。所谓有核国家，它既包括 NPT 条约所界定的五个核国家，也包括印度、巴基斯坦这样事实上的核国家。基于核武器不可轻易使用的特性，核武器主要是用来威慑而不是实战的观点已经成为主要有核国家的共识。因此，本书所言核战略也即核威慑战略。

一位研究军事战略的美国陆军上校认为，战略的名称并不重要，重要的是战略所包含的内容。[①] 对于核战略而言，这点看法很有启发意义。从最初的“大规模报复”战略，到肯尼迪政府的“灵活反应”战略，再到后来的“现实威慑”战略等，美国的核战略先后几易其名。而苏联则没有公开的核战略概念，但这并不能否认苏联拥有核战略的事实。因此，

---

① ［美］小阿瑟·莱克：《军事战略的含义》，美国陆军军事学院编，军事科学院外国军事研究部译：《军事战略》，北京：军事科学出版社，1986 年版，第 8 页。

仅从名称上很难判断核战略的实质。核战略的实质反映在核战略的内容之中，核国家核战略内容的不同决定了它们之间的战略差别所在。美国国防大学教材《核战略》就是从核战略的内容去描述核战略的，它指出美国的核战略由三个部分组成：[①]

——核威慑政策，又称为声明政策（Declaratory Policy），它是由总统、国防部长或其他决策人物公开向敌手、盟友及其他人明确宣布的有关核威慑的理论、政策和使用原则等综合性政策。一般都由美国政府予以命名。

——核力量运用政策（Employment Policy），即美国于核威慑失败时在核战争中实际运用核武器的政策和计划。它依据总统的指令和国防部长下达的核武器使用原则制定，主要包括核武器打击目标与核作战计划。

——核力量发展政策（Force Development Policy），即美国研究、发展、试验和采购核武器系统及战略指挥、通信、控制和情报系统的计划和项目。其主要见诸于“防务指南”和“财政年度国防报告”之中，具体表现形式为核武器发展计划和战略武器的装备与部署。

这一描述包括战略的三大要素，即战略目标（核威慑政策）、实施方案（核力量运用政策）、实力（核力量发展政策）。[②] 小阿瑟·莱克将战略的三要素比喻成支撑国家安全的凳子的三条腿，并指出这三条腿必须取得平衡，否则国家安全就会处于危险的境地（如图1—2所示）。[③]

考察一国的核战略，既要研究该国核战略的三个方面的具体内容，又要研究这三者如何结合起来以维护国家安全这个最终的目标。

核武器主要用于威慑，从理论上讲核战略是着眼于通过实施威慑

① 转引自王仲春、闻中华著：《不散的核阴云——核武器与核战略：从昨天到明天》，北京：国防大学出版社，2000年版，第91页。

② 在实践中，美国常将核战略（Nuclear Strategy）和核政策（Nuclear Policy）这两个概念混用。

③ ［美］小阿瑟·莱克：《军事战略的含义》，美国陆军军事学院编，军事科学院外国军事研究部译：《军事战略》，北京：军事科学出版社，1986年版，第7页。

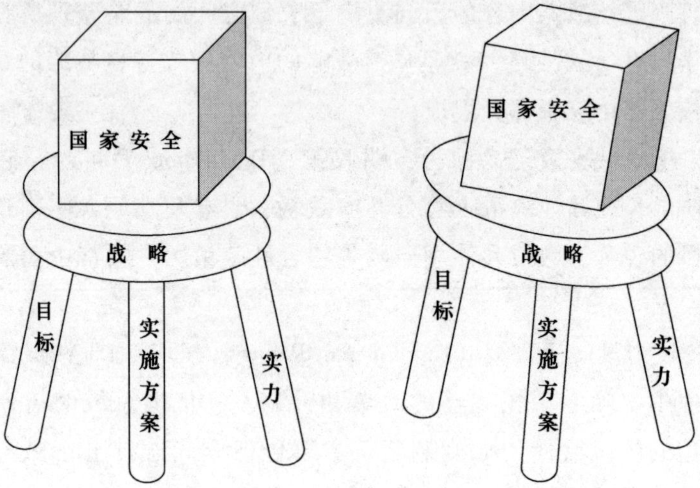

图 1—2　战略三要素与国家安全之间的关系图

而防止战争的。但是，为了达到这一目的，威慑实施方必须具有使对方感受到发动战争将得不偿失的核打击能力，并且这种打击能力在威慑失败时将会兑现。这样，核国家在制定核战略时又不能不考虑到实战的可能性。上述美国关于核战略的描述就包括了实战的内容。中国一些学者则直接把核战略称之为核战争战略，认为它是筹划和指导核力量发展与运用的方略。① 本书并不主张从理论上将核战略界定为核战争战略，但在研究核国家的具体战略实践时对于其中的实战因素仍需加以考虑。

以色列一位学者认为，核战略在西方尤其是美国，是作为一种建立在逻辑推理基础上的理论制定出来的。在这位学者看来，就核战略理论而言，它可分为三大类：第一类是从人类心理引申出来的威慑理论，它是一种超历史的一般理论；第二类是核战略的概念结构，包括第一次和第二次打击的观念、打击军事目标、生存力、易摧毁性等等；第三类是

① 刘华秋主编：《军备控制与裁军手册》，北京：国防工业出版社，2000 年版，第 112 页。

核概念，即如何将核战略的理论推断用作行动的指南。[①] 就第一类核战略理论而言，它实际上也是超越国界的。虽然苏联、中国等核国家在相当长时间内不公开承认实施核威慑，但都先后接受了西方的核威慑理念。威慑作为核战略的灵魂，是核国家所普遍接受的。因此，对核战略的研究应围绕威慑这个核心概念展开。

二、核威慑的基本理论

威慑一词是核时代的产物，二战前的国际关系或战略理论著作中没有这个词。[②] 威慑的思想古已有之，但截至二战之前，它一直是从属于实战思想的一股潜流。在核时代，威慑具有以毁灭性报复相威胁的特点，这就使核威慑的意义更加明确。[③] 就其一般意义而言，威慑是指借助强大的力量让潜在的对手相信，它为采取某种行动所付出的代价要大于可能获得的收益。从原则上来说，威慑可通过发展强大的防御力量，或以惩罚相威胁来实现。第一种情况是使侵略者看到发动侵略必然失败而被威慑住；第二种情况是以侵略者得不偿失来威慑侵略者，即侵略者所遭到的报复损失要超过它从战争中所牟取的利益。[④] 在核时代，由于建立一支针对核武器进攻的完全有效的防御力量基本不可能，因此核国家基本上采取以惩罚相威胁的核战略，也就是所谓的“报复性威慑”。核威慑即以核武器作为威慑手段，使潜在的对手相信，其侵略行动最终必然会招致无法承受的核报复，从而不敢发动战争、特别是核战争。

威慑理论建立在理性假设的基础之上。它倾向于认为冲突各方都是

---

① ［以］耶霍沙法特·哈尔卡比：《经典战略和现代战略的理论与概则》，美国陆军军事学院编：《军事战略》，北京：军事科学出版社，1986 年版，第 103 页。

② ［美］詹姆斯·多尔蒂、小罗伯特·普法尔茨格拉夫著，阎学通、陈寒溪等译：《争论中的国际关系理论》，北京：世界知识出版社，2003 年版，第 371 页。

③ 转引自［美］詹姆斯·多尔蒂、小罗伯特·普法尔茨格拉夫著，阎学通、陈寒溪等译：《争论中的国际关系理论》，北京：世界知识出版社，2003 年版，第 372 页。

④ ［美］罗杰·斯皮德著，秦志高译：《八十年代战略威慑》，北京：战士出版社，1983 年版，第 9 页。

理性的，作为理性的决策者会按代价收益比的原则采取行动。需要说明的是，威慑理论的理性假设并非认为追求理性的国家做出的任何选择必然是理性的，而不可能是非理性的。威慑理论关于理性的假设，其实指的是“威慑过程中决策者在他的选择中追求理性”，就是说，一个追求理性的决策者在实际行动中也可能是非理性的。[①] 威慑理论的理性假定常常受到批评。罗伯特·杰维斯批评很多分析家倾向于依靠逻辑推理，而忽视了决策者的情感和认知。他提醒人们，在国际纠纷和冲突中，对立的双方很少能充分理解彼此的立场和目的，所以其中一方经常会错过或误解在另一方看来是明白无误的信息。不过他并没有完全贬低威慑理性的假设。他认为，“人并非百分之百地理性，但这一事实并不会使理性假设失效”。[②] 在实践当中，美国的决策者也曾犯过误解威慑理性的错误。冷战结束之后，美国政府将朝鲜等核门槛国家称为“无赖国家”，并攻击这些国家一旦拥有核武器之后其行为会是非理性的。但正如英国迈克尔·金兰爵士所指出的那样，“很难想象到，任何一个协调的政治社会会没有其所珍视的东西而不怕别人破坏或捣毁的。这一点即使在朝鲜这个受到围困的国家也是如此”。[③] 在核威慑研究中，理性假设仍然是有效的。

对威慑方而言，为了让被威慑方的决策者做出理性的选择，其威慑必须是可信的。威慑的可信性一直是威慑的必要条件。在《选择的必要：美国外交政策的前景》一书中，亨利·基辛格精辟地概括出威慑所必备的三个基本要素：能力、决心和信息传递。他写道：“威慑需要兼具以下因素：有力量，有使用力量的决心和使潜在的侵略者估计到这两点。而

---

① 参见苏长和：《威慑理论》，朱明权、苏长和、吴莼思著：《威慑与稳定——中美核关系》，北京：时事出版社，2005 年版，第 14 页。

② 有关罗伯特·杰维斯对威慑理性的看法参见［美］詹姆斯·多尔蒂、小罗伯特·普法尔茨格拉夫著，阎学通、陈寒溪等译：《争论中的国际关系理论》，北京：世界知识出版社，2003 年版，第 385 页。

③ ［英］迈克尔·金兰爵士：《威慑过时了吗?》，斯德哥尔摩国际和平研究所编，中国军控与裁军协会译：《SIPRI 年鉴 2003：军备·裁军和国际安全》，北京：世界知识出版社，2004 年版，第 860 页。

且，威慑是这些因素的产物，而不是它们的总和。如果有一种因素不存在，威慑就不起作用。实力不论如何强大，如果没有诉诸武力的决心，它也无济于事。如果侵略者不相信既有力量又有使用力量的决心，或者在他看来发动战争所冒的风险对他具有充分吸引力，即使既有力量又有使用力量的决心，威慑也不会发生作用。”①

在整个冷战时期，主导威慑研究的是现实主义理论。现实主义者同意核威慑的一些核心命题，他们在这些核心命题上的观点基本一致，这些核心命题主要包括以下几个方面：②

（1）核武器的主要目的是防止大国之间发生大规模战争。它不仅要防止核战争，还要防止可能升级为核战争的常规战争。

（2）核威慑无法防止其他各种形式的冲突。

（3）有效核威慑需要不断进行高投入的技术革新，通过有计划地提高安全可靠的第二次打击能力，来维持国际战略的稳定。

（4）威慑既是军事技术概念，也是心理—政治概念。

（5）要维持威慑的有效性，就不能隐藏威慑能力，必须把关于自己威慑能力的信息传达给对手。

（6）威慑和防御是两个有很大区别的概念。不过从实际策划的目的来看，它们是密切相关的。

（7）威慑的支持者们采用的基本术语相当一致。这些基本术语包括预防性战争和先发制人的战争、打击资源战略和打击军事力量战略、战略武器和战术武器、相互威慑等等。

现实主义的逻辑对于分析冷战时期的国际局势有着很强的解释力，冷战结束后，它的理论逻辑受到新的理论流派学者的质疑。然而就世界上的部分地区，如南亚这样充满冲突的地区而言，现实主义理论仍有相当强的解释力。以现实主义为主导的威慑理论对于分析印度、巴基斯坦

---

① ［美］亨利·基辛格著，国际关系研究所编译室译：《选择的必要：美国外交政策的前景》，北京：商务印书馆，1973年版，第18—19页。

② 参见［美］詹姆斯·多尔蒂、小罗伯特·普法尔茨格拉夫著，阎学通、陈寒溪等译：《争论中的国际关系理论》，北京：世界知识出版社，2003年版，第379—382页。

等国核战略，以及它们之间的核关系仍有其理论的适用性。因此，本书对以上威慑理论的核心命题采用拿来主义的态度，并用它们来考察印度的核战略。

第三节　印度的核战略

印度的核武器研制计划起步较早，其核技术开发的历史更要追溯到印度独立之初。然而，直到 1998 年印度人民党政府明确宣布印度为核国家之前，印度的核政策主要围绕发展核武器本身展开，制定一项印度的核战略从未被提上此前历届政府的议事日程。发展并拥有核武器只是核战略产生的必要条件，只有政治决策层决定将核武器用于国家安全政策目的，一项真正意义上的核战略才有可能产生。尽管印度早在 1974 年就进行了核试验，但直到 1998 年印度宣布为核国家后，印度政府才开始考虑发展印度的核战略理论并进行印度的核战略实践。因此，相对于印度的核武器而言，印度的核战略是个新生事物。国防科学家、战略分析家是催生印度核战略的重要推动力量，政治领导人的政治决策则是关系到印度核战略命运的决定性因素。

一、印度核战略的缔造

（一）印度核政策的决策框架

在系统研究印度的核战略之前，有必要探讨印度核政策的决策框架（如图 1—3 所示）。根据印度宪法的规定，总统是印度武装部队的最高统帅。然而，印度实行的是议会民主制，真正掌握实权的是总理。由于在印度独立后的相当长时期内，印度缺乏一个完善的国家安全决策机制，加之核政策高度机密性的特点，印度核政策的制定在相当大程度上是总理的个人意志行为，只有极少数人能参与其中。

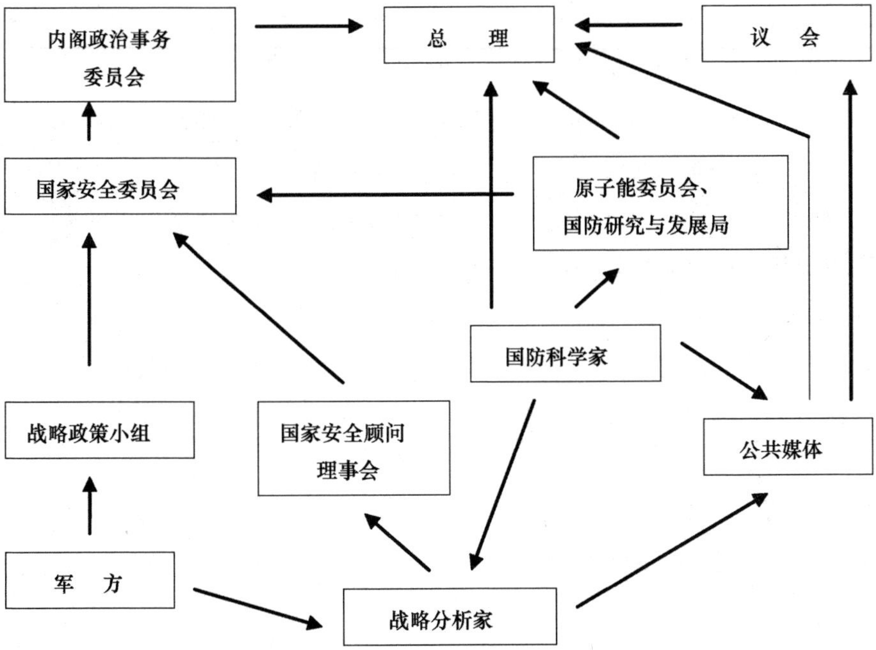

图 1—3 印度核政策的决策框架

在 1998 年印度人民党政府成立国家安全委员会之前，印度安全政策的最高决策机构是内阁政治事务委员会（Cabinet Committee on Political Affairs），除总理外，其正式成员仅包括外交部、国防部、内务部和财政部的四位部长。由于受专业知识所限，总理在做出有关核问题的决策时，他（她）往往并不咨询这些部长的意见，转而向与其过从甚密的国防科学家求助。内阁政治事务委员会往往也形同虚设。① 印度核政策的制定基本上由总理主导，能够影响到总理决策的是其位数不多的科学顾问。②

---

① 事实上，长期以来，由于缺乏一个对总理的安全决策进行制衡的制度框架，除核政策外，印度其他方面的安全政策也基本上由总理一个人说了算。有关印度国家安全政策的决策机制参见吴永年、赵干城等著：《21 世纪印度外交新论》，上海：上海译文出版社，2004 年版，第四章。

② See M. V. Ramana, “Scientists, Nuclear Weapons, and Peace in India”, http: //www. inesap. org/bulletin22/bul22art08. htm.

在印度，具体负责核项目的机构是根据1948年《原子能法》建立的原子能委员会（AEC Atomic Energy Committee）。原子能委员会的前后几任主席都是印度著名的核科学家，他们对印度的核活动和核政策有着特别重要的影响。对印度核力量的发展有重要影响的另外一个机构是隶属于印度国防部的国防研究与发展局（DRDO，Defence Research and Development Organization），它成立于1958年，主要负责导弹的研制工作。该机构的领导也由印度顶级国防科学家担任。

印度外交部只是代表印度向国际社会宣称核政策，它本身并不参与印度核政策的制定。国防部对印度核政策决策的影响也甚微，并且国防部的关键职位均由文职官员担当。

印度核政策的一个显著特点是，军方几乎完全被排除在决策过程之外。直到1998年印度国家安全委员会成立之前，印度政治体制中并没有一个有效的顾问机构可以为军方的专家提供参政的机会。这种制度上的缺陷部分解释了印度的核政策为何仅局限于制造核武器而很少考虑核武器的实际军事用途。军方在印度早期的核项目中基本没有发挥作用，它既不支持、也不寻求影响印度的核政策。[①] 在印度宣布为核国家后，军方不免要参与印度核战略的制定。但是究竟如何发挥军方在印度核政策中的作用，至今仍是印度政府面临的一个悬而未决的问题。

印度议会是印度各派就印度核政策展开公开辩论的重要场所。印度议会的职能主要是对各部部长进行质询以及监督政府的财政预算。由于掌管核政策的大权集中于总理一人手中，对部长的质询干涉不到政府的核政策。而印度核项目预算是通过发展民用核能的名义进行的，对于预算是否用于核武器项目上，议会并不知情，因而印度的立法机构对核政策也发挥不了多大的影响。

印度战略分析家很早就开始关注核武器与印度国家安全之间的关系。

---

① Quoted in George Perkovich, *India's Nuclear Bomb*: *The Impact on Global Proliferation*, Berkeley, Los Angeles and London: University of California Press, 1999, p. 10.

在印度的核政策尚局限于核武器的制造之时，他们就已思考提出一项印度的核战略。他们在公开刊物上发表文章，力图影响政府的决策。在1998年之前，他们关于发展印度核战略的主张并未得到政府高层的采纳。但这并不说明他们的战略思考不重要，毕竟他们是印度核战略理论的先行者。

当印度人民党在1998年进行核试验并公开宣布印度为核国家后，制定印度的核战略就提上了政府的议事日程。在这种背景下，1998年11月19日，印度国家安全委员会成立。该委员会仍由总理任主席，其核心成员除了原政治事务委员会所包括的国防部长、外交部长、财政部长和内务部长之外，还包括计划委员会副主席贾斯旺特·辛格（Jaswant Singh）。该委员会下设包括战略决策小组和安全顾问理事会在内的三个分支机构。战略决策小组主要是评议印度的国防战略。国家安全顾问理事会则向国家安全委员会提供长远的、前瞻性的战略决策分析，并且还要提出相应的决策和建议。该委员会成立不久，就向印度政府提供了一个核原则草案。战略分析家被邀请参与拟定该草案，事实上这份草案也基本反映了他们的主张，因此战略分析家对印度核战略影响的权重正在增加。

（二）印度核战略的缔造者

结合上文对印度核政策决策框架的分析，大体可以得出以下结论：印度核政策的决策权主要掌握在少数政治领导人（主要是印度总理）手中；国防科学家对印度核政策有着重要的影响；战略分析家是印度核战略理论的奠基者，一旦他们的战略主张受到政府重视，他们在印度核战略的制定过程中必定发挥越来越重要的作用。下文将具体研究这三类人在印度核战略产生过程中所扮演的角色，从而阐述印度核战略是如何产生的。

1. 国防科学家

国防科学家在印度的核政策制定中有着特别重要的作用，这首先应该归功于印度核项目的奠基人霍米·巴巴（Homi Bhabha）。印度刚刚独立，巴巴就率同其科学界同行向印度总理贾瓦哈拉尔·尼赫鲁（Jawaharlal Nehru）游说，告诉他原子能是印度极具竞争优势的一个领域。巴巴的主张恰好同尼赫鲁主张的在科学、能源以及安全领域独立自主的思想一拍即合。[①] 在尼赫鲁的支持下，指导印度原子能技术发展的原子能委员会在 1948 年就成立起来，巴巴本人则担任了原子能委员会的第一任主席。此后在印度核武器的发展过程中，从计划开始到研制与试验，均是巴巴博士等一些核科学家和原子能委员会主席直接秘密地向总理请示汇报，由总理做出决策。[②] 科学家之所以在印度核政策制定中扮演如此重要的角色，主要基于两个方面的原因：一方面，长期以来印度总理在核政策决策方面大权独揽，而印度的政治体制中缺少一个可以给总理在决策时提供专家意见的咨询机构，军方又完全被排除在政治决策过程之外，这样总理在进行决策时只能求助于核武器科学家；另一方面，自印度第一任总理尼赫鲁执政开始，印度在发展军事装备方面就选择了自力更生的战略方针，这就要求印度独立发展本国的国防科学技术，国防科学家的作用因此凸显。印度科学家无论是在印度政治精英还是普通大众中，都享有崇高的威望，他们被塑造成反殖民主义斗士的完美形象。2002 年 10 月，被誉为“印度导弹之父”的阿卜杜勒·卡拉姆（Abdul Kalam）博士以绝对多数当选为印度总统，印度社会政治所赋予国防科学家的崇高地位由此可见一斑。

20 世纪 90 年代之后，印度的核武器科学家更加积极地推动印度的核武器化进程。一个重要的原因是 1991 年开始上台执政的拉奥政府主张经济改革，致力于集中财力实现印度的经济现代化。如果不能向政府展示印度的核武器能力，那么政府就有可能削减用于核方面的开支。另外，印度核项目的军事化倾向进一步加剧与印度民用核能利用效率持续走低

---

① See Stephen P. Cohen, *India*: *Emerging Power*, New Delhi: Oxford University Press, 2001, p. 158.

② 竺家亨、陈学印：“印度的核能力”，胡思得主编：《周边国家和地区核能力》，北京：原子能出版社，2006 年版，第 70 页。

也有很大的关联。[1] 既然发展民用核能被证明是不经济的，那么政府就更有可能降低核方面的投入。于是，向政府鼓吹核技术的军事用途成为印度核科学家获得政府财政拨款的唯一选择。他们的影响在 1995 年至 1998 年期间达到高峰，其顶点是 1998 年 5 月所进行的一次热核装置试验，这一试验并没有明确的战略需要，但却能为那些已到退休年龄的科学家的职业生涯画上完美的句号。[2]

制造和拥有核武器是核战略产生的前提，因此印度核科学家的努力为印度核战略的产生提供了技术基础。同时，为了实现自身的抱负，[3] 他们也会利用他们同政府高层之间的密切关系影响政府的核政策，从而推进印度的核武器化进程。

2. 战略分析家

核科学家只是制造核武器方面的专家，对于核武器如何用于国家安全政策并不是他们关注的焦点，也并非他们的特长。在印度政治领导层将核武器纳入印度安全战略框架之前，进行这项研究工作的主要是印度的战略分析家。由于军方被完全排除在战略决策过程之外，其后果是军方对战略问题缺乏关注，因此印度的战略分析家主要来自于民间。

战略分析家对核问题的关注是在 1964 年中国进行核试验之后。[4] 印度最早公开发表文章支持发展核武器的民间学者是拉贾·克里希纳博士（Raj Krishna）。克里希纳是一位享有国际声望的经济学家，他在 1965 年

---

① Karsten Frey, "State Interests and Symbolism in India's Nuclear Build-Up", *Heidelberg Papers in South Asian and Comparative Politics*, http://archiv.ub.uni-heidelberg.de/volltextserver/volltexte/2003/4104/pdf/hpsacp8.pdf.

② George Perkovich, *India's Nuclear Bomb: The Impact on Global Proliferation*, Berkeley, Los Angeles and London: University of California Press, 1999, p. 447.

③ 帕克维奇认为，印度核科学家主观上对建立印度的核武器库本身并没有多大兴趣。他们只是认为他们的科研成果代表了印度的现代化水平以及印度在国际上的等级，也代表着新时代的印度已经完全告别了殖民时代的过去。基于这些理由，他们要求印度政府支持他们发展印度的核武器技术这一崇高的事业。See George Perkovich, *India's Nuclear Bomb: The Impact on Global Proliferation*, Berkeley, Los Angeles and London: University of California Press, 1999, p. 448。

④ 在此之前，印度国内在核武器问题上发表意见的人士主要来自政界和科学界，有关核政策的辩论主要是在政府各部门间展开。See Ashok Kapur, *India's Nuclear Option: Atomic Diplomacy and Decision Making*, New York: Prager Publishers, 1976, p. 122。

发表的一篇题为《印度与核弹》的文章中系统阐述了自己的观点，要点如下：（1）印度面对的是一个有着扩张主义倾向的中国政权；（2）印度需要可靠的力量制衡中国，并且需要整个亚洲地区的权力平衡，这是印度的核心目标；（3）一种独立的战略核威慑明显超出印度的能力；（4）印度自身只能提供战术威慑，战略威慑则需要超级大国提供；（5）经济成本并非真正限制印度核政策选择的因素；（6）在中国之前签订《部分禁止核试验条约》不符合印度的利益；（7）短期内印度的唯一选择是获取"某些"核能力，并从友好国家那里获取"某些"安全保证。[①]

在克里希纳之后，越来越多的战略分析家参与到印度核政策的辩论中来。其中影响最大的战略专家团体是位于德里的印度国防研究分析所（IDSA，Institute for Defence Studies and Analyses），它是由印度政府资助的一个半官方的研究机构，长期以来一直就印度国家战略事务发表专家报告。国防研究分析所成立于1965年，由于此前不久中国进行了核试验，如何应对一个拥有核武器的中国自然成为该所研究的重点课题之一。曾于1968年至1972年间和1980年至1987年间担任该所所长的K. 萨布拉曼亚（K. Subrahmanyam）是印度战略界的代表。他从事关于核问题的研究多年，论著颇丰，实为一代印度学者、记者眼中的核武器问题宗师。[②] 他在印度战略界享有很高的名望，被视为"印度战略思想之父"。[③] 研究他的核思想对于研究印度战略界的核主张有着典型意义。

在1974年印度核试验前夕发表的一篇文章中，萨布拉曼亚系统地阐述了他早期的核思想。[④] 在这篇文章中，他首先评述了印度独立后三位总理执政时期的核政策，认为印度自独立后的历届政府实行的是保留核

---

① Quoted in Ashok Kapur, *India's Nuclear Option*: *Atomic Diplomacy and Decision Making*, New York: Prager Publishers, 1976, p. 122.

② Stephen P. Cohen, *India*: *Emerging Power*, New Delhi: Oxford University Press, 2001, p. 167.

③ See Arpit Rajain, *Nuclear Deterrence in Southern Asia*: *China*, *India and Pakistan*, New Delhi: Sage Publications, 2005, p. 224.

④ K. Subrahmanyam, "Keeping the Option Open", in Robert M. Lawrence and Joel Larus eds., *Nuclear Proliferation Phase* Ⅱ, Lawrence/Manhattan/Wichita: The University Press of Kansas, 1974, pp. 112 – 148.

选择的政策：尼赫鲁虽然拒绝发展核武器，但正是他的政策为印度将来发展核武器的选择奠定了科学技术基础；拉尔·巴哈杜尔·夏斯特里（Lal Bahadur Shastri）继承了尼赫鲁不发展核武器的政策，但他认为印度一旦受到来自中国的核威胁，会重新思考核政策；英迪拉·甘地（Indira Gandhi）则多次提到印度进行和平核爆的可能。在他看来，此前印度保留核选择的政策为印度发展核武器预留了空间，而如今印度所面临的外部威胁则要求印度拥有自己的核能力。他认为印度受到的外部威胁主要来自巴基斯坦、中国以及地区外大国的干涉。经历了第三次印巴战争之后，除非中国利用巴基斯坦作为入侵南亚次大陆的前沿基地并向巴基斯坦进行核扩散，否则来自巴基斯坦的威胁不再成为印度获取核武器的政策考虑因素。因此，他花了大量篇幅大肆渲染来自中国的核威胁。他所认为的中国核威胁主要有以下几个方面：（1）在德里和北京之间发生激烈的政治对抗时，中国会威胁使用核武器摧毁印度的城市；（2）北京借助威胁使用核武器来单方面改变两国之间的边界现状；（3）当中国预先认定“苏—印共谋”对付中国或者预先认定印度准备用未经试验的核武器对中国进行核攻击时，中国会对印度进行解除武装的先发制人打击。他认为以上三种情况都有可能发生，其中以第二种情况发生的可能性最大。鉴于以上三种可能，印度在任何情况下都不能天真地相信中国“不首先使用”核武器的承诺。在渲染中国的核威胁之后，为了进一步为他发展核武器的主张提供证据，他还断定在接下来的几年内超级大国的核威慑会进入印度洋。他引用了第三次印巴战争期间美国企业号航空母舰进入孟加拉湾的例子。[1] 一旦美国和苏联在印度洋地区部署核武器，印度洋沿岸国家的内政就随时有可能面临来自大国干涉的威胁。在阐释印度所面临的核威胁的同时，他直言不讳地批评印度政府缺乏对“威慑”、“升级”、“讨价还价”等有关核战略的重要概念的理解，还批评印度战略界对如何在美国—苏联—中国三极核力量主导的安全环境中维护非核

---

① 印度人相信该航空母舰上载有核武器。

武器国家的安全缺少研究。[①] 在文章的最后，他还批评印度政府对发展核武器战略缺少热情的做法，主张印度应集中力量发展针对中国的战略核威慑。印度没有能力也没有必要发展美苏那么强大的核能力，但是印度的核力量要与中等核国家的发展水平相持平。

萨布拉曼亚的核主张在20世纪70年代的印度政府看来太过激进，故而一直并未受到高层的重视。事实上，相对于其他战略分析家来说，他的思想也是超前的，因为20世纪70年代的印度战略分析家们对核威慑的战略好处大多是表示怀疑的。[②] 在20世纪80年代之前的印度历次核政策辩论中，核原则从未成为辩论的焦点，“威慑”、“胁迫”等概念主要是西方的舶来品，印度对此缺乏了解。[③] 到了20世纪80年代初，印度的战略分析家开始探讨核武器在印度整体安全中所扮演的角色，萨布拉曼亚成为他们的领头人。1981年4月，他在《印度时报》上发表了一篇引起重大反响的文章。在这篇文章中，他悲叹：“印度缺少核武装，更为糟糕的是，缺少发展核武装的计划。”[④] 他警告道：“没有任何证据表明印军拥有使用核武器的原则。印度的民用核设施提供的武器级钚不足以使印度在核项目方面走在巴基斯坦的前面。”[⑤] 他认识到“只有使用核武器才能威慑核武器”，主张印度应当“实施核选择”。[⑥] 此时他已意识到在一个甘地主义占主导地位的政治文化中主张发展核武器自然会面临很多的质疑，故而争辩说“甘地反对核武器是因为核武器在他所处的时代还没有成为国际间权力通货（currency of power）”。[⑦]

---

① 在这里，他显然夸大了中国的核力量。

② Karsten Frey, “State Interests and Symbolism in India's Nuclear Build-Up”, *Heidelberg Papers in South Asian and Comparative Politics*, http://archiv.ub.uni-heidelberg.de/volltextserver/volltexte/2003/4104/pdf/hpsacp8.pdf.

③ Arpit Rajain, *Nuclear Deterrence in Southern Asia: China, India and Pakistan*, New Delhi: Sage Publications, 2005, p.224.

④ See George Perkovich, *India's Nuclear Bomb: The Impact on Global Proliferation*, Berkeley, Los Angeles and London: University of California Press, 1999, p.229.

⑤ Ibid.

⑥ Ibid.

⑦ Ibid.

1985年，萨布拉曼亚获得了第一个有可能实现其战略主张的机会。这一年，在印度总理拉吉夫·甘地（Rajiv Gandhi）授意下，印度政府成立了一个评估印度国防计划需要的工作小组，萨布拉曼亚是其中重要的一员。根据他的回忆，当时他们清楚拉吉夫·甘地本人是反对发展核武器的，但他们借此机会在一系列小组工作会议上讨论了核问题。[①] 当年11月份最后一次小组工作会议上，拉吉夫·甘地要求小组成员对他们所主张的核威慑的成本效益进行评估。会后，萨布拉曼亚与小组的另一名重要成员拉贾·拉马纳[②]（Raja Ramanna）立即着手组织成立了一个专家委员会，邀请其他一些重要的战略分析家和核科学家进一步商讨这一问题。[③] 该委员会最后向甘地提供了一份专家报告，报告中建议印度严格按照"不首先使用"和"仅报复针对印度的核攻击"两大原则，建立一支最小限度的威慑力量。[④] 由于拉吉夫·甘地总理在20世纪80年代中期还并不打算建立印度的核武装，该报告没有产生多少政策效果。

参加上述委员会的一个重要专家值得提及，他就是印度的陆军上将K. 森达吉（K. Sundarji）。作为印度军方为数不多的长期思考核战略问题的官员之一，森达吉在1988年曾为一项印度政府委托的安全研究项目撰写了一篇文章。该文对印度面临的威胁做了一个全面的评估，其说服力足以在印度获得广泛的支持。[⑤] 文中涉及了核威胁部分，认为印度面临的核威胁主要来自巴基斯坦、中国和超级大国：来自巴基斯坦的核威胁好对付，只要一支小规模的核力量足够；来自中国的核威胁较难对付，缓慢地发展能够打到中国几个边缘城市的运载导弹能力是目前仅有的答案；最难对付的是干涉南亚事务的超级大国的威胁，对付这种威胁与其

① See George Perkovich, *India's Nuclear Bomb: The Impact on Global Proliferation*, Berkeley, Los Angeles and London: University of California Press, 1999, p. 273.

② 印度著名科学家，曾担任印度原子能委员会主席、国防部长和国防研究与发展局局长等要职。

③ See George Perkovich, *India's Nuclear Bomb: The Impact on Global Proliferation*, Berkeley, Los Angeles and London: University of California Press, 1999, p. 274.

④ Ibid.

⑤ See Stephen P. Cohen, *India: Emerging Power*, New Delhi: Oxford University Press, 2001, p. 167.

说是个军事任务，倒不如说是个政治任务。[①]

直到1998年以印度人民党为首的联合政府执政之前，印度历届政府都未曾公开制定核战略。因此，尽管战略分析家在这方面做出很多努力，但他们的影响却很有限。然而，一旦印度政府迈出了公开制定核战略的步伐，战略分析家就有了用武之地，其重要作用立即凸显。1999年，萨布拉曼亚得到了第二个实现其战略主张的机会。作为新成立的国家安全顾问理事会的重要成员，他作为召集人拟定了印度的核原则草案。尽管该草案在当时并没有被赋予官方政策的地位，但草案的主要内容在2003年1月印度政府发表的一份简要的官方核文件中得到重申，从而上升为印度政府的核战略理论。

3. 政治领导人

如前所述，印度科学家很早就以和平利用核能的名义开始了核技术的开发，战略分析家从20世纪七八十年代就开始研究提出印度的核威慑战略。因此在20世纪90年代之前，印度的科学家和战略分析家就已经为印度的核战略提供了技术上和理论上的准备。但是，迟至1998年印度人民党政府公开进行核试验之时，印度政府对于核武器的军事用途仍没有明确的想法，更不用说拥有完整的核战略。究其原因，乃在于政治因素的决定作用。是否发展核武器、发展多大规模的核力量以及如何运用核力量等，说到底是一个政治决策问题。具体到印度这个国家，由于前述政策框架的特殊性，政治领导人尤其是印度总理的个人决策决定了印度核政策发展的基本走向。

在通向核战略的道路上，发展核武器、宣布成为核国家以及进行核部署是印度必须经历的三个步骤。发展核武器这一步实际上从尼赫鲁总理执政时就已开始，但从第一步过渡到第二步印度用了将近半个世纪的时间。其间，印度历届总理在核问题上采取的策略一直是推迟做出决定，官方的印度核战略因此也就无法产生。

---

① See Stephen P. Cohen, *India: Emerging Power*, New Delhi: Oxford University Press, 2001, pp. 167 – 168.

作为印度的第一任总理，尼赫鲁在核问题上的模糊立场影响深远，1998 年前印度核政策所明显具有的两面性特征就是从尼赫鲁时代开始的。① 一方面，尼赫鲁是一名政治理想主义者，其政治理想中有坚决反对将武力作为解决国际争端的手段的因素，故而他从道义上反对核武器，并在多个场合公开表示印度不会发展核武器。他曾经用很肯定的语气表示："无论在何种情况下，印度都不会将原子能用于邪恶的目的，这是没有附加条件的。"② 他甚至断言："如果中国在明天进行核试验，印度也不会制造核武器，甚至根本就不会考虑这么做。"③ 另一方面，尼赫鲁给予了巴巴自由发展印度核设施的决定权，并且为印度后来制造核武器的政治决定奠定了必要的基础。④ 1946 年 6 月 26 日，尼赫鲁在孟买举行的一次公开集会上称："勿庸置疑，印度将发展她的科学研究，我希望印度科学家们将利用原子能为建设服务。但是一旦印度受到威胁，她将使用所掌握的一切手段去保卫自己。"⑤ 印度独立之后，在尼赫鲁政府的政策指导下，印度在发展民用核能方面走在了世界的前列。与此同时，他并未关死印度核能用于军事目的的大门。在 1955 年之后，尼赫鲁和巴巴都直接或间接地提到印度进行核爆的能力和可能的意图。⑥ 在一次私下谈话中，尼赫鲁问巴巴能不能制造一颗原子弹，巴巴回答称一年内就可以做到。在得到巴巴的肯定答复后，尼赫鲁说："在我命令你之前不要制造原子弹。"⑦ 由此可见，尼赫鲁并不反对印度发展军用核技术，也没有将未来发展核武器的大门关死。尼赫鲁之所以没有将他的反核政策进行到

---

① 即在公开场合表示不发展核武器，但私下里却一直默认甚至支持印度核武器项目的发展。

② Quoted in George Perkovich, *India's Nuclear Bomb*: *The Impact on Global Proliferation*, Berkeley, Los Angeles and London: University of California Press, 1999, p. 34.

③ Ibid, p. 46.

④ Sumit Ganguly, "India's Pathway to Pohkran Ⅱ: The Prospects and Sources of New Delhi's Nuclear Weapons Program", *International Security*, Vol. 23, No. 4, 1999, p. 151.

⑤ Quoted in Ashok Kapur, *India's Nuclear Option*: *Atomic Diplomacy and Decision Making*, New York: Prager Publishers, 1976, p. 71.

⑥ George Perkovich, 1999, *India's Nuclear Bomb*: *The Impact on Global Proliferation*, Berkeley, Los Angeles and London: University of California Press, 1999, p. 34.

⑦ Ibid. , p. 36.

底，这是因为作为一名现实主义的政治家，尼赫鲁懂得核武器能力在增进印度国家安全和提高印度国家地位方面有着重要政治意义。正如一位印度外交官所指出的："虽然尼赫鲁愿意保留（核）选择并不意味着他支持发展印度的核武器，但是他明白保留（核）选择的政治价值。"①

尼赫鲁的继任者夏斯特里（1964—1966）和英迪拉·甘地（1966—1977，1980—1984）继承了尼赫鲁的模糊核政策。一方面，他们在公开场合宣布不发展核武器。在中国核试验后，夏斯特里仍宣称"印度目前不会考虑制造核弹"。② 英迪拉·甘地则将1974年印度进行的核试验宣布为"和平核爆"。另一方面，由于印度面临的安全环境在他执政之后不同于尼赫鲁时期，印度国内要求发展核武器的压力日益增大，③ 他们在核问题上的立场开始发生改变。就在中国进行核试验后不久，夏斯特里在1964年12月访问英国期间，曾向英国首相哈罗德·威尔逊（Harold Wilson）提出由英国向印度提供前沿威慑的请求。④ 在这次访问期间，他还敦促英国联合美国、苏联一起为印度提供核安全保障。⑤ 但是，美、苏、英等核国家对于向印度提供核保障毫无兴趣。在夏斯特里于总理期任召开的唯一一次记者招待会上，他宣称印度政府已就消除核武器威胁问题同主要核国家进行过磋商，但一直没有得到这些国家的任何回应。⑥在这种努力毫无结果之后，印度转而求助于联合国，但是联合国的集体安全保障机制也无法满足印度国内的安全诉求。夏斯特里随后做出

---

① Quoted in Kapur, *India's Nuclear Option: Atomic Diplomacy and Decision Making*, New York: Prager Publishers, 1976, p. 107.

② Quoted in George Perkovich, *India's Nuclear Bomb: The Impact on Global Proliferation*, Berkeley, Los Angeles and London: University of California Press, 1999, p. 74.

③ 1964年的中国核试验和1965年的第二次印巴战争是这种压力增大的原因。尽管中国发展核武器不是针对印度，但在印度战略界看来，一个有核武器的中国本身就是对印度安全的挑战，而第二次印巴战争的爆发更加剧了印度的这种担心。第三次印巴战争期间，美国将企业号航母驶入孟加拉湾，使印度战略界感受到来自超级大国的核威胁。

④ K. Subrhamanyam, "Indian Nuclear Policy - 1964 - 98", in Jasjit Singh ed., *Nuclear India*, New Delhi: Knowledge World, 1998, p. 27.

⑤ A. G. Noorani, "India's Quest for a Nuclear Guarantee", *Asian Survey*, Vol. 7, No. 7, 1967, p. 491.

⑥ Ibid., p. 493.

了对以后印度核政策有着重大影响的第二个改变：据萨布拉曼亚回忆，夏斯特里在1965年秘密批准了巴巴提出的研究“地下核爆项目”的建议。[①] 英迪拉·甘地上台后，也曾于1966—1967年间派遣原子能委员会主席和总理秘书到莫斯科、巴黎、伦敦以及华盛顿寻求核国家的联合安全保证，这种外交努力同样归于失败。[②] 于是，同夏斯特里一样，她转而暗中支持印度的核武器项目，在她的导演下，印度在1974年进行了所谓“和平核爆”的核试验。[③] 核试验之后，印度国内的紧张局势转移了她的注意力，同时这次核试验后印度在国际上承受的压力也促使她放弃了继续发展核武器的念头。1977年英迪拉·甘地下台后，继任者莫拉尔吉·德赛（Morarji Desai）是印度历届总理中反核思想最强烈的一位。他不但反对印度发展核武器，而且对发展印度的民用核能也不怎么关心。[④] 在1980年英迪拉·甘地重掌政权之前，印度核项目的发展基本停滞了。

20世纪80年代，随着巴基斯坦核项目的进展，印度国内要求发展核武器的压力再次增大。尤其是在战略界，印度的战略分析家们已经跃跃欲试，开始研究制定印度的核战略。但先后执政的甘地母子都抵制住了这种国内压力，没有接受战略界关于建立印度核威慑力量的主张，因而也就没有考虑要制定印度的核战略。拉吉夫·甘地倒是在1985年授意过印度的战略专家提供一份关于建立印度核威慑力量的研究报告。战略专家因此大受鼓舞，但将战略报告提交给拉吉夫·甘地之后，就再也没有任何下文。据拉吉夫·甘地身边的一位政策顾问后来透露，拉吉夫·甘地之所以那么做，是因为他想让战略专家们忙于制定印度核战略的研究，从而不会到处宣扬他们的主张以激起外界要求发展核武器的压力。

---

① K. Subrhamanyam, “Indian Nuclear Policy - 1964 - 98”, in Jasjit Singh ed., *Nuclear India*, New Delhi: Knowledge World, 1998, p. 27.

② Ibid., p. 28.

③ 这次核试验的主要负责人拉贾·拉马纳后来在一次采访中承认这是一次核武器试验。See Adirupa Sengupta, “Scientist Says bomb was tested in 74”, *India Abroad*, 17 October, 1998。

④ K. Subrhamanyam, “Indian Nuclear Policy - 1964 - 98”, in Jasjit Singh ed., *Nuclear India*, New Delhi: Knowledge World, 1998, p. 33.

如果他不给这些战略学家们一些事情做，他们就很可能干扰他的政策。因此，他接受了战略专家们进行核战略研究的要求，但压根就没想过要根据他们的研究报告采取行动。①

拉吉夫·甘地政府在1989年提前进行的印度大选中败北下台，这不仅意味着尼赫鲁家族主宰印度政坛的时代已经结束，而且预示着多党轮流执政时代的到来，国大党一党独大的历史也已经终结。这一体制性变化对印度的核政策有着重大影响。在这之前，尽管印度的核政策也发生了一些变化，但总体来说有很强的延续性。印度在核武器化问题上一直表现得非常克制，这与尼赫鲁充满道义色彩的国际观的长期影响是分不开的。1989年后新产生的联合政府较少受到这种国际观的束缚，他们转而将权力政治作为制定印度安全战略的依据。特别是印度人民党这个一贯支持发展核武器的政党上台后，权力政治的逻辑更加盛行。在1998年上台执政后，印度人民党在短短不到两个月的时间就做出了进行核试验的政治决策，并在核试验成功之后公开宣布印度为核国家。至此，印度长达40多年的核选择政策被完全突破了，印度走上了公开核武器化的道路，制定一项指导印度核力量发展和运用的核战略提上了印度政府的政治议程。

二、"隐性威慑"战略

自从1974年印度进行第一次核试验，印度就已经开始了它的核武器化进程，只是在相当长的时间内，它是以秘密方式进行的，而且直到1988年，印度核武器化进程都相当缓慢。1988年是印度核武器化过程中重要的一年。在这之前，拉吉夫·甘地总理致力于推动国际核裁军的进程，其高峰是在1988年第三届联合国特别裁军会议上提出的"拉吉夫行动计划"，该计划主张分阶段进行全面核裁军。在这种努力失败之后，拉

---

① See George Perkovich, 1999, *India's Nuclear Bomb: The Impact on Global Proliferation*, Berkeley, Los Angeles and London: University of California Press, 1999, p. 275.

吉夫·甘地做出了推进印度核武器化进程的决策。[①] 此后，印度的核武器化进程加快，核科学家们在实验室研究提高核武器水平的同时，导弹专家们则加紧对普里特维系列和阿格尼系列导弹进行实战测试。[②] 根据帕克维奇对 K. 萨布拉曼亚进行的访谈，截至 1990 年印度就已经拥有了 24 颗随时可以组装并能通过机载发射的核武器。[③]

在核武器化进程加快的背景下，印度的战略学家就开始探讨印度核战略的原则。其中，印度国防研究分析所前所长贾斯吉特·辛格提出的“隐性威慑”（Recessed Deterrence）概念影响颇为广泛。他最初提出这一概念是在 1993 年。在一篇题为《核扩散的前景》的论文中，贾斯吉特·辛格指出，尽管有制造核武器的能力，但印度不必实施它的核武器化项目。这种制造核武器的能力没必要表面化，但它可以起到“隐性威慑”的效果，因为任何一个考虑对印度实施核讹诈的国家都必须考虑到印度的核武器潜力。[④] 这一概念与美国核问题专家乔治·帕克维奇于 1993 年提出的“非武装化威慑”（Non-weaponized Deterrence）概念如出一辙。帕克维奇认为，只要印度拥有快速制造核武器的能力，核威慑的效力就会存在。一旦遇到其他国家用核武器威胁印度的情况，那么印度随时可以以“装备化”抵消这种威慑。所谓“装备化”，只不过就是组装最后几个部件并把核武器安置到运载工具上。[⑤]

“隐性威慑”一词被一些印度学者用来描述印度在 20 世纪 80 年代中期至 1998 年期间的核政策，有学者甚至认为印度政府在这一期间实行的

---

① Raj Chengappa, “The Bombmakers”, *India Today*, June 22, 1998.

② 1974 年印度试验的核装置还不是可以使用的核武器，它因为太过笨重，只能通过交通工具运输，不能发射，这种状况一直持续到 1988 年之前。See Raj Chengappa, “The Bombmakers”, *India Today*, June 22, 1998。

③ George Perkovich, *India's Nuclear Bomb: The Impact on Global Proliferation*, Berkeley, Los Angeles and London: University of California Press, 1999, p. 293.

④ Jasjit Singh, “Prospects for Nuclear Proliferation”, in S. Sur, ed., *Nuclear Deterrence: Problems and Perspectives in the 1990s*, New York: United Nations Institute for Disarmament Research, 1993, p. 66.

⑤ George Perkovich, “A Nuclear Third Way in South Asia”, *Foreign Policy*, No. 91, 1993, pp. 85 – 104.

就是“隐性威慑”战略。[①] 本书认为这一提法并不科学。原因在于，1998 年之前，印度的政治领导人并未接受“核威慑”的理念，“隐性威慑”只是战略学家们的主张。[②] 而且，作为一种战略主张，“隐性威慑”论暴露出很多问题：在印度实现装备化前，外来威慑就已经具体化，印度不得不接受核打击和报复性打击之间的滞后延迟的现实；“隐性威慑”在军事上显得粗糙，印度只是进行过一次第一代的核武器试验而已；如果敌人的一次攻击就将印度高级政要一网打尽的话，印度就没有其他的指挥控制体系了；印度的报复性打击射程有限，缺乏对大国的威慑效力等。[③]

在 1998 年印度进行核试验并宣布为核国家之后，贾斯吉特·辛格仍然坚持认为印度应当实行“隐性威慑”战略。[④] 但是，从本质上看，“隐性威慑”战略只是一种扩展了外延的“核选择”（Nuclear Option）政策，[⑤] 当印度走上了公开核武器化道路之后，该战略主张的影响在降低。

三、“可信的、最低限度的威慑”战略

1998 年 5 月 11 日的印度核试验宣告了自尼赫鲁时期开始的核选择政策的彻底终结。做出这一政治决策的是以瓦杰帕伊为首的少数几个印度人民党的政治领导人。在做出这一政治决策之前，他们根本就没有同印度国内其他党派商量，而且也没有预先进行一次国防战略评估。[⑥] 公开进行核试验之后，印度政府就需要考虑制定指导印度核武器发展和运

---

① See Waheguru Pal Singh Sidhu，“Evolution of India's Nuclear Doctrine”，http：//www. cprindia. org/admin/paper/Sidhu. pdf.

② 本书第二章将从战略文化的角度深入探讨在 1998 年之前印度政治领导人为何未接受“核威慑”的理念。

③ Stephen P. Cohen，*India*：*Emerging Power*，New Delhi：Oxford University Press，2001，pp. 165 – 166.

④ See Jasjit Singh，“A Nuclear Strategy for India”，in Jasjit Singh ed.，*Nuclear India*，New Delhi：Knowledge World，1998.

⑤ Ibid.，p. 177.

⑥ Ibid.，p. 404.

用的原则，这种政治意图在1998年印度人民党的竞选宣言中就已经反映出来。其中，印度人民党明确提出要“重新评估印度的核政策，并实施核武器化选择”。不仅如此，印度人民党还在竞选宣言中强调要加速发展阿格尼系列的导弹，以增加其射程和提高其精确度。①

为了更好地规划发展印度的核战略，瓦杰帕伊在核试验结束后不久就组建了印度的国家安全委员会，该委员会最重要的工作之一就是研究制定印度的核原则。1999年8月，由委员会的22名专家提供的印度核原则草案公开发表。尽管该草案没有立即被赋予官方政策的地位，但该草案为正在发展中的印度核战略提供了最全面的观点。参照西方核国家的核战略理论和实践，该草案声称印度将实行一种“可信的、最低限度的威慑”。② 为了达到“可信的、最低限度的核威慑”（Credible Minimum Deterrence），印度需要：足够的、可生存的和随时准备作战的核力量；健全的指挥和控制系统；有效的情报和早期预警能力；核作战的计划和训练；使用核武器的意志等。草案还建议印度在运载工具上部署核武器，实现飞机、机动式陆基导弹和海基装备三位一体。

2003年1月，印度政府发表了一份简明的正式的指导印度核战略发展的文件。该文件是在1999年的核原则草案的基础上形成的，其主要内容包括以下几个方面：（1）印度核威慑战略的目标，即建立和维持“可信的、最低限度的威慑”。（2）印度核力量的使用原则：不首先使用核武器；一旦遭到核打击，印度将以惩罚性报复行动相回应；不对无核武器国家使用核武器；如果印度受到化学和生物武器的攻击，印度将保留运用核武器进行报复的选择权。（3）核力量的指挥与控制：负责核力量指挥与控制的机构包括一个政治委员会和一个执行委员会；政治委员会由总理掌管，它是印度国内唯一有权批准使用核武器的机构；执行委员会由国家安全顾问掌管，它为核力量指挥与控制机构提供方案，并负责执行政治事务委员会的指令。

---

① See BJP ELECTION MANIFESTO’98, http://bjp.org/manifes/chap8.htm.

② “Draft Report of National Security Advisory Board on Indian Nuclear Doctrine”, http://www.indianembassy.org/policy/CTBT/nuclear_doctrine_aug_17_1999.html.

相对于核原则草案而言，这份正式的官方文件缺少了三位一体的核力量部署内容。同时，这份官方文件没有规定“最低限度”的含义。这些模糊印度核力量发展和部署的做法，留下了印度将来不断扩充其核武库的空间。

第二章/战略文化与印度核战略的国内根源

一个国家的战略首先源自国内，影响一国战略制定的国内因素包括地理、历史、政权性质、宗教、意识形态、文化、经济、政府和军事体制组织方式等。[①] 综合这些因素可以看出，一国的战略行为既深深植根于一国的历史经历与文化传统，同时又受到现实政治、经济等物质因素的影响。后者是现实主义在研究国家安全战略时分析的重点，现实主义者的逻辑是理性的决策者会根据本国的物质基础制定出最佳的国家安全战略。然而，这种占主流的现实主义分析范式的缺陷在于：它忽视了作为置身于特定国家、民族的历史和文化中的决策者主体的主观因素，不同国家的“理性”决策者在缔造本国安全战略时常常有不同的偏好。对于印度这样一个有着独特的历史经历以及深厚的文化传统的国家来说，历史与文化的分析对于它的安全战略研究显得更加有必要。历史与文化对国家战略的影响就在于它们的结合形成了一国的战略文化，它对于一国战略行为的选择有着重要的作用。本章即运用战略文化这一研究范式来分析印度核战略的国内根源，力求回答以下几个问题：印度传统的战略特征有哪些？当代印度战略文化是如何形成的，其内容是什么？当代印度的战略文化发生了什么变化，这些变化与当代印度核战略的选择有什么关联？

---

① 参见［美］威廉·默里、马克·格利姆斯利：《论战略》，［美］威廉·默里等编，时殷弘等译：《缔造战略：统治者、国家与战争》，北京：世界知识出版社，2004 年版，第一章。

第一节 战略文化的分析范式

自从20世纪70年代新现实主义理论兴起以来，它就一直在国际安全研究领域占据了主导地位。新现实主义也被称为结构现实主义，它是关于国际政治的系统理论。在新现实主义的经典著作《国际政治理论》一书中，肯尼思·华尔兹对新现实主义做了一个基本的定性，即“国际政治的系统理论研究的是在国际层面，而非在国内层面发挥作用的力量”。[①] 同时，为了成功地建构起国际政治的系统理论，他对国际系统的基本单元——国家进行高度抽象，“抽象掉单元属性意味着把国家可能具有什么样的政治领袖、社会和经济制度以及意识形态信仰等因素抛开”。这样，在新现实主义者看来，在国际体系的结构性因素的作用下，国家力求在功能方面将其单元效用得到最佳运用的意图完全一样，而单元效用通常由权力（也就是能力与资源）来界定。[②] 就国家安全战略而言，新现实主义者认为战略决策完全是基于“现实政治”的考虑，决策者在进行战略决策时，基本上只考虑国家的物质实力以及国际体系结构中的实力分配，观念、文化类的因素则基本为新现实主义理论范式所忽略。随着20世纪70年代以后国际安全局势的缓和，尤其是冷战的结束，新现实主义的这一缺陷逐渐显露，越来越多的学者从文化的角度来研究国际关系，这种趋势也在国际安全与国际战略领域得到反映，战略文化这一新的研究范式应运而生。

---

① ［美］肯尼思·华尔兹著，信强译，苏长和校：《国际政治理论》，上海：上海人民出版社，2003年版，第95页。

② Alastair Iain Johnston, “Thinking about strategic culture”, *International Security*, Vol. 19, No. 4, 1995, p. 35.

一、战略文化研究概况

战略文化兴起于20世纪70年代，此后经历了三个阶段的发展，其间战略文化的研究曾经历了一个低潮期，但冷战结束尤其是20世纪90年代中后期以来，战略文化的研究又有了新的进展，有关战略文化的案例研究成果更是层出不穷。中国的战略文化研究起步较晚，但近些年来战略文化研究得到了许多学者的重视。

（一）战略文化研究的兴起

同国际关系领域的众多其他概念一样，战略文化一词正式作为一个学术概念最早出现在美国。20世纪70年代，这样一个问题始终困扰着美国战略学界：在核时代，苏联与美国对战略问题的思考为什么会表现出明显的差异？主流的现实主义流派无法回答这一问题。1977年9月，美国学者杰克·斯奈德（Jack Snyder）在为兰德公司提供的一份题为《苏联的战略文化：核选择的含义》的研究报告中，首先提出了战略文化这一概念，并力图借助这一概念分析框架来回答上述问题。[①] 他认为可以用苏联独特的战略文化来分析苏联的战略思维。斯奈德这份报告的主题是美国核战略向有限部署的转变，而有限部署的政策建立在苏联也会同美国一样愿意限制核武器的使用的假定基础上。斯奈德质疑苏联是否真的会这么做。他批评美国的战略家试图通过探讨“普通的、理性的人”如何行动去预测苏联的行为，而没有考虑过苏联的决策者们的真正态度。而且，斯奈德进一步指出这种所谓的“普通的、理性的人”的思维方式实际上就是美国人思想与价值观的体现，从而得出的结论是苏联作为一个理性的战略对手会分享美国的核思想。斯奈德反对美国战略家的这种假定，转而提出苏联有其自己独特的战略文化，这一战略文化是

---

① Jack Snyder, *The Soviet Strategic Culture: Implications for Nuclear Options*, SantaMonica, Calif.: RAND Corporation, 1977.

苏联独特的历史经历的产物。它通过社会化的过程得以延续，并且为新一代的政策制定者所继承。苏联的战略决策者在其战略文化的影响下来思考战略议题。这样，战略文化尽管不能完全决定最终的战略决策，但是它能够指导战略决策，并对战略选择加以限制。[①]

几乎与此同时，另外一位美国学者肯·布斯（Ken Booth）也集中研究了文化与战略之间的关系。在 1979 年出版的《战略与种族中心主义》[②] 一书中，他运用种族中心主义这一概念来分析战略理论与实践。在肯·布斯看来，人们总是凭借自己的主观想象去看待世界，这是人类社会一种普遍的社会心理现象，种族中心主义就是这种普遍现象中的文化因素之一，而它在战略领域表现得尤为明显。他声称写作这本书的目的就是要让战略家们更清楚地意识到他们在制定与研究战略的过程中，思维方式会受到“文化的迷雾”干扰。[③] 被他称为“文化的迷雾”的东西就是“种族中心主义”——所有的社会都有用他们自己的文化框架作为参考去看待与评判其他社会的倾向。种族中心主义会产生歪曲的解释，如果战略家们想要制定出更好的战略，他们就必须意识到文化差异的存在，并且要通过他人的眼光来看世界。他们应当用“国家的战略人”来代替“理性的战略人”。[④] 如果说斯奈德揭示出了国家内生的独特的战略文化的话，布斯则认为战略家们常常没有认识到这一点，而这种忽视很可能导致致命的后果。[⑤]

上述两位学者的著作可视为国际安全和战略研究领域战略文化研究的开山之作。然而，尽管在斯奈德之前，战略文化这个专门的术语并未

---

① 这一段有关斯奈德的战略文化思想参见阿兰·麦克米兰以及肯·布斯主编的《亚太地区的战略文化》一书第一章“战略文化”部分。Quoted in Alan Macmillan, Ken Booth and Russell Rrood, “Strategic Culture”, in Ken Booth and Russell Rrood, eds., *Strategic Culture in the Asia-Pacific Region*, Houndmills, Basingsoke, Hampshirre: Macmillan Press Ltd., 1999, p. 4。

② Ken Booth, *Strategy and Ethnocentrism*, New York: Holmes & Meier Publishers, 1979.

③ Ibid., p. 9.

④ Ibid., pp. 13, 15 - 16, 20, 152.

⑤ Alan Macmillan, Ken Booth and Russell Rrood, “Strategic Culture”, in Ken Booth and Russell Rrood, eds., *Strategic Culture in the Asia-Pacific Region*, Houndmills, Basingsoke, Hampshirre: Macmillan Press Ltd., 1999, p. 5.

出现，但类似的思想却可见于此前的一些著述中。如科林·S. 格雷（Colin S. Gray）就认为，斯奈德和布斯的著作并非 A. T. 马汉所著的《海权对历史的影响：1660—1783》那样的原创性著作。[①] 其他一些后来的战略文化研究者也认为斯奈德与布斯的研究并非新发现，实际上在一些较早的战略研究与军事历史的研究中都可以发现类似的观点，如早在2000 多年前，古代中国的军事思想家孙子的"知己知彼，百战不殆"思想就强调了战略文化的重要性。[②] 西方军事学家克劳塞维茨关于战争战略是"精神和物质力量的检验"的思想中，也早就包含了对文化与国家安全政策之间联系的探讨。[③] 斯奈德和布斯的重要贡献在于他们的著作引起了此后西方学者们对战略文化的研究兴趣，这种状况一直持续到现在。

（二）西方战略文化研究的发展

在斯奈德和布斯研究的基础上，战略文化研究在进入 20 世纪 80 年代后步入发展期。在 1995 年发表的题为《思考战略文化》一文中，美国学者江忆恩（Alastair Iain Johnston）对战略文化研究的发展概况进行了一个较为清晰的阶段性划分。他认为从 20 世纪 80 年代初一直到 90 年代中期这将近 15 年的时间内，战略文化的研究先后经历了三个发展阶段。[④]

第一个阶段始于 20 世纪 80 年代初的所谓"决定论"时期。在这一时期，战略文化的研究重点非常突出，主要集中于解释美苏两国有关核战略的思考为何存在明显的差异。这一阶段的代表学者为科林·格雷

---

① Colin S. Gray, "National style in Strategy", *International Security*, 1981, Vol. 6, No. 2, 1981, p. 21.

② Alan Macmillan, Ken Booth and Russell Rrood, "Strategic Culture", in Ken Booth and Russell Rrood, eds., *Strategic Culture in the Asia-Pacific Region*, Houndmills, Basingsoke, Hampshirre: Macmillan Press Ltd., 1999, p. 5.

③ See Jeffrey S. Lantis, "Strategic Culture and National Security Policy", *International Studies Review*, Vol. 4 Issue 3, 2002, p. 93.

④ See Alastair Iain Johnston, "Thinking about strategic culture", *International Security*, Vol. 19, No. 4, 1995, pp. 36 – 43.

(Colin Gray) 和大卫·R. 琼斯 (David R. Jones)。前者认为美国的历史经验影响着它对于武力的思维和行为模式，促使主导其战略选择的一套独特信仰的产生，而这一信仰又导致了美国独特的核战略；[1] 后者研究得出三套变量（分别是：宏观层面包括地理、种族文化特征以及历史；社会层面包括社会结构、经济结构以及政治结构；微观层面则包括军事体制以及文职—军事机构的关系特征）产生了导致苏联采取进攻性大战略的战略文化。[2] 总体来看，这一时期的战略文化学者倾向于认为战略文化是解释美苏两国战略选择的决定性因素，因而战略文化决定了战略选择，江忆恩称之为"决定论的陷阱"。

第二个阶段出现于20世纪80年代中期的所谓"工具论"时期。这一时期的研究者提出了一个重要的研究命题，即领导人对他们正在做的事情的看法或表述与他们实际正在做的事情的更深层的动机之间存在巨大差异。战略文化只不过是战略决策领域政治主导权拥有者手中的工具。国家一方面会公开宣称一种战略，另一方面却在实施着另外一套战略。例如布拉德利·S. 克莱因 (Bradley S. Klein) 就认为，美国对外所宣称的战略，实质上是政治精英们为了使他们实际施行的战略易于被接受以及消除潜在政治挑战力量的工具。[3]

第三个阶段为20世纪90年代以来的所谓"干预变量"时期。在这一时期，战略文化学者在将观念作为独立变量概念化时采取更为严谨与折中的态度，即认为战略文化既不是决定因素，也不是单纯的政治工具，而是一种"干预变量"，它较少扎根于历史，而更多的是基于较近的实践与经历的产物。其中一些学者还借用了军事文化、军事—政治文化以及其他组织文化等独立的概念来分析特定的战略选择。

综合上述江忆恩的归纳可以看出，从20世纪80年代初到90年代中期，"战略文化"在西方学术界经历了一个早期的被接受到中期的受怀

---

① Quoted in Alastair Iain Johnston, "Thinking about strategic culture", *International Security*, Vol. 19, No. 4, 1995, p. 36.

② Ibid., p. 37.

③ Ibid., p. 39.

疑再到后来被折中认可的发展演变过程。[①]

以上是江忆恩对1995年以前的战略文化研究的发展脉络的梳理。实际上，在他的这篇文章发表前，以亚历山大·温特在1992年发表的《无政府状态是国家造就的：权力政治的社会建构》一文为开端，建构主义理论开始在国际关系理论领域崭露头角，并且逐步扩大它在国际关系研究领域的影响。[②] 温特认为建构主义是一种国际政治的结构理论，其核心主张包括三个方面：（1）国家是体系中的主要行为体；（2）国际体系中的关键结构是互为主观的，而不是物质的；（3）国际的认同和利益大部分是由这些结构建构的，而不是由外部的人性和国内政治决定的。[③] 建构主义重新激发了学者们对文化与国家安全战略之间关系的探讨。不过，与此前战略文化学者有所区别的是，建构主义学者借用了建构主义理论的主要分析概念（如规范、认同等）来分析文化与国家安全政策的关系。1996年，彼得·J. 卡赞斯坦（Peter J. Katzenstein）编写了《国家安全的文化：世界政治中的规范与认同》一书，收录了一批建构主义学者的论文，他们通过案例研究，从社会建构的视角探讨了两方面的主题：第一个方面是国家安全政策中的文化、制度背景，其重点集中在对各种规范的研究上；另一方面则集中讨论国家认同对安全政策的影响。这部著作反映了前述温特提到的建构主义的核心主张，即超越单元层次，而试图从体系层次上探讨国际规范对国家认同的影响。这批学者认为国际规范不仅限制国家的行为，而且通过改变国家的认同，重新建构国家的利益，从而最终影响国家安全政策的制定。[④] 这本书被认为是引领战略

---

① 刘永涛：《试论西方“战略文化”思潮》，《国际观察》1996年第6期，第52页。

② 由于建构主义在分析文化与国家安全政策的关系时，主要使用的是“规范”、“认同”等核心概念，而且其研究路径也与战略文化不同，所以在这里只是把它作为与战略文化相关的研究成果列出来。

③ ［美］亚历山大·温特：《国际政治中认同和结构变化》，见［美］约瑟夫·拉彼德、［德］弗里德里希·克拉托赫维尔主编，金烨译：《文化和认同：国际关系理论回归》，杭州：浙江人民出版社，2003年版，第70—71页。

④ See Peter J. Katzenstein, ed., *The Culture of National Security: Norms and Identity in World Politics*, New York: Columbia University Press, 1996.

文化研究新潮流的最重要的著作之一。[①] 在《国家安全的文化：世界政治中的规范与认同》一书的影响下，1999 年，基思·R. 克劳兹（Keith R. Krause）主编的《文化与安全：多边主义、军备控制与安全构建》一书，是建构主义探讨文化与国家安全政策（主要集中在军备控制领域）的关系的另一部重要著作。[②]

在建构主义学者之外，另外一些学者继承了江忆恩所述第三代战略文化学者的衣钵，其中包括战略文化研究先驱肯·布斯和拉塞尔·特鲁德（Russell Trood）合作编著的《亚太地区的战略文化》，这本著作在战略文化的概念上并无特别创新之处，但它提供了一个完整的战略文化分析框架。[③] 关于战略文化的较近的一部著作出版在 2004 年，即约翰·格伦（John Glenn）等主编的《新现实主义对抗战略文化》一书，其中通过大量案例探讨了战略文化分析范式与新现实主义分析范式的关系。[④]

纵观战略文化研究的整个发展历程可以看出，战略文化研究相对于主流的新现实主义范式来说，尚未形成一套完整而且严密的分析体系，这里面既有对战略文化内涵理解上的差异，也有对战略文化作用认识上的不同。尽管如此，经过多年的发展，战略文化研究还是取得了丰硕的研究成果，这证明了它所拥有的强大生命力。为了有效运用战略文化来分析国家安全战略，就必须在存在差异的研究成果的基础上求同，首先要做的就是界定战略文化的概念以及建立围绕此概念展开的分析框架。

（三）中国的战略文化研究状况

20 世纪 80 年代，国内学术界开始了对军事文化、军事观念、军事

---

① Jeffrey S. Lantis, "Strategic Culture and National Security Policy", *International Studies Review*, Vol. 4 Issue 3, 2002, p. 97.

② Keith R. Krause, ed., *Culture and Security: Multilateralism, Arms Control, and Security Building*, London: Frank Cass, 1999.

③ See Ken Booth and Russell Trood, eds., *Strategic Cultures in the Asia-Pacific Region*, London: Macmillan, 1999.

④ See John Glenn, Darryl Howlett, Stuart Poore, eds., *Neorealism Versus Strategic Culture*, Hants: Ashgate Publishing Limited, 2004.

传统、军事思维、战争观念、战争价值观等问题的研究，并且取得了相当多的研究成果。[①] 这些研究成果有的可以归入战略文化研究之列，有的则与战略文化研究有着密切的联系。

但西方战略文化概念的正式引入则是20世纪90年代后期的事情。1997年，《中国军事科学》第一期发表了一组关于“战略与思想文化”的文章，包括李际均的《论战略文化》、吴如嵩的《中国古代战略观念的历史文化渊源》、傅立群的《美国战略思维中的几个基本观念》等。其中，在《论战略文化》一文中，李际均在国内学术界第一次提出并界定了“战略文化”这一概念。此后，战略文化研究成为战略学界的一股热潮，其研究视野遍及古今中外。[②] 这与中国更深入地参与到国际体系以及中国的崛起密切相关。与西方相比较而言，中国的战略文化研究是从军事领域开始的，已有的研究也更偏重于军事战略领域。此外，中国的战略文化研究更多地着重于研究具体的战略文化，而对战略文化理论本身的思考并不多，其理论上的薄弱性因此显现出来。

二、战略文化的概念界定

在战略文化一词出现以前，西方政治学界从20世纪50年代开始就用“政治文化”来分析国家的政治行为。1956年，美国学者加布里埃尔·A. 阿尔蒙德（Gabriel A. Almond）首次运用政治文化的概念，并将政治文化界定为“一个政治系统（国家或民族）的基本政治倾向”。[③] 阿尔蒙德提出的政治文化概念基本上被后来的政治文化学者所沿用，杰克·斯奈德则把它应用到安全政策研究领域，从而提出了“战略文化”

① 具体的研究成果参见宫玉振著：《中国战略文化解析》，北京：军事科学出版社，2002年版，第7页。

② 1997年以后国内战略文化的研究成果参见宫玉振著：《中国战略文化解析》，北京：军事科学出版社，2002年版，第8—9页。

③ ［美］加布里埃尔·A. 阿尔蒙德、小G. 宾厄姆·鲍威尔著，曹沛霖等译：《比较政治学：体系、过程和政策》，上海：上海译文出版社，1987年版，第396页。

这一概念。[1] 杰克·斯奈德认为，“战略文化”是“国家战略决策者对于核战略指令或模拟所共有的观念、特定情感反应和习惯性行为模式的综合”。[2] 由于斯奈德在 1977 年提出战略文化这一概念时，主要是用它来分析苏联核战略选择中的文化心理因素，因此他对战略文化的定义仅限于核战略领域，这与当时美苏核能力较量的背景是密切相关的。斯奈德虽然提出了战略文化这一概念，但是他的概念界定并不能令后来的战略文化学者满意。总体来看，第一代战略文化学者在战略文化概念的界定上并无重大突破，而第二代战略文化学者仅把战略文化视为工具，对战略文化概念的发展贡献更少。这样，重新思考战略文化的概念成为第三代战略文化研究学者的一个重要关注点。在这一阶段，有关战略文化的概念出现了多个版本。伊扎克·克莱因（Yitzhak Klein）认为，战略文化是“军事机构中对于战争目的以及实现这一目的最有效战略与执行方式的态度和信念”。[3] 考虑到一些国家的战略决策者不仅仅限于军事机构的成员，并且在一些国家的战略精英中军事机构成员并不占主导地位，因此这一概念显得过于狭窄。而戴斯蒙德·鲍尔（Desmond Ball）的概念显得宽泛得多，在他看来，战略文化是指“不同的国家和地区对战争、和平以及战略这些关键主题的态度，这种态度来自深深植根于这些国家和地区的独特的地缘战略条件、资源、历史、军事经历以及政治信念”。[4] 科林·格雷（Colin Gray）早期对战略文化的认识比较模糊，起初他认为战略文化是指“有关武力使用的思维模式和行为方式”，战略文化源于“对国家历史经历的看法、对采取为国家负责的行为的期望以

---

① See Jeffrey S. Lantis, “Strategic Culture and National Security Policy”, *International Studies Review*, Vol. 4 Issue 3, 2002, p. 87.

② Quoted in Stuart Poore, “Strategic Culture”, in John Glenn, Darryl Howlett, and Stuart Poore eds., *Neorealism Versus Strategic culture*, Hants: Ashgate Publishing Limited, 2004, p. 49.

③ Yitzhak Klein, “A Theory of Strategic Culture”, *Comparative Strategy*, Vol. 10, No. 1, 1991, p. 5.

④ Quoted in Keith R. Krause, ed., *Culture and Security: Multilateralism, Arms Control, and Security Building*, London: Frank Cass, 1999, p. 10.

及公民文化和生活方式”。[①] 在这里，战略文化在一定程度上和战略思维并没有什么区别。后来他对战略文化做了重新界定，认为战略文化是“通过社会建构并且传输的设想、思维习惯、行为偏好，它们分别在不同程度上与地缘安全状况相关”。[②]

作为战略文化研究的先驱者之一，肯·布斯在1979年出版的《战略与种族中心主义》一书中，并没有明确提出战略文化的概念。他在后来的研究中强调了战略文化概念的学术意义，并于1990年在《战略文化的概念界定》一文提出了一个较为完整的战略文化概念，这一概念被部分战略文化学者视为战略文化的“标准”定义。[③] 肯·布斯将战略文化定义为：“在适应环境并且解决有关威胁和力量使用的问题上，国家所拥有的独特传统、价值、态度、行为模式、习惯、符号象征、成就以及特殊的方法等等。”[④]

在《思考战略文化》一文中，江忆恩将战略文化视为“限制行为选择的观念环境”，杰弗里·S. 兰提斯（Jeffrey S. Lantis）认为他的这一观点为战略文化分析范式提供了最有希望的路径。[⑤] 江忆恩的观念环境由共同的设想与决策规则组成，观念环境在一定程度上决定了个人和组织对个人与社会之间的关系、组织成员之间的关系以及个人和组织与政治环境的关系。[⑥] 在他看来，战略文化是那种通常情况下占主导地位的文化，战略文化的主体倾向于保持现状。“战略文化是一套完整的符号体系，通过塑造（战略决策者们）对于军事力量在国家间政治事务中的角

---

① Colin Gray, Nuclear Strategy and National Style, Lanham, Md.: Hamilton Press, 1986, p. 36.

② Colin Gray, *Modern Strategy*, Oxford: Oxford University Press, 1999, p. 28.

③ 在2004年出版的《亚太地区的战略文化》一书中，学者们都是运用他的这一概念来分析亚太地区各主要国家的战略文化。See Ken Booth and Russell Trood, eds., *Strategic Cultures in the Asia-Pacific Region*, London: Macmillan, 1999。

④ Ken Booth, “The Concept of Strategic Culture Affirmed”, in Carl G. Jacobsen ed., *Strategic Power: USA/USSR*, New York: St. Martin's Press, 1990, p. 121.

⑤ Jeffrey S. Lantis, “Strategic Culture and National Security Policy”, *International Studies Review*, Vol. 4 Issue 3, Fall 2002, p. 105.

⑥ Alastair Iain Johnston, “Thinking about strategic culture”, *International Security*, Vol. 19, No. 4, 1995, p. 45.

色和所起作用的看法，这套符号体系起到建构普遍且持久的战略倾向的作用。”①

中国学者也试图对战略文化给出自己的定义。李际均认为，“战略文化是在一定的历史和民族文化传统基础上所形成的战略思维和战略理论，并以这种思维和理论指导战略行动，影响社会文化与思潮。它具有观念形态、历史继承性、国体与区域性等属性。它是制定现实战略的潜在意识和历史文化情结”。② 宫玉振则认为，战略文化是“国家在运用战略手段实现国家战略目标的过程中所表现出来的持久性的、相对稳定的价值取向与习惯性的行为模式”。这些概念中既有中国学者自己的思考，也有从西方学者那里借鉴的痕迹。

从以上学者们对战略文化的不同定义中可以看出，尚不存在一个广为接受的战略文化概念，而且以上定义的战略文化概念不免给人留下静态的形象。实际上，这正是战略文化这一分析范式一直为反对者所诟病的原因之一，也是部分战略文化学者对这一概念作为分析工具的有效性产生怀疑的原因之一。③ 因此，战略文化的重新界定还有很大的空间。

在定义战略文化的概念之前，首先需要说明的是“战略”的概念。“传统意义上的‘战略’通常是指政府为追求利益而使用军事力量的方式。”④ 由于本书是要运用战略文化这一分析工具来分析印度的核战略，因此对战略的定义正是借用这一传统定义。如前文所述，由于战略文化这一概念是“政治文化”的概念在国际安全与战略领域的应用，因此也需要明确政治文化的概念。1963 年，阿尔蒙德与西德尼·维巴（Sidney Verba）在《公民文化——五国的政治态度与民主》一书中对政治文化做

---

① Alastair Iain Johnston, “Thinking about strategic culture”, *International Security*, Vol. 19, No. 4, 1995, p. 46.

② 李际均：《论战略文化》，《中国军事科学》1997 年第 1 期，第 8—15 页。

③ 尽管斯奈德最早运用战略文化这一概念来分析苏联核战略，但他后来却对这一分析工具的有效性产生怀疑。See Jack Snyder, “The Concept of Strategic Culture: Caveat Emptor”, in Carl G. Jacobsen ed., *Strategic Cultures in the Asia-Pacific Region*, London: Macmillan, 1999, pp. 3 - 9。

④ John Garnett, “Strategic Studies and its Assumptions”, in John Baylis, Ken Booth, John Garnett and Phil Williams (eds), *Contemporary Strategy: Theories and Policies*, New York: Holms and Meier Publishers, 1975, pp. 3 - 21.

了一个明确的界定，这一界定为后来的众多政治文化学者所接受。他们认为，“政治文化这个术语指的是专门化的政治导向——对于政治体系及其各个方面的态度和对于自我在这个体系中角色的态度”。[①] 政治文化具体包括：“（1）认知取向（cognitive orientation），即关于政治体系、体系的各种角色以及这些角色的承担者，体系的输入与输出的知识和信念；（2）情感取向（affective orientation），即对于政治体系、体系的各种角色、人员和活动的感情；（3）评价取向（evaluational oriention），即对于政治对象的判断和见解，这些判断与见解涉及到知识和感情的价值标准和准绳。”[②]

参照以上“战略”的定义以及“政治文化”的定义，本书在吸收已有战略文化概念合理内核的基础上，结合自己的理解以及本书的研究重点，对战略文化的概念做出的界定如下：战略文化是指一个国家在客观地缘环境、历史经验以及民族文化的基础上形成的有关威胁、武力使用以及国际战略定位的态度、价值取向以及行为模式，这些态度、价值取向以及行为模式构成了国家战略选择的文化环境，它具有相对的稳定性，同时又会在现代化的进程中得以发展。这一定义具有如下特点：

（1）它明确了战略文化的三大基本来源，即地理环境、历史经验以及民族文化；

（2）这里的历史经验在强调远古历史经验的同时，也强调了一个国家较近历史发展所形成的影响战略选择的经验性因素；[③]

（3）为了战略文化概念分析的可操作性，这一定义尽量避免过于宽泛，把战略文化的研究重点集中在有关威胁、武力使用以及国际战略定位的态度、价值取向以及行为模式方面；

---

① Gabriel A. Almond and Sidney Verba, *The Civic Culture: Political Attitudesand Democracy in Five Nations*, Princeton, N. J.: Princeton University Press, 1963, p. 13.

② Ibid., p. 15.

③ 虽然已有的战略文化概念基本都涉及到战略文化的历史经验基础，但是第一代战略文化学者强调自古以来的历史经验形成了战略文化，而且它一旦形成就是相当稳定的，而第三代战略学者则反对这种看法，转而将战略文化视为近期历史经验的产物。有关第一代战略文化学者与第三代战略文化学者的看法在本书“战略文化的发展”相关内容中已有论述。

（4）鉴于特定的国家对该国国际地位以及它期望在国际社会中要扮演的角色的认识对该国战略所起到的重要影响，这一定义明确将一国的国际战略定位作为战略文化的重要研究内容，而这一点则常常为已有的战略文化定义所忽视；①

（5）最后一点，也是最重要的一点，它在承认战略文化具有相对稳定性的同时，也为战略文化的变革预留了空间。

三、战略文化的分析框架

（一）理论假设

尽管研究战略文化的学者对战略文化的理解存在着诸多差异，有些甚至是根本上的对立，但他们都坚持这样一个基本的理论假设——如果把战略决策体系看成一个政治系统的话，那么战略文化的输入与战略决策的输出之间存在关联。当学者们重新审视国际关系史中的许多重大事件时，他们不免存在类似以下的疑问：如果换作置身于完全不同于苏联社会的美国社会中的总统，他在处理古巴导弹危机时会采取类似赫鲁晓夫的行动吗？更久远的例子如在二战当中，为什么是波兰而不是捷克的领导人 1939 年在面临希特勒的入侵时采取了反抗的行动？较近的例子如同处北欧，为什么挪威选择加入北约而瑞典则要坚持它传统的中立政策？如果要统一给这些问题一个答案的话，那就是不同国家的决策者在做出战略决策的过程中受到某种特定因素的影响，这种因素在这里被称为“战略文化”，它会塑造决策者的战略选择行为。然而，需要指出的是，学者们并不认为战略文化与政策行为之间存在着直接的或者容易确认的关系。

每个国家都会制定出如何使用本国武装力量的战略，然而，不同国

① 既然根据克劳塞维茨的著名观点，“战争是政治的继续”，那么国家的军事战略最终也是为政治战略服务的。国家安全战略在对付国家面临的威胁的同时，也要服务于国家的政治目标，主权国家的战略实践中也往往把一国的国际地位与它的国家安全联系起来。

家对武装力量的组织和使用都会采取不同的方式。国家决策者们作为集体，他们同个人一样，也都存在着他们的主观性。不同国家的战略之间的差异可以通过地理、技术、经济实力等物质的变量加以解释，然而仅用这些变量解释国家之间战略风格的差异是不够的。战略文化分析范式认为一些国家战略行为有时只能通过“政治导向模式”这样的术语来解释。如同政治文化学者认为政治认知、情感、评价这三种政治导向模式会塑造政治行为一样，战略文化能够从理论上更进一步解释乃至预测国家战略行为。

（二）战略文化的来源

分析一国的战略文化，就必须探讨其来源。一个国家战略文化的形成，受到多方面因素的影响。其中基本的因素包括民族文化、地缘环境、历史经验等。

首先，战略文化的形成与民族文化密切相关。如民族文化特性会对战略文化产生影响，从世界范围来看，游牧民族与航海民族往往表现出扩展、尚武的战略文化倾向，而农耕民族则往往表现出内向、和平的战略文化倾向。[①] 特定国家的传统战略思想则是其战略文化的观念基础。此外，从更广泛的范围考察，一国的宗教、哲学等文化因素也会影响到该国的战略文化。

其次，地缘因素是一个国家在思考其国家安全时必须考虑的一个关键因素，同时也是影响一个国家战略文化形成的最稳定因素之一。西奥多·罗普（Theodore Ropp）指出：“地理是战略的核心。”[②] 地缘因素主要包括地理位置、国土面积、资源等等。国家的地缘因素势必会对战略决策者的战略偏好和战略倾向产生深刻影响，进而形成其相应的战略文化观。如岛国的战略决策者相对大陆国家的战略决策者而言更重视海军的作用。

---

① 宫玉振著：《中国战略文化解析》，北京：军事科学出版社，2002 年版，第 11—12 页。

② Quoted in Ken Booth and Russell Trood, eds., *Strategic Cultures in the Asia-Pacific Region*, London: Macmillan, 1999, p. 365.

再次，历史经验以及由此形成的经验性信仰与战略文化的形成有着深刻的联系。一个国家或者民族在战争与和平方面的重要历史记忆对于现实的战略选择具有重要的影响。历史经验对战略文化的影响可以分为两个方面：比较久远的历史经验会形成一个国家的战略文化传统，而新近的历史经验则有可能决定一国战略文化的走向。

除了以上基本因素之外，一国的战略文化还会受到军事技术、组织制度、政治文化（主要是主导性的价值观念）以及军事机构与文职机构之间的关系等因素的影响。总体来说，文明特性、地缘等因素较为稳定，军事技术、组织制度等因素则是较为活跃的、可变的因素。历史经验中久远的部分是一国战略文化稳定的来源，而新近的部分则有可能引起一国战略文化的重大转变。军事机构与文职机构的关系在不同的国家，其稳定性则表现出一定的差异。

（三）研究对象

战略文化是一个比较抽象的概念，为了具有可操作性，明确其主体显得很有必要。战略文化虽具有集体的特性，但它并不是集体构成人员观念的简单相加。尽管思考战争与和平这样重大的国家战略问题并不是战略精英们的专利，也尽管国家领导人的战略思想源于政治社会化的过程，但是总体来说，并非整个社会或者所有人民都具备战略思想。普通大众往往只是战略文化观念的被动接受者，他们在现实政治生活中总是远离战略决策过程，而且即使是最民主的国家，当国家面临重大战略决策时，其总会采取保密措施，有时国家所宣称要采取的战略措施与决策者实际所想的并不一致。因此，研究一国的战略文化，应集中研究该国统治精英的战略观念。国家统治精英包括军事界的战略精英和非军事界的战略精英。具体国家的战略文化的分析重点还有所不同，如在印度这样的国家，由于其安全战略基本上出自政治精英之手，因此军事界的战略精英就不是分析重点，而像巴基斯坦这样军队对政治影响非常大的国家的情况则相反。由于社会精英是提供统治精英的母体,[①] 因此社会公共舆论尤其是社会精英界的公共舆论的研究对战略文化研究也很重要。

在明确了国家统治精英的战略观念是战略文化的分析重点之后，需要明确分析国家统治精英的战略观念的内核。战略文化分析范式认为应该集中研究战略精英们对威胁、武力使用以及国际战略定位的看法。就战略精英对武力使用的看法而言，战略文化既要研究一国战略精英对于该国为了达到其安全战略目标而使用武力的主张，也要研究他们对于使用武力的限度的认识。更多强调武力使用的战略文化更趋强硬，甚至富有侵略性；对武力使用的限度有充分认识的战略文化则更趋温和，在它影响下的安全战略往往具有较多和平主义的色彩。不仅不同国家对武力使用的看法不一样，而且同一国家在不同时期对其看法也不一样，强调战略文化在具有稳定性的同时会发生变化正是基于这一要点。

（四）战略文化分析范式评价

战略文化这一概念提出之后，其分析范式的有效性曾遭到过一些学者的批评。作为对这种批评的回应，肯·布斯在《战略文化的概念界定》一文中，认为战略文化作为一个核心的分析概念，其有效性包括如下六个方面：第一，它有助于消除种族中心主义对战略理论与战略实践的负面影响；第二，了解一个国家的战略文化是了解敌人（最重要的战争原则之一）的基础；第三，战略文化告诉人们要了解对手的动机、行为模式等，就必须意识到历史的重要性；第四，它有助于打破政策制定的国内环境与外界的安全环境之间人为设定的界限；第五，它有助于解释站在观察者的角度看来明显不理性的思想与行为；第六，文化变量的理解对感知威胁以及评价威胁都是很关键的。[②]

战略文化分析范式能够解释一国独特的战略风格，这就解释了一国战略发展的连续性。但是，仅仅注意到这一个方面还是片面的。因为如

---

① 参见王乐理著：《政治文化导论》，北京：中国人民大学出版社，2000 年版，第 29 页。

② See Ken Booth, "The Concept of Strategic Culture Affirmed", in Carl G. Jacobsen ed., *Strategic Power: USA/USSR*, New York: St. Martin's Press, 1990, p. 121.

果只注意到一国战略文化发展的连续性，当该国战略发展过程中发生过重大转变时，战略文化的解释就显得苍白。这就是斯奈德在提出战略文化这一概念十多年后，却又对文化作为解释国家战略行为的一个独立变量表示怀疑的原因。① 早期的战略文化学者认为战略文化具有相当的稳定性，一经形成就不容易发生改变，因为他们更多地是在美苏冷战的背景下思考大国的战略文化，其稳定性表现得更加明显。但当学者们把研究视野拓宽到其他国家时，战略文化学者就注意到了战略文化也有变革性的一面。尤其是对于那些在第二次世界大战后独立的新兴国家来说，它们新近的历史经历可能会跟以往经历有很大不同，技术变革和制度创新也会带来观念上的一些新变化，战略文化完全有可能发生改变。杰弗里·兰提斯也认为，当一些新的重大历史事件对原来的战略文化构成重大挑战后，战略文化是有可能发生转变的。② 因此，一个全面的战略文化分析框架既能解释国家战略的延续性，同时也能解释国家战略发生的重大转变。

第二节 印度战略文化的来源、思想基础及特征

印度是世界文明的发祥地之一，印度文明以它独特的价值观念和思想体系在世界文明中占有极其重要的地位。印度历史上最初的国家大约于公元前1000 年出现在恒河流域，③ 其政治文明史至今已经有3000 年左右的时间。3000 多年来，印度文明经历了兴旺、衰落、复兴的发展过

---

① 斯奈德在20 世纪80 年代末重新考察苏联的核战略时，发现自己在1977 年提出的战略文化概念并不能解释苏联战略发生的变化，因此他对这一分析范式产生了怀疑。See Jack Snyder, “The Concept of Strategic Culture: Caveat Emptor”, in Carl G. Jacobsen ed., *Strategic Power: USA/USSR*, New York: St. Martin's Press, 1990, pp. 3 – 8。

② See Jeffrey S. Lantis, “Strategic Culture and National Security Policy”, *International Studies Review*, Vol. 4 Issue 3, Fall 2002, pp. 109 – 113.

③ 参见刘建、朱明忠、葛维钧著：《印度文明》，北京：中国社会科学出版社，2004 年版，第20 页。

程，这对当代印度的社会与政治产生了深远的影响。正是在这种独特的价值观念、思想体系以及悠久的历史传统中，印度的战略文化才得以孕育、生长，并且在印度独立后最终形成。任何关于当代印度战略的思考都无法回避对于印度战略文化的考察，首先要研究的就是印度战略文化的来源、思想基础以及传统战略特征。

一、印度战略文化的来源

印度诗人泰戈尔在一篇关于印度历史的文章中说过，印度从来就不是一个国家，而是一个地理概念。[①] 就印度独立前的历史来看，这一论断反映了历史事实。这给印度战略文化分析带来了一定的难度，因为根据战略文化的概念，它的载体应该是一个独立的国家，完整的印度战略文化的形成应该是印度独立之后的事情。然而，自莫卧儿王朝时期起，印度的民族主义运动者都持有这样一个共同的信念：南亚是一个单一的文化和地理政治区域。[②] 因此，尽管印度的战略文化最终形成于印度独立之后，但对于印度战略文化的来源分析不应该仅仅限于当今印度所在的政治版图，而应该把它放在南亚次大陆的历史及文明进程中加以考察。下文将从地理、历史、传统文化三个最重要的方面探讨印度战略文化的来源。

（一）地缘因素

南亚次大陆特殊的自然地理条件对印度战略观念的形成有着深刻的影响，许多印度分析专家都认识到这一点。基于印度政治与文化的多元特征，地理在形成和统一印度思想过程中起到重要作用。

若看一下世界地图，就可以很明显地发现，在旧世界中没有一个与

---

① 参见刘建、朱明忠、葛维钧著：《印度文明》，北京：中国社会科学出版社，2004 年版，第 20 页。

② See Stephen P. Cohen, *India: Emerging Power*, New Delhi: Oxford University Press, 2001, p. 23.

人类文明有关的国家是像印度那样孤立的。[①] 印度次大陆为北面的喜马拉雅山脉、西面的阿拉伯海、东面的孟加拉湾以及南面的印度洋所环绕，这种天然造就的封闭地形使得这一地区成为一个单一的地理单元。高耸的喜马拉雅山脉构成了印度次大陆与亚洲大陆其他部分之间几乎不可逾越的天然屏障，而三面环海的地理优势又使得印度在历史上相当长的时间内不用担心来自海上的安全威胁。封闭型的地理特征给了印度人一种安全的感觉，然而印度人同时也意识到这种安全感并不十分可靠，在印度人的记忆中，较远的有由西北部通道进入的外族入侵，较近的则有大英帝国通过海洋而来的征服。正如美国学者乔治·唐纳姆（George Tanham）所说，"这些天然屏障在将印度人限制在南亚次大陆之内比拒敌于南亚次大陆之外来得更为有效。"[②]

印度一般被分为三大区域：北部印度河平原和恒河平原地区；中部的德干高原地区，它位于分别与东、西海岸平行的东高止山脉和西高止山脉之间；南部呈三角形的印度半岛地区。其中，北部平原地区的战略地位最为重要，许多王国都将其都城建立在这一地区。在历史地理学者约瑟夫·E. 施瓦茨博格（Joseph E. Schwarzberg）统计的取得泛印度身份的九个政权中，七个集中在印度北部平原上。[③] 被高山与丛林包围的北部平原的东北边界，在印度古代历史上从未置于战争威胁之下。然而，尽管北部平原的西部边界也为连续的高山所防御，但由于西北部分的山脉比东北部分的山脉要低，并且它们一直向南延伸，人们很早就在这里发现了几条通向北部平原的通道。这一地理特征对以后印度次大陆的历史进程产生了深远影响。正是通过这些通道，印度在历史上曾经多次遭受外族的陆上入侵。在交通不便的古代印度，德干高原成为一道天然屏障，相对于广阔的北部平原而言，印度南部完全为东、西高止山脉隔离

---

① ［英］A. A. 麦唐纳著，龙章译：《印度文化史》，上海：上海文化出版社，1984 年版，第 1 页。

② George Tanham，"Indian Strategic Culture"，*Washington Quarterly*，Winter 1992，p. 130.

③ See Stephen P. Cohen，*India*：*Emerging Power*，New Delhi：Oxford University Press，2001，p. 9.

开来，印度古代历史上从未有过一个来自北方的征服者越过德干高原统一过印度。在英国的殖民统治之前，印度次大陆从未置于同一种统治秩序之下。这种地理上的孤立助长了南部地区地区主义的生长。与北部平原地区形成鲜明对比的是，由于长期海外贸易的推动，印度南部地区有一种深厚的海洋文化传统。一些分析家也注意到了印度北部和南部在战略观念上存在着差别。如唐纳姆就认为，由于印度北方在历史上多次遭受过陆上入侵，其战略关注点是陆地，而印度南方的战略关注点则是海洋。①

除上述地理因素给印度战略观造成直接影响之外，地理对印度战略文化的影响还间接地表现在印度的地理特征所具有的文化意义上。② 如印度的河流是孕育印度文明的关键因素。水是生命之源，没有水就没有生命，也就没有人类文明，正是印度河、恒河、布拉马普特拉河等河流吸引了印度先民来到次大陆定居并滋养了印度文明。印度人民对这些河流充满感情，对恒河更是作为他们心目中的圣河来加以崇拜的。尼赫鲁曾对恒河对于印度文化的意义有过精彩的论述，他说道，“恒河的故事，从它的发源到海口，从古代到今天，就是印度文明及文化的故事，是多少王朝兴亡的故事，是华美壮观的城市的故事，是印度思想家们这样关心的人类的冒险和心灵的探索的故事，是人生的丰裕和满足以及人生的否定和厌弃、成功和失败、成长与衰朽、生存与死亡的故事”。③

（二）历史渊源

印度是一个有着深厚历史传统的国家，并且这种历史传统被很好地继承下来。事实上，在印度作为一个国家的概念在印度民族主义者心目中仍然模糊并令他们感到迷茫的时候，正是延续几千年的文明史给了他

---

① See Marcus Kim, “India”, in John Glenn, Darryl Howlett, Stuart Poore, eds., *Neorealism Versus Strategic Culture*, Hants: Ashgate Publishing Limited, 2004, p. 79.

② Ibid., p. 80.

③ ［印］贾瓦哈拉尔·尼赫鲁著，齐文译：《印度的发现》，北京：世界知识出版社，1956年版，第50页。

们建立统一的印度所需要的动力。在尼赫鲁于1944年写成的《印度的发现》一书中，可以清楚地看到尼赫鲁的政治理想是从发现与寻找印度的“过去”开始的。印度的客观历史经历以及印度民族主义者主观上对过去历史的重新解读，对印度的战略文化产生了重大影响。

从总体上来看，当印度人重新审视历史时，以下三点对他们的战略观产生了重要影响。首先，古印度王朝所取得的辉煌成就在世界上是无与伦比的，印度这个文明古国为整个世界做出了杰出的贡献，这使当代印度人认为印度是个伟大的国家，理应在全球发挥重大作用。其次，它的分裂时间远长于统一时间，内争在很大程度上消耗了这个民族的元气。在印度独立前漫长的历史中，除孔雀王朝、笈多王朝、戒日王时代以及莫卧儿王朝时期有过短暂的政治统一之外，呈现的常常是列国纷争、干戈不息的分裂局面。在英国殖民者来到南亚次大陆之前，南亚次大陆的这种政治统一还仅仅限于北部平原地区。印度古代的历史，似乎注定了分裂久于统一，而由此招致的边患一次比一次严重，直到最后沦为英帝国的殖民地。许多印度人将分裂局势归结到那些相互争斗并将外来侵略者引入次大陆的统治者身上。而且，印度历史上所发生的各种宗教冲突和种族冲突更进一步加剧了次大陆的混乱局势。那些贯穿于整个历史的分裂因素，在独立后的印度仍以不同的形式表现出来。独立后印度的政治精英力图从中吸取教训。如尼赫鲁认为在影响印度发展的两个因素（国际压力与国内团结）中，国内的分裂行为（对国内混乱局势的委婉措词）是更严重的危险。[①] 再次，与第二点密切相关，外族的入侵与征服构成了南亚次大陆历史发展的一条主线。南亚的安全相当脆弱，入侵过南亚次大陆的有波斯人、希腊人、土耳其人、阿拉伯人以及近代的西方列强等等。饱受侵略的历史使独立后的印度政治精英特别强调独立自主，对大国势力插手南亚事务特别敏感，印度在外交上实行的不结盟战略在一定程度上也是基于这种考虑。另外，反复的侵略造成了一种强烈

① Quoted in Stephen P. Cohen, *India: Emerging Power*, New Delhi: Oxford University Press, 2001, p. 18.

的排外情绪，这种情况在笈多王朝之后更为明显。在这种排外情绪的作用下，尼赫鲁认为早期的民族主义在古代印度就已诞生。在他看来，外族的侵犯不仅破坏了印度的政治组织，而且危及印度的文化理想和社会组织，印度人民对此不能再置之不理了，他们的反应主要来说是民族主义的，并带着民族主义的力量。他还指出，尽管印度文化具有很强的包容性，但是新来的人们仍受到强烈的抵制，印度本国人在笈多王朝后就尝试依照旧婆罗门教的理想来建立一个纯一的国家。① 这种产生于古代印度的民族主义在当今印度仍然有着重要影响，并在印度教复兴主义者要建立一个强大单一的印度教国家的梦想中得到反映。

（三）广义的文化背景

战略文化作为政治文化的一个分支，来源于一国更广泛意义上的文化，这里所论及的印度文化泛指印度文明。尼赫鲁曾说过，"印度的文化传统经过五千年的侵占及激变的历史，绵延不绝，广布在民众之间，并给予他们强大的影响，我觉得这是一种稀有的现象。只有中国有这样的传统及文化生活的一脉相传"。② 战略文化主要是一种精英文化，但大众文化是它的母体，因此它的源头乃是自古绵延至今的印度文化传统。尽管印度文化在历史上由于分裂和外族入侵的原因曾经历了无数的变迁和危机，但是它表现出了一种特殊的持久力和适应性，在非常悠久的岁月中保持了它们的基本个性。传统文化对当今印度的影响无处不在，当今印度的战略文化即源于印度文化的哲学理念和印度文化的价值观。

印度传统文化的基础扎根于各种宗教的教义与哲学中。③ 印度文化最显著的特色在于它的宗教性，印度历史上曾先后产生并流行过多种宗教，印度教、佛教、伊斯兰教都曾在印度创造了辉煌灿烂的文化，其中又以

---

① ［印］贾瓦哈拉尔·尼赫鲁著，齐文译：《印度的发现》，北京：世界知识出版社，1956年版，第163页。

② 同上书，第51页。

③ 参见刘建、朱明忠、葛维钧著：《印度文明》，北京：中国社会科学出版社，2004年版，第124页。

印度教最为古老、正统，并且构成了当今印度的主体文化，印度哲学理念的形成也是以印度教（古时称为婆罗门教）为基础的。印度哲学最核心的理念是追求“梵我合一”，这种理念认为人只有通过自然才能感悟到“梵”的本质，只有通过苦心修行，寂灭一切欲望，才能得到解脱达到“梵我合一”的最高境界。[①] 这种唯心主义的理念从本质上来看是消极避世的，因此在印度历史上相当长的时间内阻碍了印度的社会进步。追求进步的近代印度民族主义者在西方先进思想观念的冲击下充分认识到这一点，但他们并没有完全抛弃印度教的传统思想，而是主张对它进行改革。在印度争取民族独立的过程中，许多民族运动的领袖都把改革后的印度教作为一种思想武器，借助它在大众中的影响去动员群众为争取民族解放而斗争。这种以宗教思想为政治武器的做法在当今印度依然得以传承，这在印度宗教复兴主义者的主张中得到最好的反映，他们的战略观点是印度近些年来兴起的重要战略新观念之一。

与印度的哲学理念密切相关的是印度文化的价值观。尽管在印度历史上受不同宗教影响的各种思想流派的侧重点有所不同，但无论是婆罗门教（后来称为印度教）还是佛教、耆那教，在教义和哲学上都有一种重精神、轻物质，重灵魂、轻肉体，重直觉、轻理性的倾向。[②] 在这种倾向的影响下，印度人养成了一种追求精神而蔑视物质的价值观，反映在社会政治方面表现为力求创造一个和谐的环境，用达摩（法）约束个人的行为得失，人类最终的崇高目标应该是追求人与自然的和谐统一。为此，人类不能一味强调征服自然，而是要通过爱与善，爱人、爱世界万物，善待一切，从而实现人与自然的最佳结合。甘地将印度这种传统的价值观加以发挥，从而产生了他的非暴力思想。在这种传统价值观的影响之下，独立后的印度国家安全战略以及外交战略中都带有强烈的道义色彩。当代印度领导人据此坚持认为印度是一个友善的国家，它在全

① 参见吴永年、赵干城等著：《21世纪印度外交新论》，上海：上海译文出版社，2004年版，第8页。

② 刘建、朱明忠、葛维钧著：《印度文明》，北京：中国社会科学出版社，2004年版，第124页。

球理应起到举足轻重的作用。斯蒂芬·科恩认为这种观念能够解释为何尼赫鲁喜欢说教，以及为何印度喜欢教训别的国家。[①] 另外，在这种文化观念的作用下，印度尽管物质上贫穷，但在印度人自己看来，贫穷在本质上并不是坏事，一个穷国并不能因为贫穷就放弃它在全球应发挥的重要作用，许多印度的政治精英宁愿看到他们的国家自力更生，哪怕失败也胜过在别国帮助下成功。[②]

二、印度战略文化的思想基础

印度有着优秀的战略传统。一方面，这里是现实主义者考底利亚的故乡，传统中并不缺乏现实主义思想；另一方面，印度又是佛教的发源地，佛教的首倡者阿育王根据佛教的教义提出了他的非暴力原则，后为甘地继承并进一步得到发展，从而形成了以非暴力思想为核心的理想主义思想。这两种印度内生并且互相冲突的思想观念构成了印度战略文化的思想基础。

（一）考底利耶（Kautilya）的政治现实主义思想

在印度有记录的历史上，强大的中央集权国家在孔雀王朝时期首次建立起来，虽然历史久远，但这一时期对印度的战略文化有着深刻的影响。孔雀王朝时期，在帝国的治理经验基础上形成的社会政治思想成熟起来。作为孔雀王朝的开国元勋，政治思想家考底利亚就是这一时代的产物，他编纂的《利论》（*Arthashastra*，又译为《论政治》、《政事论》等）一书全面阐述了古代印度人政治上的实用主义思想，他因此也被称为印度的马基雅维利。在考底利亚看来，对一个国家而言，外交、国家治理、战争的艺术等都非常重要，它们都需要研究，并且要经过科学的

---

① Stephen P. Cohen, *India*: *Emerging Power*, New Delhi: Oxford University Press, 2001, p. 52.

② Ibid., p. 53.

分析和合理的运用。[①]《利论》一书对孔雀王朝国内政治和国际政治的几乎所有重要方面都有研究，其中对于当时南亚次大陆北部平原地区的地缘政治有着深刻的理解，并据此提出了著名的“曼荼罗理论”，这一理论对当今印度人的国际观仍有着重要的影响，因而对印度战略文化的意义更大。曼荼罗理论也就是国家的邻国圈理论，它认为一个国家周围是由包括友好国、中立国和敌对国组成的曼荼罗圈，国家外交的目的就是要在这些邻国中订立于本国有利的协约，并且维持好这种协约关系，从而全方位地确保本国的安全。[②] 曼荼罗圈是考底利亚描述的一种地缘政治现实，它由12个国家组成，其中包括一个征服国和11个其他王国：征服国居于中心位置，与征服国直接相邻的是敌人，位于敌人领土周边的国家是盟友，与盟友相邻的国家又是敌人的盟友，与敌人的盟友相邻的是盟友的盟友，最后是敌人的盟友的盟友等等。基于对这种曼荼罗圈的认识，他认为一个国家的邦交政策无非以下六种：签署协议（以求和平），发动进攻（开战），威胁敌人，不闻不问（中立），签约结盟，双重政策（和一个国家结盟的同时与另一个国家交战）。[③] 在斯蒂芬·科恩看来，与其说《利论》一书是南亚次大陆的政治指南，不如说是国际间的政治指南。[④] 考底利亚的思想对印度战略观的影响主要表现在两个方面：第一，他的外交理论表明地理上的相邻会威胁到国家安全，国际关系的本质是敌对的，国家为确保安全才不得不采取各种不同的手段，这对当今印度战略界的地缘政治观仍有相当大的影响；第二，在他的曼荼罗圈中，孔雀帝国无疑就是12国中的征服国，因此居于中心位置，这形成了印度人的印度中心观，即使是来自次大陆外部的征服者后来也都以印度中心观来看世界。[⑤]

---

① See Gitanjali Khanduri edited, *Generals And Strategists From Kautilya To Manekshaw*, p. 1.

② Ibid., p. 17.

③ See Marcus Kim, “India”, in John Glenn, Darryl Howlett, Stuart Poore, eds., *Neorealism Versus Strategic Culture*, Hants: Ashgate Publishing Limited, 2004, pp. 91 – 92.

④ Stephen P. Cohen, *India: Emerging Power*, New Delhi: Oxford University Press, 2001, p. 11.

⑤ Ibid.

（二）甘地和印度的非暴力思想

如果说考底利亚的思想构成了现代印度政治现实主义的基础，那么甘地的思想则加强了印度自阿育王时代以来就存在的道德理念。

尽管甘地以其非暴力思想而蜚声世界，但这里之所以提出“印度的非暴力思想”的说法，就是因为非暴力思想并非甘地所专有，它是印度自古以来就一直存在并有着相当影响的思想。除了上文提到的考底利亚之外，孔雀王朝还产生了印度历史上另外一位伟大人物——阿育王。他在战场上取得了巨大成功之后，充分认识到战争的残酷性，于是断然放弃了战争手段，转而实行和平政策，并宣布将佛教作为印度的国教。在佛教的影响下，他提出了“正法”的概念。他据此实行的新政策叫作正法政策，这是他从非暴力原则出发制定的一套广泛适用于个人伦理、社会政治和国际关系各个方面的温和政策。[①] 阿育王的时代已经远去，将非暴力思想发扬光大的则是被誉为印度国父的甘地，他进一步发展了非暴力思想并且通过他的毕生努力去实现它，因而在他个人赢得了世人尊重的同时，非暴力思想也因此得以扬名。甘地的非暴力思想相当丰富，它是在继承印度传统宗教学说（包括印度教的吠檀多哲学以及耆那教和佛教的伦理道德思想）的基础上，吸收基督教和一些西方现代思想而形成的。[②] 甘地的传统观念和宗教意识相当浓厚，他的思想体系最突出的特点就是宗教与政治紧密结合，使宗教政治化、政治宗教化。[③] 甘地心目中的宗教并非特指某种具体的教义，而是一种真诚的信仰和爱。他提出了“神即真理”的主张，真理按照他的解释是正义、完善、和谐。虔敬神就是要追求真理，即追求人的精神完善和社会和谐。他认为达到真理的道路就是爱，而爱是人的本性，其体现就是非暴力，真理要通过非暴力去追求和坚持，要用非暴力对待一切人和事，即便是对非正义行为

---

① 刘建、朱明忠、葛维钧著：《印度文明》，北京：中国社会科学出版社，2004 年版，第 77 页。

② 同上书，第 520 页。

③ 参见林承节著：《独立后的印度史》，北京：北京大学出版社，2005 年版，第 30 页。

者和压迫者也要有爱心，要用爱来感化他们。精神完善和社会和谐的表现就是人与人普遍的爱，人与人之间和睦相处。

甘地的非暴力思想对印度战略文化的意义主要在于以下三个方面：第一，他奠定了印度战略文化中的理想主义传统基础。甘地追求一种理想的社会状态，其学说也以“人性善”的理论为前提。他认为人性是神性的代表，人性中先天就含有神圣的善性。一旦这种善性被唤醒，即使是恶人也可以转化为善人。[①] 用这种观点去看待国与国之间的关系，则国与国之间也完全可以通过非暴力手段达到和谐的状态。第二，甘地的非暴力思想还有利于印度的民族认同。他之所以要把神与真理等同起来，这与印度社会多种宗教信仰的现实是分不开的。在甘地看来，各种宗教都有自己崇拜的神，用某一种“神”的概念很难使不同信仰的人联合和统一起来。“真理”的概念则很明确，任何有宗教信仰的人都不会拒绝真理的存在，因此用真理的概念代替神的概念就可以把印度不同民族和不同种姓的人联合起来。[②] 第三，甘地的非暴力思想包含着对武力的独到见解。在甘地看来，使用武力是十分危险的，原因在于使用不光彩的手段以达到良好的结果本身就是不道德的行为，因此武力使人道德沦丧。[③] 但同时他又认为，如果是出于无私、爱的目的去杀生，这样的行为不应属于暴力。印度独立后战略界对于武力的矛盾态度很大程度上即源于甘地的这一思想。

三、印度的传统战略特征

在上述地理、历史和思想文化传统等因素的影响下，印度形成了其

---

① 刘建、朱明忠、葛维钧著：《印度文明》，北京：中国社会科学出版社，2004 年版，第 523 页。

② 同上书，第 521 页。

③ See Stephen P. Cohen, *India*: *Emerging Power*, New Delhi: Oxford University Press, 2001, p. 41.

独特的战略传统，印度的传统战略特征可归纳为以下六个方面：[①]

（一）将整个南亚次大陆作为战略防务的关键

印度的民族主义精英一向认为，南亚次大陆是一个统一的战略实体。从文化上看，南亚次大陆本质上都隶属于印度文化圈，在巴基斯坦、尼泊尔、不丹、孟加拉国以及斯里兰卡等南亚国家独立前更是如此。英属印度的经历（为了帝国统治需要，英国殖民者将南亚次大陆作为战略整体去制定他们的战略）更强化了印度人的这一观念。印度人在优先思考印度安全的同时，认为它的稳定与安全同次大陆的稳定与安全密不可分。基于南亚次大陆是一个战略整体的认识，在印度独立之前，尼赫鲁就已存在“大印度联邦”的构想，其中的地理位置包括了南亚次大陆的所有国家，还有中国的西藏地区、缅甸等。尼赫鲁甚至还划出了“大印度联邦”理想的边界线，即克什米尔、尼泊尔、锡金、不丹和阿萨姆作为印度的内务防线，中国的西藏作为缓冲区，将“麦克马洪线”、“约翰逊—阿尔达线”作为印中理想的边界线，又将印缅边界至杜兰线之间的广大地区作为印度的“安全圈”。[②] 然而，在印度独立之后，由于印巴之间的严重对抗，次大陆已经成为一个不稳定的地区，因此在现实中作为一个统一的战略实体的南亚次大陆已经不复存在。尽管如此，德里的战略精英仍保留了南亚次大陆是一个统一的战略实体的观念。这一观念促使印度独立后先后同其他南亚小国签订了一系列条约，包括1949年的《印度不丹和平友好条约》、《印度锡金和平条约》、《印度尼泊尔和平友好条约》等。这些协议实际上对这些南亚小国的国家主权都有不同程度的限制。通过这一系列条约，印度政府承担了英国殖民政府当年对除巴基斯坦之外的南亚各邻国的所有战略义务。[③] 至于巴基斯坦，尽管双方没能

---

① 美国学者乔治·唐纳姆对此有过深入研究，下文参考了他的一些重要观点。See George Tanham, “Indian Strategic Culture”, *Washington Quarterly*, Vol. 15, No. 1, 1992, pp. 129 - 142。

② 吴永年、赵干城等著：《21世纪印度外交新论》，上海：上海译文出版社，2004年版，第21页。

③ See Stephen P. Cohen, *India: Emerging Power*, New Delhi: Oxford University Press, 2001, p. 137.

签订类似的友好条约，但印度领导人在印巴分治之后仍想当然地认为巴基斯坦必定会回归印度。

印度将南亚看作统一的安全实体的观念对其地区战略有两点非常重要的影响：第一，印度不能容忍它的南亚邻国制定在印度看来会损害印度安全和利益的政策，更不能容忍其他的南亚邻国采取这样的行动；第二，印度不能容忍外部势力插手南亚安全事务。这实际上是印度南亚版的“门罗主义”，其最终目的是要实现所谓“印度治下的和平”，就如同次大陆此前存在的“英国治下的和平”一样。

（二）缺乏统一的大战略

在印度独立之前，印度民族主义者所想象的印度只是文化和地理意义上的。在印度漫长的文明史上，只有少数几个帝国时期才达到过短暂的政治上的统一，长期分裂的历史事实妨碍了印度统一的大战略的形成。尽管印度历史上一直面临外族入侵的威胁，但南亚次大陆大大小小的王国很少团结起来共同抗击外侮，反而在内争中消耗自身的力量，从而导致了南亚安全的脆弱状态。具体到每个帝国或者王国的统治者身上，他们也许有自己的战略考虑，但这种考虑均囿于他们的统治边界，所看到的威胁往往来自南亚之内的邻国，而对南亚外部的威胁往往缺乏足够的认识。不但如此，一些统治者甚至因内部斗争的需要而把外部的侵略者引入次大陆。在英属印度时期，英国殖民者曾为印度制定了清晰的战略，这对独立后的印度战略观有很大的影响。但英国统治者毕竟考虑的是殖民帝国的安全和利益，建立在这种考虑基础之上的战略观未必都能适合独立后的自由印度。此外，妨碍印度人形成统一大战略的还有印度人的文化观。在传统印度的文化观中，生命是不可预知的，因而在印度人的观念中，未来也是不确定的，既然如此，那么制订类似计划或者战略之类的东西显然也就没有必要了。[①] 印度人的思维方式还有一个倾向，即

① George Tanham, “Indian Strategic Culture”, *Washington Quarterly*, Vol. 15, No. 1, 1992, p. 134.

不充分认识现实与想象、事实与空想之间的差别。[①] 印度人喜欢空想，而且空想起来完全不受时空的限制，这种思维方式也显然不利于印度制定现实的大战略。

（三）强调防御，而不是搞帝国扩张

南亚次大陆的农业文明起源较早，作为一个富裕的大陆经常为外部侵略势力所垂涎。南亚内部的分裂和混乱为外来侵略者提供了方便，而且由于次大陆的统治者们缺乏防卫次大陆的有效战略，从西北山口入侵的、来自中亚贫瘠地带的侵略者们几乎很少遭遇团结一致的有效抵抗。这种侵略者可以分为两种：一种侵略者只是对南亚次大陆进行周期性的掠夺，一旦得到他们所想要的财富就暂时离去；另一种侵略者则在征服的基础上建立了自己的政权。前者的周期性掠夺在削弱次大陆抵抗外侮的物质基础的同时，也消磨了印度人抵抗外侮的意志；后者由于其本身的文明程度低于当地的文明，出现了如马克思所说的“征服者被被征服者所征服”的那种情况，他们又变得和此前被他们战败的王朝一样，陷入了南亚的内争中，从而在后来面临外敌入侵时又处于战略防守的态势。

与这种战略防守态势相关联的就是印度没有帝国扩张的传统。印度从未在它自己认为的边界外（即南亚次大陆）使用武力，这种传统一直延续到印度独立之后。[②] 在历史上的大多数时间内，南亚次大陆的统治者们在内争中已经自顾不暇，更不要说对外发动侵略战争。在几个少数的帝国统一时期，其统治者往往也就在据有南亚的富庶土地之后不再进取。如果有例外的话，那么也只有英属印度殖民政府曾有意通过印度进而侵占阿富汗，但后来英国对阿富汗的占有欲已经逐渐减退，因为要从开伯尔山口发动一场前所未有的侵略战争，印度的工业制造不出所需的

---

① 尚会鹏著：《印度文化传统研究》，北京：北京大学出版社，2004 年版，第 114 页。

② 在独立之后，印度占领了果阿和锡金，并且曾派兵远征斯里兰卡，但这些军事行动都局限于南亚次大陆的地理范围之内，印度在南亚实行的地区霸权政策在印度人看来是他们对南亚应负担的安全义务，同时他们也对外界对他们霸权政策的指责感到反感。

武器装备来。[①] 尽管印度的一些文章涉及到了印度政治和军事扩张的合法性，但在这些文章中找不到几个印度教统治者向南亚之外扩张的例子。印度教1500年的殖民主义主要体现在经济、文化和宗教方面，大部分发生在缅甸和东南亚地区，这些地区受印度教影响的王国也并非是以印度为根据地的政权的延伸，也许印度社会十分适合推行海外殖民政策，以至于根本用不着诉诸武力。[②]

（四）实行大陆导向的战略

印度历史上有影响的政权主要集中在印度北部，在这里，伟大的印度河—恒河平原孕育了印度人鲜明的大陆导向的战略观。一方面是由于次大陆北部平原本身战略地位的重要性，控制北部平原的肥沃地区是控制南亚次大陆的关键；另一方面是由于次大陆防御外来侵略的能力极弱，屡屡遭受来自西北方的外族入侵的历史记忆使得印度民族主义者意识到陆上防御的重要性。独立后的历史进一步强化了印度人的这种观念，首先是来自巴基斯坦的安全威胁，接下来是中印边界冲突中失败的历史教训。随着中印关系的缓和，印度人的中国威胁观逐渐减退，但是它和巴基斯坦之间的冲突仍然时时刻刻触动着印度人的神经。只要印度人仍然将巴基斯坦视为其主导南亚的障碍，加之巴基斯坦拒绝承认印度在南亚的主导地位，印巴之间的紧张关系就难以得到真正缓和，并且克什米尔的局势还会经常恶化这种紧张关系。进入21世纪以来，印度的海洋战略逐渐受到重视，但仍没有根本改变印度的这种战略传统。

（五）强调独立自主，不与大国结盟

饱受外敌入侵的历史给当代印度人留下了深刻记忆，他们因此对外部势力干涉南亚安全事务显得特别敏感，追求民族独立并恢复昔日历史的荣光一直是印度民族主义者所梦寐以求的。作为对这种传统的延续，

---

① Stephen P. Cohen, *India: Emerging Power*, New Delhi: Oxford University Press, 2001, p. 17.

② Ibid., p. 11.

印度独立之后采取了“不结盟”的外交战略。尼赫鲁政府的“不结盟”战略不同于中立主义，而是要在美苏两个超级大国阵营之外坚持走独立的外交路线，其最终目的是要自主制定最符合印度本国利益的政策。在国际上，“不结盟”不仅是不参加任何一个集团，而且是以反对战争和殖民主义，保卫民族独立和世界和平为其内涵的。因此，不结盟又体现了印度自古以来就存在的道义传统，带有理想主义的色彩。“不结盟”战略根源于印度的传统价值观。如中国学者吴永年指出，它体现了印度文化价值观对政治道德、民族、平等、正义、真、善、美等方面的认识，其中有对物质价值、社会价值、精神价值和非暴力的衡量特征，重精神价值的追求，强调用法（达摩）去维护和创造某种和谐，用非暴力求得和平。①

（六）军队在战略决策中的作用很小

政治精英是制定国家安全战略的主体，他们主观上也不愿意自身制定战略的大权旁落，而且基于国家安全战略的专业性要求，军事精英往往在国家安全战略的制定中起到重要的作用。但是从印度历史上看，自古以来，无论是早期还是后期的印度王朝，适当地发挥军队的作用都是典型特征，这正如在古希腊与中国一样，文明使军队的权力受到限制。②在英属印度时期，执掌政权的文官也对军队实行了严格的控制。在印度传统文化价值观中，军人的地位也并不高。正如印度第二任总统、哲学家拉达克里希南（Sarvepalli Radhakrshnan）曾说过的那样，印度人自古以来崇拜的是圣人而不是政客，他们尊敬的是知识渊博的人而不是勇士。③ 这从印度种姓制度的划分也能看出来，婆罗门种姓（僧侣）是高于刹帝利种姓的（武士）。对印度战略文化有重要影响的《利论》一书

---

① 吴永年、赵干城等著：《21世纪印度外交新论》，上海：上海译文出版社，2004年版，第24页。

② Stephen P. Cohen, *India: Emerging Power*, New Delhi: Oxford University Press, 2001, pp. 12 – 13.

③ See Jaswant Singh, *Defending India*, New Delhi: Macmillan India Ltd, 1999, p. 8.

的作者就是一位婆罗门谋士。印度独立之后，印度政府继承了这一传统，对军队实行了严格的控制，其结果就是“世界上没有哪个大国像印度一样，在制定政策时会忽略军队的意见，在涉及到印度的核战略时尤其如此”。①

第三节　当代印度的战略文化与印度的核战略

印度的战略文化根源于它的历史经历与文化传统，它是不同时代的历史经历以及各种思想流派综合作用的产物。自从印度有了政治文明史之后，它就一直存在并不断发展着。但是，完整意义上的印度战略文化的形成是印度独立之后的事情，因为直到此时印度人才有可能从现代民族国家的战略需要出发系统地思考它的战略问题。当代印度的战略文化以新德里为中心，在相当长一段时间内它是以贾瓦哈拉尔·尼赫鲁的安全观及世界观为主导的尼赫鲁主义，此后随着尼赫鲁思想一统天下的局面逐渐被打破，印度的战略文化经历了一个不断变革的过程。总体来看，以尼赫鲁主义为主导的印度的战略文化稳定性很强，这使得印度的安全战略也具有很强的稳定性。1962 年中印边界冲突结束之后，尼赫鲁主义的主导地位开始动摇，但它的强大影响仍然持续了相当长的一段时间，相应地，印度的安全战略随着尼赫鲁主义主导地位的动摇也在一定程度上有所改变，但尼赫鲁主义仍然具备的强大影响，使得印度安全战略并未产生根本性的变化。冷战结束之后，尼赫鲁主义的主导地位在新的战略观念的挑战下逐渐丧失，印度战略文化的变革最终导致印度安全战略尤其是核安全战略发生了重大改变。

印度的核战略与印度战略文化之间存在很强的相关性，表现在三个方面：（1）在相当长一段时间内，由于尼赫鲁主义的强大影响，印度在

---

① Stephen P. Cohen, *India: Emerging Power*, New Delhi: Oxford University Press, 2001, p. 77.

发展核武器的问题上表现克制，其通向核武器化的道路因此而特别漫长；（2）尼赫鲁主义主导地位的动摇是印度走上核武器化道路的前提；（3）以印度人民党战略精英为代表的新的战略观是印度走向公开核威慑的关键原因。

一、尼赫鲁主义与印度的核战略传统

（一）尼赫鲁主义的形成及其内涵

贾瓦哈拉尔·尼赫鲁总理不仅是印度的首席外交政策理论家，还是唯一能主宰印度外交政策近20年的实践家。① 斯蒂芬·科恩的这一评价同样适合于作为印度现代国家战略奠基人的尼赫鲁。作为印度的首任总理，尼赫鲁是印度战略文化的标志性人物，因为“整个印度的政治理念都是他留下来的”。②

早在印度独立之前，尼赫鲁就在争取民族解放斗争的过程中开始思考印度的大战略问题。在《印度的发现》这部重要的著作中，尼赫鲁以对印度历史和文化的深刻理解以及对国际局势的宏观把握来阐述他的印度观和世界观，其中包括了他的印度概念、印度的力量与弱点、印度的民族主义、民族主义与帝国主义的关系、与国际安全相关的现实主义与地理政治学等等。③ 印度独立之后，作为这一新兴民族国家的政治领导人，尼赫鲁有机会将他的战略思想付诸实践，使之在印度的政治社会化过程中为大众所接受，从而形成以尼赫鲁主义为主导的印度战略文化。

尼赫鲁主义是印度传统战略文化在当代的发展，它继承了考底利亚的政治现实主义和甘地的非暴力思想，他是将两种看似矛盾的战略传统

---

① Stephen P. Cohen, *India: Emerging Power*, New Delhi: Oxford University Press, 2001, p. 37.

② Jaswant Singh, *Defending India*, Chennai: Macmillan India Ltd, 1999, p. 22.

③ ［印］贾瓦哈拉尔·尼赫鲁著，齐文译：《印度的发现》，北京：世界知识出版社，1956年版。

巧妙结合起来的战略大师。一方面，尼赫鲁高度评价考底利亚的历史地位，认为这位“印度的马基雅维利”是在各个方面都比马基雅维利本人更为伟大的人物。尼赫鲁对考底利亚的思想也有着深刻的理解，在尼赫鲁的眼中，考底利亚是“一个勇敢、机智、自傲和睚眦必报的人……为达到他的目的，者那迦（考底利亚的别名）随便什么都做得出来；他是毫无顾忌的；但是他极聪明地了解：假使所使用的手段不适合于目的，结果就可能失败”。他也了解考底利亚的军事战略思想，他说道，“在克劳塞维茨好久以前，据说者那迦就已经讲过，战争只是使国家政策继续的另外一种手段。但是他又说道，战争必须经常用以贯彻政策上较大的目的，而不可使战争本身变为目的；政治家的目标必须经常要使战争的结果是为了国家的改善，而不是只为战败和消灭敌人”。[①] 尼赫鲁对政治现实主义战略传统的继承在其地区安全战略方面体现得最为明显，他的“印度大联邦”构想即是建立在南亚次大陆的地缘战略现实基础之上的，为此他先后同该地区的其他小国签订了一系列所谓的“和平友好条约”，而其真正的目的则是为了组建印度的“喜马拉雅山防线”以及谋求印度在南亚安全领域的主导地位。另一方面，尼赫鲁的战略思想又深受圣雄甘地思想的影响，具有强烈的理想主义色彩。从个人经历的角度来说，甘地是尼赫鲁民族解放运动的亲密战友，他们私交甚好，甘地思想对他有着直接的影响。从文化的角度看，甘地的思想对于印度人的思维方式起着潜移默化的作用，尼赫鲁也不例外。相对来说，甘地主义对尼赫鲁的影响更大，但是作为现实的政治家，他又不能不受现实主义传统的影响。实际上，尼赫鲁本人也总是在理想主义与民族利己主义（即现实主义）之间举棋不定，他认为对于印度来说，理想主义就是一种注重实效的现实主义。[②]

根据本书对战略文化的概念定义，它注重研究的是一个国家有关威

---

① ［印］贾瓦哈拉尔·尼赫鲁著，齐文译：《印度的发现》，北京：世界知识出版社，1956年版，第144—145页。

② See Stephen P. Cohen, *India: Emerging Power*, New Delhi: Oxford University Press, 2001, p. 39.

胁、武力使用以及国际战略定位的观念，因此用战略文化来分析尼赫鲁主义也应从这三个方面展开：

1. 尼赫鲁主义的威胁观

一个国家政治阶层对于本国所面临威胁的观念不是简单地建立在对潜在对手物质能力的判断上，而是在一个受历史、社会、政治、物质以及文化等多种因素影响的复杂过程中形成的。[①] 理解印度政治精英的威胁观也应结合他们时代的历史经历与他们的文化观念去思考。从全球范围来看，在印度独立之初，作为一个刚从殖民奴役下解放出来的新生国家，维护印度的独立自主是印度首要的安全诉求，任何危害印度独立自主的政策或行为都被印度领导人视为威胁。早在印度独立之前，尼赫鲁就已深刻认识到帝国主义的危害与民族主义的重要性，并在《印度的发现》一书中对此有专门论述。印度独立之后，他又以一个反殖反霸的民主斗士形象出现在国际舞台。在如何应对这种威胁的观念方面，尼赫鲁的思想明显受到甘地非暴力斗争原则的影响。他认为，"甘地教会了我们非暴力的原则，不是作为对邪恶力量的消极屈服，而是把它作为解决国际分歧的一种积极的、主动的工具"，他相信亚非新生国家能够成为恢复国际平衡的一种重要的道德力量。[②] 尼赫鲁这种注重道德的战略观念在实践方面主要表现为他积极参与联合国的集体安全行动以及不结盟运动。尼赫鲁本人是相信集体安全的，在印巴之间出现克什米尔争端之后，他曾将争端提交给联合国来解决。从地区范围来看，尼赫鲁继承了印度战略传统中的"喜马拉雅山防线"的概念，将南亚视为一个战略整体。在这个战略整体中，印度居于主导地位。在印度设计的这种理想状态中，南亚地区的其他小国自然不会构成对印度的安全威胁，相反他们的安全和印度的安全是紧密相联的。但是，国家安全战略乃是一国主权中非常

---

① Andrew Latham, "Constructing National Security: Culture and Identity in Indian Arms Control and Disarmament Practice", in Keith R. Krause, ed., *Culture and Security: Multilateralism, Arms Control, and Security Building*, London: Frank Cass, 1999, p. 138.

② Sandy Gordon, "Domestic Foundations of India's Foreign Policy", in Ross Babbage and Sandy Gordon eds., *India's Strategic Future: Regional or Global Power?*, New York: St. Martin's Press, 1992, p. 9.

重要的部分，南亚地区的其他小国并不会甘心于印度的这种安排，它们的离心倾向在印度看来就是一种安全威胁。更为严重的是，外部大国的势力渗透到南亚来，“印度治下的和平”因此面临着威胁，这突出表现在尼赫鲁对来自巴基斯坦的威胁判断上。尽管印巴分治之后不久两国之间就爆发了战争，但直到1954年前印度并未认真地将巴基斯坦视为军事威胁。[①] 只是在1954年巴基斯坦与美国签订《共同防务援助协定》之后，印度认为巴基斯坦破坏了南亚次大陆整体防务的规则，才开始真正将巴基斯坦视为安全威胁。此外，尼赫鲁主义的威胁观还有一个独特的历史渊源。在印度争取民族解放的运动过程中，印度的政治阶层认识到印度之所以被英国殖民，首先是因为英国精心策划的“分而治之”削弱了印度的力量。[②] 印度最后被分裂为印度和巴基斯坦两个国家让印度的民族主义者痛心疾首，他们对此感到惋惜，并一直梦想着巴基斯坦能够回到印度的怀抱。印度和巴基斯坦的建国理论根本对立，印度采取的世俗主义政策是印度的基本国策，在克什米尔问题上印度不肯让步，很大程度上是因为印度想通过克什米尔这一焦点地区证明其世俗主义政策的正确性和有效性，因此印控克什米尔地区的分离主义运动被印度视为重大的安全威胁。在这种威胁观的影响下，印巴克什米尔争端成为两国安全关系中的结构性冲突。

2. 对待武力使用的态度

这是最能体现尼赫鲁政治理想主义的方面，也是甘地非暴力思想对尼赫鲁影响最为明显的方面。尼赫鲁反感现实主义的强权政治，认为“权力政治是有缺陷的，势必要毁灭于灾难”。[③] 因此，为了达到印度的安全战略目标，尼赫鲁主义更倾向于利用理想主义的外交手段而不是武

---

① See Stephen P. Cohen, *India: Emerging Power*, New Delhi: Oxford University Press, 2001, p. 131.

② Sandy Gordon, “Domestic Foundations of India’s Foreign Policy”, in Ross Babbage and Sandy Gordon eds., *India’s Strategic Future: Regional or Global Power?*, New York: St. Martin’s Press, 1992, p. 10.

③ Quoted in Stephen P. Cohen, *India: Emerging Power*, New Delhi: Oxford University Press, 2001, p. 39.

力去解决问题。尼赫鲁本人对武力和军事行为极其厌恶，这还影响到他对军人和军队的看法，他把军人描述为“横眉愣眼，丧失人性，举止无异于机器人，一贯滥杀无辜”的形象。[①] 他认为英属印度的军队一直是英国殖民统治者的工具，不值得信任。因此，印度甫一独立，他领导下的自治领政府就在 1948 年对军队领导体制实行了改革，废除了原英印军队中的总司令职位，实行海陆空三军分立，各设参谋长职，均向国防部负责。国防部长由文职人员担任，国家军事决策权则由总理领导下的内阁特设的委员会掌控。这样做无非就是为了实行文官治军的原则，保持文职机构对军队的控制。此后，印度政府对军队的控制进一步加强，尤其是在 20 世纪 50 年代巴基斯坦军人发动军事政变之后，以尼赫鲁为代表的印度领导人认为巴基斯坦的军事政变可能会给印度军方带来坏的影响。为了防止类似巴基斯坦的悲剧，尼赫鲁决定让其最亲密的战友、搞外交出身的克里沙·梅农担任国防部长。对于发展印度的军事力量，尼赫鲁主义者也持保留态度。在尼赫鲁及其心腹的眼中，增强国防开支不但会妨碍经济增长，而且还不利于文官统治制度；对于印度保持长期独立具有重要意义的是强大的工业和经济基础设施的建立，而不是军力的增强。[②]

3. 印度的国际战略定位

在印度还没有获得独立以前，尼赫鲁就表达了他的大国思想，指出“印度以它现在所处的地位，是不能在世界上扮演二等角色的。要么就做一个有声有色的大国，要么就销声匿迹。中间地位不能满足我们，我也不相信任何中间地位是可能的”。[③] 独立之后，尼赫鲁对于印度成为世界大国更是豪情万丈，他在一次演讲中说道：“印度将要成为、也必将成为在世界事务中起重要作用的国家，我希望这种重要性不仅仅体现在军事

---

① Stephen P. Cohen, *India: Emerging Power*, New Delhi: Oxford University Press, 2001, p. 128.

② Ibid.

③ ［印］贾瓦哈拉尔·尼赫鲁著，齐文译：《印度的发现》，北京：世界知识出版社，1956 年版，第 57 页。

意义上，而且要体现在许多其他最终更重要并且更有效的领域。”①

尼赫鲁要成为世界有影响力大国的抱负固然宏大，但一个国家的国际地位往往是由其综合实力决定的。作为一个新兴的发展中国家，印度成为世界大国的客观条件显然还不成熟。如果按照现实主义强权政治的逻辑，尼赫鲁在他的时代要实现这种抱负显然无异于天方夜谭。然而在尼赫鲁时代，印度在国际领域表现得相当活跃，尼赫鲁的理想主义在这里起到了重要作用，他为印度赢得了世界的尊重。尼赫鲁主义将印度视为世界政治中的道义力量：印度总是会坚持说出“真理”，即使在面对强权时印度也要这么做。尼赫鲁刻意跟世界强权保持距离，提出了不结盟的战略。在国际事务中，尼赫鲁的坚持真理最明显的表现是坚持原则。

（二）尼赫鲁主义影响下的印度核战略传统

在尼赫鲁主义的影响下，印度核战略传统的轮廓在他的长期执政过程中逐渐清晰化（1947—1964 年）。在尼赫鲁的外交与安全政策中，经常可以看到现实主义与理想主义这两种矛盾的政治理念的结合。他对核武器的态度也是如此。在对待核武器的态度上，尼赫鲁的政治导师甘地的思想也反映了这种不确定性。一方面，甘地全盘否定核武器以及核威慑，并宣称非暴力是对付核武器暴力唯一正确的手段；但另一方面，在甘地的思想中，他也并未完全放弃在国家防御中使用武力的思想。在他晚年，当被一位陆军将军问起非暴力在对付不接受非暴力逻辑的敌人的有效性时，甘地无法给出明确的答案。他含糊地说道，“我仍在黑暗中寻找答案，我将会发现它，并于将来的某一天回答你的问题”。② 作为一个战略决策者，尼赫鲁面临的困境更为严峻。在道义上，尼赫鲁极其憎恶各种武器，也拒绝将核武器作为国家安全政策的手段。他曾经下令编纂了世界上第一部原子弹杀伤效果的公开研究资料，并于 1958 年出版。在

---

① Quoted in George Tanham, “Indian Strategic Culture”, *Washington Quarterly*, Vol. 15, No. 1, 1992, p. 129.

② Quoted in Rajesh M. Basrur, “Nuclear Weapons and Indian Strategic Culture”, *Journal Peace Research*, Vol. 38, No. 2, 2001, p. 186.

该书第一版的前言中，他曾写道："我们现在不得不面对原子弹带给人类的大规模的灭绝，更为糟糕的是，我们还得面对核爆炸对人类基因所造成的贻祸于当代及后人的后果。相对于这一令人悚然的前景而言，我们在世界上目前所面临的所有其他问题都显得无关紧要了。即便没有战争，如果我们进行称之为核试验的爆炸，那么，在某种程度上，这些核爆炸仍然会把那些恶魔传播到世界上的大部分地区。"① 从实用的立场上看，他也清楚核威慑在防止美苏发生战争方面有着重要意义，但同时他又担心"一次核事故、一次非理性的决策，或者一次错误的行动都有可能导致一切生物的毁灭"。② 尽管一直支持全面核裁军，但与此同时他又保留了印度发展核武器的可能，因此他不赞成任何可能导致印度核项目完全终止的协议。正如他的接班人所指出的那样，恰恰是尼赫鲁批准建造了一座核燃料后处理设施，而该设施完全能够生产——最终也确实生产了裂变材料，用在了尼赫鲁一直强烈反对的核武器上。③

在尼赫鲁执政的 17 年中，在其战略思想的影响下形成的核战略传统有三个方面：对发展核武器的必要性表示怀疑；强烈支持没有偏见的全面核军控与核裁军；不把为对付将来有可能出现的潜在核威胁而发展核武器的大门关死。④ 这三大战略传统的影响从尼赫鲁执政时期一直持续到 20 世纪 90 年代：在尼赫鲁执政时期，印度政治精英阶层拒绝考虑将核项目用于军事用途；在英迪拉·甘地—拉吉夫·甘地时代，印度虽已迈上核武器化的道路，但坚持模糊的核政策，并未认真将核武器与印度的国家安全战略结合起来，因而也没有严格意义上的核威慑战略。

---

① Quoted in Stephen P. Cohen, *India*: *Emerging Power*, New Delhi: Oxford University Press, 2001, p. 161.

② Quoted in Rajesh M. Basrur, "Nuclear Weapons and Indian Strategic Culture", *Journal Peace Research*, Vol. 38, No. 2, 2001, p. 186.

③ Stephen P. Cohen, *India*: *Emerging Power*, New Delhi: Oxford University Press, 2001, pp. 161 - 162.

④ See Rajesh M. Basrur, "Nuclear Weapons and Indian Strategic Culture", *Journal Peace Research*, Vol. 38, No. 2, 2001, p. 186.

二、“强硬的尼赫鲁主义”与印度向核武器化的迈进

尼赫鲁在其执政时期大权独揽，主导着印度安全战略的制定与实施。尼赫鲁被比喻为一颗枝繁叶茂的菩提树，在为树下的人们提供荫庇的同时也阻碍了他们的成长。[①] 但是1962年中印边界冲突之后，伴随着人们对尼赫鲁政府政策的批评与反思，尼赫鲁主义的主导地位开始动摇。中印边界冲突是尼赫鲁主义者痛苦而难忘的经历，随后他们采取了更为强硬的姿态，中印边界冲突后20多年时间里印度占主导地位的战略文化可用“强硬的尼赫鲁主义”这一术语来表达。

“强硬的尼赫鲁主义”表达了两个方面的意思，即对尼赫鲁主义的继承与修正。就第一个方面而言，好战的尼赫鲁主义者与尼赫鲁的思想仍有许多共通之处，他们同样认为印度是一个伟大的民族，国际政治秩序极其不平衡，印度要实施不结盟战略以维护它的独立自主地位等等。但是第二个方面表现得更明显，强硬的尼赫鲁主义者对威胁、使用武力以及如何实现印度的国际地位的观念均已发生改变。

在强硬的尼赫鲁主义者头号人物英迪拉·甘地看来，尼赫鲁通过理想主义的外交来实现印度成为世界有影响力国家的愿望过于理想化。印度面临的整个世界到处是威胁，而并非是机会。印度面临的威胁来自于各个方面：周边的小国乐意成为被大国利用的工具；巴基斯坦十分仇视印度；中印边界冲突使印度大失颜面，中国也一直采取措施来阻碍印度成为亚洲强国；美国自1970年后开始插手南亚事务。所有这些外部力量，或是联合或是分别采取行动，其目的就是削弱印度在南亚应有的主导地位。为了应对印度面临的各种威胁，强硬的尼赫鲁主义者对使用武力的看法也与尼赫鲁的思想有别。与尼赫鲁受到甘地的影响较多大不相同，他们对武力的看法更多地受到考底利亚的政治现实主义的影响。强

---

① Stephen P. Cohen, *India: Emerging Power*, New Delhi: Oxford University Press, 2001, p. 69.

硬的尼赫鲁主义者经常引用曼荼罗圈的模式，他们摒弃佛教教义，反对尼赫鲁对巴基斯坦和中国采取“怀柔”政策。这一时期，印度人对国防支出和国防发展的态度在根本上得以改变。英迪拉·甘地本人则是一个有使用武力倾向的政治家，出任总理之后，无论是在国内还是国外，她都喜欢诉诸武力。[①] 强硬的尼赫鲁主义者的战略观是对尼赫鲁主义的发展，但他们对尼赫鲁主义战略传统只是做了一种有限的矫正，这在印度的核武器化问题上表现得尤为明显。尽管 1974 年印度曾试爆一颗核装置，为印度的核武器化迈出了重要的一步，但总体来说，强硬的尼赫鲁主义者的核立场的改变是有限的。继尼赫鲁之后担任印度总理的夏斯特里对印度国内日益增长的来自中国的核威胁观点反应较为谨慎。在中国核试验不久后他表态说：“印度政府不会赞同模仿中国发展和试验核弹的例子。”他还坚持认为，“印度政府不会改变现行的核政策，印度人民不会对和平与和平的方法失去信心”。[②] 尽管夏斯特里在 1965 年批准了一项秘密的地下核爆炸项目，但是在公开场合他顶住了来自国大党内部要求实施建立印度军用核能力政策的强大压力。较之夏斯特里，英迪拉·甘地显得更加强硬，在很多方面她都是一个典型的现实主义者。她在执政期间，加快了军队建设的步伐，参与了巴基斯坦内战，并导致了第三次印巴战争。在她的授意下，印度还于 1974 年在博克兰进行了一次成功的核试验。尽管如此，在这次核试验之后，她并没有批准继续印度的核武器化项目。同她的父亲一样，她继续强调印度最重要的战略是经济发展，威慑战略没有用。在第二次执政期间，她曾于 1983 年批准了一项完整的导弹发展项目，但这只不过是尼赫鲁“核开门”政策的继续，在其政治理念中，她并未将核武器纳入印度国家安全政策的框架内。[③] 曾在 1977—1979 年短暂担任印度总理的莫·德赛站在道义的立场上坚决反对

---

① 有关英迪拉·甘地的战略思想主要参考了斯蒂芬·科恩的研究。See Stephen P. Cohen, *India*: *Emerging Power*, New Delhi: Oxford University Press, 2001, pp. 41 –42, p. 135。

② Quoted in Shyam Bhatia, *India's Nuclear Bomb*, Ghaziabad (India): Vikas Publishing House PVT LTD, 1979, p. 109.

③ See Rajesh M. Basrur, "Nuclear Weapons and Indian Strategic Culture", *Journal Peace Research*, Vol. 38, No. 2, 2001, p. 186.

核武器，较之英迪拉·甘地，他的立场更接近尼赫鲁。拉吉夫·甘地在很多方面都如同他的母亲一样是一个强硬主义者：他曾主持了印度的军事现代化项目以及扩充海军的项目；为了强迫尼泊尔称臣而封锁尼泊尔海上通道；派兵干涉斯里兰卡内战等。但是在对待核武器的态度上，他的现实主义理念并未得以延续。据他的科学顾问V.S·阿鲁纳卡兰回忆，拉吉夫·甘地对核弹的反对是发自内心的。[①] 同他的祖父一样，他不切实际地期望全世界能够彻底销毁核武器。1988年，在联合国裁军大会上，拉吉夫·甘地甚至提交了一份宏伟的、全面的、普遍的核裁军计划。只是在这种努力失败之后，拉吉夫·甘地才批准了印度的核武器化项目。但直到那时，印度仍没有将威慑原则列入国家安全计划中的动机。[②]

三、战略文化的变革与印度的公开核威慑

如前所述，直到20世纪90年代之前，尼赫鲁主义在印度的战略文化中一直占据着主导地位。尽管尼赫鲁主义自身随着历史的发展而发展——从温和的尼赫鲁主义转变到强硬的尼赫鲁主义，印度精英阶层对核武器的认识也因此有所改变，但是这还不足以引起印度核思想的根本转变。在尼赫鲁主义的主导下，印度不可能有真正的核威慑战略。

然而，尼赫鲁关于印度安全战略的主导思想在中印边界冲突之后就开始受到挑战。对尼赫鲁战略思想构成挑战的新观点主要有两种：一种是保守的现实主义者观点，另一种则是更具意识形态化的印度教复兴主义者的观点。[③] 在冷战结束之后，这些新兴的战略观点完全动摇了尼赫鲁主义的主导地位，独立后的印度战略文化因此发生了重要变革。

---

① Raj Chengappa, *Weapons of Peace: The Secret Story of India's Quest to be a Nuclear Power*, New Delhi: Harper Collins Publishers India, 2000, p. 304.

② Rajesh M. Basrur, "Nuclear Weapons and Indian Strategic Culture", *Journal Peace Research*, Vol. 38, No. 2, 2001, p. 187.

③ See Stephen P. Cohen, *India: Emerging Power*, New Delhi: Oxford University Press, 2001, p. 43.

（一）保守的现实主义者的战略观

20 世纪 50 年代末期，印度政党政治中的一个最重要的变化，是全国性右翼政党自由党的出现。[①] 该政党代表大资产阶级和大土地所有者的利益，其支持者主要来自前政府官员、王公家族成员以及商界人士。在国内，他们激烈反对尼赫鲁要在印度建立社会主义类型社会的主张。对外政策方面，他们则反对尼赫鲁的不结盟运动主张，在 20 世纪 60 年代中期该党曾试图主张采用典型的保守主义方法来制定印度的对内对外政策。由于在大选中支持率很低，该党派很快消亡。然而在它消亡后，该党派中的一些重要成员仍然通过其他途径继续他们的政治生涯。其中值得一提的是贾斯万特·辛格（曾在印度人民党联盟政府担任过一届财政部长，并两度出任外交部长），他被视为印度现实主义外交政策的头号代言人。[②] 在 1999 年出版的《防卫印度》一书中，他系统阐述了他的观点。[③] 首先，他认为尼赫鲁团结第三世界国家的不结盟战略在冷战中或许能发挥作用，但新的世界秩序是由经济主导的，尼赫鲁的旧政策已经过时。国家的安全战略应当建立在实力而不是道义的基础上，而实力（包括军事实力）来自于经济实力。其次，在对中国的看法上，他认为虽然中国不是印度的主要对手或敌人，但它也不是像尼赫鲁提出的那样的天然盟友。印度只有依靠发展自己的实力，才能解决与中国的领土争端问题。再次，印度的战略眼光应当高于地缘意义上的边界问题。基于以上三点认识，他批评尼赫鲁的战略过于理想，没有针对事实制定相应政策（这种事实在他眼里实际上就是对手的实力，印度面临的对手中巴基斯坦较弱，而中国则比印度强大），尼赫鲁只是一味地对巴基斯坦采取

---

① 关于该党的介绍参见林承节著：《独立后的印度史》，北京：北京大学出版社，2005 年版，第 223 页。

② See Stephen P. Cohen, *India: Emerging Power*, New Delhi: Oxford University Press, 2001, p. 43.

③ See Jaswant Singh, *Defending India*, Chennai: Macmillan India Ltd, 1999.

过于强硬的政策，而对中国的立场过于软弱。①

（二）印度教复兴主义者的战略观

相对保守的现实主义者而言，印度教复兴主义者为数更多，其组织化程度也更高。最早的印度复兴主义者组织是国民志愿服务团（Rashtriya Swayamsevak Sangh，or “national service society”），它组建于1925年。如今，国民志愿服务团已经发展成为印度最大、最重要的社会团体，其成员是印度人民党的主要支持者，同时也是变革印度战略文化的主要力量。

印度教复兴主义者的政治观主要来自于印度教民族主义，它是诞生于印度争取民族独立过程中一种带有教派主义色彩的社会政治思潮。它兴起于20世纪30年代，印度独立之后，由于尼赫鲁坚持实行世俗主义的建国方略，该思潮在尼赫鲁主义占主导地位的时期曾经沉寂了相当长一段时间。20世纪80年代这一思潮再次兴起，并在冷战结束之后迅速蔓延，对印度社会政治产生了重要的影响。这种思潮的理论核心是排斥穆斯林，“复兴印度教社会”，“振兴印度教传统文化”，在印度建立一个“印度教国家”。②

印度教复兴主义者赞成以文明为衡量标准的世界观，与尼赫鲁带有理想主义色彩的世界观完全不同的是，他们强调不同文明之间必然会存在着矛盾，印度教占主导地位的印度文化受到其他敌对文化的攻击。以这种世界观为基础，印度面临的威胁自然也就来自于非印度教文化对印度文明的冲击。在他们看来，南亚地区冲突的根源在于该地区的民族被人为地分离开来。印度的印度教能将整个地区联系到一起，只要这股强大的社会力量还受到压制并与其他信奉印度教的社会力量分离开来，那

---

① See Stephen P. Cohen, *India: Emerging Power*, New Delhi: Oxford University Press, 2001, pp. 44 – 45.

② 参见刘建、朱明忠、葛维钧著：《印度文明》，北京：中国社会科学出版社，2004年版，第549页。

么这一地区的经济就不会得到全面发展，更不用说在战略上占有重要地位。[①] 追求世界大国的地位同样也是印度教复兴主义者的政治目标，但与尼赫鲁主张的通过充满道义感的外交手段来达到这一目的不同，宗教复兴主义者极力强调民族主义的实力外交以及建立强大的军事力量。

（三）新兴势力的核主张

保守的现实主义者完全从现实主义的逻辑出发，在中国于 1964 年进行核试验之后，尽管中国发展核武器不是针对印度，也尽管中国从来就没有用核武器威胁印度的意图，但他们断然认定中国拥有核武器就是对印度安全的重大威胁，从而积极谋求发展印度的核武器。在贾斯万特·辛格看来，核武器虽然不可能用于军事行动，然而它却是一个国家国力的象征。作为对世界文明有过杰出贡献的国家，印度必须发展核武器。[②] 冷战结束之后，由于苏联的解体，印度失去了最重要的军事盟友，他认为印度的核安全环境更加糟糕。在他看来，世界上有核国家和无核国家之间存在着一种安全上的不对称关系。五个核国家由于拥有核武器，其安全利益得到了重要保障，其他重要国家则在北约和美国的核保护伞下获得了一定的安全保障。印度没有这种保障，因而受到"核武器隔离"（Nuclear Apartheid）的歧视，印度的安全在中国和巴基斯坦的核威胁面前得不到保证。[③] 另一位持现实主义观点的重要政治人物 K. C. 潘特的核主张更为直接。[④] 在 1964 年 10 月中国进行核试验后不久，他就认为中国的核武器严重威胁了印度的安全，竭力主张政府成立一个委员会来思考对策，并且他还催促印度的核研究机构迅速增强制造核弹的能力。[⑤] 随

---

① See Stephen P. Cohen, *India: Emerging Power*, New Delhi: Oxford University Press, 2001, p. 46.

② Jaswant Singh, *Defending India*, Chennai: Macmillan India Ltd, 1999, pp. 326 – 337.

③ See Jaswant Singh, "Against Nuclear Apartheid", http://www.indianembassy.org/pic/js/js(foreignaffairs).html.

④ K. C. 潘特曾是印度国大党的领导人之一，1998 年后加入了印度人民党。

⑤ George Perkovich, *India's Nuclear Bomb: The Impact on Global Proliferation*, Berkeley and Los Angeles, London: University of California Press, 1999, pp. 83, 89.

后，在1965年国大党年会上发表的首次公开演说中，他明确表示支持印度发展核武器。[1] 1974年印度的第一次核试验就是在他担任国防部长期间进行的。

早在中国进行核试验之前，印度教复兴主义者就积极寻求对印度政府的核政策施加影响，人民同盟是印度政治中支持发展核武器的领导力量，此后多年它一直公开坚持主张印度发展核武器。[2] 1962年12月，人民同盟第一次在印度议会公开要求政府改变核政策并生产核武器。[3] 1963年3月25日，在印度人民院讨论原子能部预算期间，人民同盟议员拉玛钱德拉·贝德（Ramachandra Bade）再次要求尼赫鲁政府发展核武器。他在发言中说道："只有那些希望印度被俄罗斯和中国支配的人才会反对发展核武器。我请求总理充分利用我们在原子能领域的研究成果。"[4] 在中国进行核试验后不久，人民同盟很快便于1964年11月27日在印度人民院提出了一项旨在发展核武器的议案。[5] 由于国大党在印度人民院占绝对多数，加之尼赫鲁主义的强大影响，人民同盟的议案不可能得到通过，他们想改变印度核政策的时机还远不成熟。

相对于保守的现实主义者而言，印度教复兴主义者的核主张的基础具有较多的意识形态色彩。印度教复兴主义者所坚持的民族主义与尼赫鲁所坚持的世俗的民族主义有很大不同，[6] 它强调印度民族的"印度教特性"，因而是排斥穆斯林的。鉴于印度历史上曾多次遭受穆斯林的入侵，印度教民族主义者将其邻国巴基斯坦视为最大的安全威胁。这种威胁更多是心理层面的，印巴关系的紧张状态应当放到历史中去考察，一

---

① See Stephen P. Cohen, "Why did India 'go nuclear'?", in Raju G. C. Thomas and Amit Gupta eds., *India's Nuclear Security*, Colorado: Lynne Rienner Publishers, Inc., 2000, p. 19.

② 人民同盟（the Jana Sangh）成立于1951年，是印度人民党（BJP）的前身，其成员绝大多数来自国民志愿服务团。

③ George Perkovich, *India's Nuclear Bomb: The Impact on Global Proliferation*, Berkeley and Los Angeles, London: University of California Press, 1999, p. 46.

④ Ibid.

⑤ Ibid, p. 82.

⑥ 在《印度的发现》一书中，尼赫鲁系统阐述了印度的民族主义。

直以来巴基斯坦这个穆斯林国家都是制约印度教国家强大的负面因素。[①] 基于这种认识，印度教民族主义者对巴基斯坦的核能力和意图更加担心。虽然巴基斯坦的核研究起步较印度晚，但到了20世纪80年代，巴基斯坦反而在核武器化方面走在了印度的前面，这不能不引起印度教复兴主义者的忧虑。

（四）印度人民党与印度的公开核威慑

尽管现实主义者与印度教复兴主义者一直公开支持发展核武器，并在历次印度的核辩论中表现活跃，但直到20世纪80年代之前，他们的核主张对印度的核政策影响都很小。这种情况在1980年阿塔尔·比哈里·瓦杰帕伊（A. B. Vajpayee）组建印度人民党之后逐渐发生了改变。

在尼赫鲁执政及其后相当长一段时间内，由于尼赫鲁世俗主义建国方针的推行，具有浓厚教派色彩的人民同盟在印度的支持率并不高。为了获得执政地位，该党不得不寻求改变，在1977年同印度民众党和社会党一起组成反英迪拉·甘地政府的同盟，并在大选获胜后正式改组为人民党。1979年，由于该党有些领导人主张其议员不能是国民志愿服务团成员，因此人民党议会局和执政委员会在1980年4月先后通过决议，禁止其议员拥有“双重资格身份”。瓦杰帕伊对此极为不满，愤然率众退出人民党，组建新党——印度人民党。[②] 印度人民党恢复了人民同盟所具有的浓厚的教派色彩，所不同的是它提出了以伪装的印度教民族主义取代印度教派的主张，在20世纪80年代印度教复兴主义思潮再次兴起的背景下，印度人民党很快发展壮大。保守的现实主义与印度教复兴主义在新组建的印度人民党内部有不同的信奉者，新兴的印度战略文化找到了一个强有力的载体。在这两种战略观的影响下，人民党精英的核思想

---

① See Jacques E. C. Hymans, “Pride, Prejudice, and Plutonium”, in D. R. SarDesai and Raju G. C. Thomas eds., *Nuclear India in the twenty-first century*, New York: Palgrave-Macmillan Publishes Ltd, 2002.

② 参见吴永年、赵干城等著：《21世纪印度外交新论》，上海：上海译文出版社，2004年版，第68页。

完全背离了尼赫鲁主义的核文化传统，他们开启了印度公开核威慑的大门。印度人民党是以作为国内激烈的反穆斯林政治和军国主义的外交政策相结合的产物而著称的，① 从它成立的那天起，该党的理论家就反复强调为了应对巴基斯坦的“伊斯兰核弹”（“Islamic” Bomb），印度必须发展“印度核弹”（“Hindu” bomb）。印度人民党是唯一一个不顾地区战略环境以及全球战略环境是否发生改变而坚持公开发展核武器的印度政党。②

印度人民党的核武器政策具体可以追溯到1985年，该党在这一年通过了一项支持印度发展核武器的决议。该决议声称，“来自巴基斯坦方面的信息表明巴基斯坦的核威胁是真实的，印度有必要对此立即做出反应。因而印度人民党呼吁政府立即发展我们自己的核武器”。③ 印度人民党通过这一决议并不是出于选举策略的需要，因为在印度的历次大选中核问题从来不是选民关注的焦点。④ 一方面，印度人民党担心来自巴基斯坦核武器带来的现实安全威胁；另一方面，更重要的是他们担心巴基斯坦拥有了“伊斯兰的核武器”之后，如果印度不发展核武器，那么他们宣称的印度教文明对伊斯兰教文明的优势就无法得到体现。

1996年，印度人民党第一次获得执政的机会，瓦杰帕伊的人民党政府立即着手准备进行核试验。但该届政府仅存活了13天，因此他没来得及将这一想法付诸实施。在1998年印度人民党的竞选宣言中，印度人民党明确提出要“重新评估印度的核政策，并实施核武器化选择”。不仅如此，印度人民党还在竞选宣言中强调要加速发展阿格尼系列的导弹，

---

① M. V. Ramana, “Scientists, Nuclear Weapons, and Peace in India”, http://www.inesap.org/bulletin22/bul22art08.htm.

② John Cherian, “The BJP and the bomb”, http://www.hinduonnet.com/fline/fl1508/15080040.htm.

③ Quoted in Jacques E. C. Hymans, “Why do states acquire nuclear weapons?”, in D. R. SarDesai and Raju G. C. Thomas eds., *Nuclear India in the twenty-first century*, New York: Palgrave-Macmillan Publishes Ltd, 2002.

④ 美国学者乔治·帕克维奇在对印度核政策的历史经过充分的研究后在其著作中反复强调这一点。See George Perkovich, *India's Nuclear Bomb: The Impact on Global Proliferation*, Berkeley and Los Angeles, London: University of California Press, 1999。

以增加其射程和提高其精确度。[1] 大选获胜后的两个月，印度人民党便兑现了其核武器化诺言，于1998年5月先后实施了五次核试验，并随即宣布印度为核国家。至此，印度人民党政府最终突破了尼赫鲁主义的核文化传统，从而为印度实施核威慑战略洞开了方便之门。

---

① See BJP ELECTION MANIFESTO' 98, http://bjp.org/manifes/chap8.htm.

第三章/影响印度核战略的国际因素

根据本书对战略的定义，战略必须在国家行为体的对外行为中形成，因此不可避免地受到国际因素的影响。同时，作为军事战略的一部分，核战略显然是针对外来威胁而制定的。这种外来威胁包括两个方面：一种是具体的外在安全威胁，另外一种则是观念中的外来威胁。如何处理这些外来威胁，各个国家可以有不同的战略选择。因此，外来威胁并不构成一国核战略发展的充分条件。但是，对于那些追求发展核战略的国家而言，外在的核威胁却是它们制定核战略理论并据此进行核战略实践的重要依据，它因此构成了一国发展核战略的必要条件。下文主要运用现实主义的理论分析视角，从全球核权力体系和印度面临的地区安全威胁这两个层次来论述影响印度核战略的国际因素。

第一节　全球核权力体系与印度的战略选择

古典现实主义认为，国家利益是由权力界定的，在国际社会中，主权国家的行为是由对权力的追求驱使的，国际政治的动因就是对权力的追求。[①] 在现实主义者的政治理念中，权力不仅是主权国家追求的目标，同时也是实现国家利益的重要手段。在一个处于无政府状态的国际社会

① 关于古典现实主义理论的经典论述参见［美］汉斯·J. 摩根索著，徐昕等译，王缉思校：《国家间政治——寻求权力与和平的斗争》，北京：中国人民公安大学出版社，1990 年版，第一章。

里，军事权力被现实主义者赋予重要地位，他们视之为主权国家对外政策的基石。对于军事权力的不懈追求促使主权国家不断革新军事技术，核武器的出现就是这种行为的必然结果。美国是世界上最早掌握核武器的国家，它曾在第二次世界大战结束后的一段时间内享有核武器的垄断权。对于美国这样的超级大国而言，核武器一方面是维护国家安全的重要手段，但同时它还增强了美国干涉世界上其他国家事务的权力，而这正是许多国家所不能容忍的。因此，自美国掌握核武器的那一刻起，核武器的扩散就是一种不可避免的事实。

早在 1946 年，美国核战略理论家伯纳德·布罗迪就断言，“尽管美国做出保守当前机密的政策，但除了英国和加拿大外的其他大国仍将在 5—10 年内拥有生产原子弹的能力”。[①] 从 1949 年开始，国际社会中先后出现了苏联、英国、法国、中国等四个核国家。这样，到 20 世纪 60 年代，一个全球范围的核权力体系基本形成。在五个核国家之外，国际社会还先后出现了一些有核武器能力的核门槛国家，印度就是其中的一员。下文将从两个方面探讨全球核权力体系对印度战略选择的影响。

一、“歧视性”国际核秩序与印度的核立场

新现实主义理论认为，国际系统的结构作为一种约束力量，能对系统单元施加影响，它支配着单元以一定的方式行动，而不是以其他方式行动。[②] 国际政治的系统理论研究的是在国际层面，而非在国内层面发挥作用的力量。系统结构对系统单元行为施加影响的第一种途径是通过系统结构特性来实现的。就国际核系统而言，它由有核武器国家和无核武器国家组成，其中的无核武器国家又可分为有核武器能力的国家和无核武器能力的国家。在核武器发展历史的头 20 多年时间里，国际核系统

---

① ［美］伯纳德·布罗迪等著，于永安、郭莹译：《绝对武器》，北京：解放军出版社，2005 年版，第 41 页。

② ［美］肯尼思·华尔兹著，信强译，苏长和校：《国际政治理论》，上海：上海人民出版社，2003 年版，第 77 页。

基本上处于无政府状态，有核国家正是遵循安全方面的自助原则做出了发展核武器的战略选择。在这之后，为了防止更多的国家发展核武器，从而实现它们对核武器权力的垄断，美苏两个超级核大国在继续进行军备竞赛的同时，开始了核军备控制谈判。在这种背景下，美苏联合其他国家缔结了包括《部分禁止核武器试验条约》、《不扩散核武器条约》在内的核军备控制条约，从而在防止核武器扩散问题上达成了一定程度的机制安排，这避免了原先在国际核领域存在的无序状态。

在尼赫鲁执政时期，由于没有任何具体外来核威胁作为发展核武器的根据，印度没有发展核武器的计划。但是，核武器作为一种将来有可能需要的“权力通货”（Power Currency），① 以反核斗士蜚声国际的尼赫鲁并不愿意将发展核武器的大门关死，印度在 1974 年“和平核爆”后的核选择战略可以追溯到尼赫鲁的这一政治决定。在尼赫鲁执政时代结束之后，印度的核政策更多地受到国际核系统结构的影响。国际核权力系统的最大特征就是有核国家和无核国家之间权力的不平衡，在这样一个权力不平衡的系统中，印度为了维护其国家利益，曾经采取过三种战略选择：第一种选择是反对核国家的核权力，积极参与国际核军控与裁军进程，但随着印度核裁军的努力受挫，印度从核军备控制的立场上大幅后退；第二种选择是向国际核权力系统屈服，其重要表现就是寻求外部的核安全保障，但西方核国家拒绝给予印度核安全保障，而从苏联得到的某种程度的核保障也因苏联的解体而宣告失效；第三种选择是追求本国的核权力，也就是发展印度的核武器并制定印度的核战略，在冷战结束后国际核不扩散机制的压力之下，印度最终做出了这一战略选择。裁军努力受挫、核安全保障失效以及国际核不扩散压力逐渐增大，这三大因素结合在一起促使印度走向核武器化并追求公开核威慑之路。

（一）受挫的裁军努力

在国际安全领域，军备控制与裁军直接关系到国家的安全利益以及

---

① K. 萨布拉曼亚最早使用这一术语，20 世纪 70 年代之后在印度战略界广泛流传开来。

世界和地区的和平与稳定，因而受到世界各国的关注。国际上对军备控制与裁军的定义并不一致，联合国和俄罗斯习惯于用“裁军”一词，并将军备控制的概念包括其中；美国和北约一些主要国家多使用“军备控制”一词，并将裁军概念包含其中。[①] 但如果进行严格区分，军备控制与裁军之间还是有差别的。第二次世界大战结束后，美苏在争夺军事优势的竞争过程中，形成了一种军备竞赛与军备控制并行的局面。超级大国掌握了军控与裁军的主动权，它们一般不禁止或限制自己领先的武器，而禁止或限制对自己有威胁的武器。在核军控领域，核大国往往在自己完成了某一阶段的研制工作之后，提出对别国加以限制，这最终造成了美国等核大国将重点放在军备的控制而不是军备的裁减上。在无核武器国家看来，有核国家的军备与裁军政策主要针对的是防止核武器的扩散，并不认真考虑裁减乃至销毁核武器。长期以来，核大国片面强调防止核扩散、忽视核裁军的做法，引起无核国家的极大不满。

印度将核武器视作权力和胁迫的工具，并且认为世界上任何地区存在的核武器都对其他国家的安全构成了实实在在的威胁，[②] 因此印度在公开政策中一直要求彻底销毁核武器，并明确区分“裁军”和“军备控制”这两个概念。印度第一任总理尼赫鲁曾指出，“印度的目标是裁军，我们认为军控是达成裁军的手段和通向裁军的步骤。就军备控制措施达成协议也是重要的，特别是在裁军已经变成一种复杂问题的情况下”。他还接着强调，“军备控制不能等同于裁军，将军备控制作为目标则意味着放弃裁军的希望”。[③] 尼赫鲁从道义上反对核武器，并且形成了一套系统的和平核思想。[④] 在他和平核思想的指导下，印度在他执政期间积极参

---

① 刘华秋主编：《军备控制与裁军手册》，北京：国防大学出版社，2000 年版，第 1 页。

② Manish, “India's Policy towards the CTBT and the FMCT”, in Amitabh Mattoo ed., *India's Nuclear Deterrent: Pokhran II and Beyond*, New Delhi: Har-Anand Publications Pvt Ltd., 1999, p. 330.

③ J. P. Jain, *India and Disarmament, Vol. 1, Nehru Era, An Analytical Study*, New Delhi: Radiant Publishers, 1974, pp. 2 -4.

④ 有关尼赫鲁的和平核思想可参见赵恒：《印度核政策研究》，复旦大学博士生论文，2004 年，第三章。

与国际核军备控制与裁军进程。据印度学者阿塔尔·钱德（Attar Chand）统计，其间印度在联合国发出的核军控与裁军倡议达十项之多。[①] 除此之外，印度还作为不结盟运动的领导国去积极促进国际军控与裁军。1961 年，在贝尔格莱德举行的第一次不结盟高峰会议上，尼赫鲁对战争与和平问题非常担忧，因为超级大国的关系那时正处于紧张状态。他在那次会上提出，战争中使用核武器，应作为一种反人类的罪行受到谴责，建议被贝尔格莱德高峰会议采纳。随后，印度同其他不结盟国家一起，在联合国发起了类似活动，导致联合国大会以绝大多数票通过了 1653 号决议。这项决议声称，威胁和使用核武器是对联合国宪章、国际法和战争的人道主义原则的违背，将构成反人类和反文明的罪行。自那时起，该决议在联合国被大多数国家重复了许多次。[②] 从中可以看出，印度核军控与裁军的政策基调在尼赫鲁执政时期已基本确定下来：从道义立场出发提出各种核裁军、核军备控制建议，印度的最终目标是实现全面核裁军，如果不能立即实施核裁军，那么部分控制军备、部分裁军也是可以接受的，但前提是不能以军控来代替裁军，军控的方向必须是彻底销毁核武器。

20 世纪 60 年代之前，美苏两个超级大国主要将精力放在争夺核军备优势上，核军控与裁军并未被两国政府认真考虑。1962 年的古巴导弹危机改变了这种局面，它使美苏两国意识到核战争危险的同时，在防止更多国家获取核武器的问题上获得了共识。在这种背景下，美、苏、英三国在 1963 年 7 月 15 日恢复了于 1958 年开始的禁止核试验谈判。同年 8 月 5 日，三国在莫斯科签订了《禁止在大气层、外层空间和水下进行核武器试验条约》，简称《部分核禁试条约》（Partial Test Ban Treaty，PTBT）。印度对美、苏、英三国策划的 PTBT 持积极态度，甚至在该条约尚未签署前，就表示已经决定签署。1963 年 7 月 30 日，在十八国裁军

---

① Attar Chand，*Nuclear Disarmament and Foreign Policy*，New Delhi：Akashdeep Publishing House，1992，p. 145.

② Ibid.，p. 146.

委员会上，[①] 印度代表“热烈地、热情地”欢迎莫斯科协定，“所有的荣誉应给予三个参与国的代表们的谈判技巧和政治家风范”。随后，在8月29日，这位代表还表示“该条约被全世界欢呼为‘历史意义的事件’，条约受到欢呼不仅仅是因为解除了持续的大气层污染的忧虑，也因为它增加了限制核武器的传播以及新的大规模杀伤性武器发展的希望，进而导致放慢军备竞赛的步伐”，“它的重要性不在于该条约实际上说了什么，而在于它意味着什么，在于它所激起的希望”。[②] 从印度代表的发言可以看出，印度对PTBT评价很高，并且因此对世界核裁军前景相当乐观。1963年8月8日，在PTBT开放签署的当天，印度就签署了该条约。

在PTBT签署之后，十八国裁军委员会的谈判继续进行，但其谈判的焦点集中在策划一项核不扩散条约上。1964年中国核试验之后，美、苏等国更积极主张签订一项多边条约，以防止核武器的进一步扩散。1965年11月，联合国政治委员会（UN Political Committee）通过了一项有关签订核不扩散条约指导方针的决议。印度代表在起草这一决议文本的过程中扮演了重要的角色，使得决议包含了与印度关注相关的两项重要原则：第一，有关核不扩散的条约应特别关注有核武器国家和无核武器国家之间责任与义务的平衡，作为对无核国家不发展核武器的回报，条约应给予它们获取和平核技术的机会；第二，条约应表明防止核扩散只是通向全面核裁军的第一步。[③] 在这项决议通过后，十八国裁军委员会就酝酿中的核不扩散条约继续进行谈判，印度在谈判过程中提出了另外一个附加条件，即无核国家应被允许进行“和平核爆”。印度的这一

---

① 十八国裁军委员会（Eighteen-Nation Committee on Disarmament，ENCD）是1962—1969年间国际社会在日内瓦召开的多边裁军谈判机构。其成员国包括：五个北约国家，即美国、法国、英国、加拿大和意大利；五个华约国家，即苏联、保加利亚、捷克斯洛伐克、波兰和罗马尼亚；八个不结盟国家，即印度、巴西、缅甸、埃塞俄比亚、墨西哥、尼日利亚、瑞典和埃及。参见刘华秋主编：《军备控制与裁军手册》，北京：国防大学出版社，2000年版，第91—92页。

② J. P. Jain, *India and Disarmament*, *Vol. 1*, *Nehru Era*, *An Analytical Study*, New Delhi: Radiant Publishers, 1974, p. 117.

③ See Sumit Ganguly, “Explaining the Indian Nuclear Tests of 1998”, in Raju G. C. Thomas and Amit Gupta eds., *India's Nuclear Security*, Colorado: Lynne Rienner Publishers, Inc., 2000, p. 44.

主张遭到美国的强烈反对，在美国看来，所谓的“和平核爆”和“非和平核爆”在本质上并没有区别。[①] 除此之外，印度在谈判过程中还要求有核国家给无核国家提供核安全保证，但这种要求也没有得到核大国的响应。

在印度参与十八国裁军委员会期间，印度和巴基斯坦于1965年爆发了第二次印巴战争。由于此前中国已经成为核武器国家，印度担心中国会在印巴战争期间开辟另一条战线，它因此特别担心中国的核威胁。[②] 在这种背景下，印度对不扩散核武器谈判中有核国家忽视印度安全关注的做法感到失望，从而对在核裁军谈判中的立场做出了重要调整。印度谈判姿态的改变主要有三个方面：（1）不再急切寻求达成有关裁军事务的国际协议；（2）从在国际军控谈判中扮演积极作用的立场上后退；（3）更强调追求主权国家的传统目标（如以军事权力为基础的国家安全，代替对道义力量的依赖）。[③] 当美、苏、英等主要国家就谈判中的核不扩散条约草案达成一致时，印度立即表示了反对。这同它对《部分核禁试条约》的态度前后形成了鲜明对比。印度的反对并未起到任何作用，1968年6月12日，由美、苏主导的十八国委员会起草的《不扩散核武器条约》（Treaty on the Non-Proliferation of Nuclear Weapons，NPT）在联合国大会通过。签署NPT，不仅要使印度失去核选择的权利，而且意味着要托付核武器国家采取措施中止核军备竞赛，实现核裁军。[④] 在NPT

---

① Ashok Kapur，“India's Nuclear politics and Policy：Janata Party's Evolving Stance”，in T. T. Poulose，ed.，*Perspective of India's Nuclear Policy*，New Delhi：Young Asia Publications，1978，p. 172.

② Sumit Ganguly，“Explaining the Indian Nuclear Tests of 1998”，in Raju G. C. Thomas and Amit Gupta eds.，*India's Nuclear Security*，Colorado：Lynne Rienner Publishers，Inc.，2000，p. 44.

③ Ibid.，p. 45.

④ NPT第六条规定：“缔约国承诺就及早停止核军备竞赛和核裁军方面的有效措施，以及就一项在严格和有效国际监督下的全面彻底裁军条约，真诚地进行谈判。”由于此前印度与有核武器国家之间的各种分歧，印度并不相信这种承诺。有关《不扩散核武器》条约的内容参见刘华秋主编：《军备控制与裁军手册》，北京：国防大学出版社，2000年版，第389—390页。

通过后，西方、日本甚至苏联都对印度施压，要求印度签署该条约。[①]在这种外部压力之下，印度寻找借口拒绝签署。为了给自己的立场找出正当的理由，印度外交官创造了“歧视性”（Discriminatory）国际核秩序这一概念。这个概念是由印度代表 V. C. 特里维蒂（V. C. Trivedi）在十八国裁军会议上提出的。他在裁谈会上代表印度的立场发言时指出：“掌握民用核能的国家能够忍受核武器隔离政策（nuclear weapons apartheid），但不能忍受在经济发展及和平利用领域的原子能隔离政策……印度并不否认生产核武器的技术和用于民用核能的技术是同一种技术……（技术）本身并不是罪恶，甘油炸药最初也不是为军事用途而发明的……那并不意味着，只要是贫穷国家或发展中国家，就应该因要避免它们将核技术用于军事目的而被排除在所有核技术门槛之外。”[②]

NPT 在 1970 年生效，此后印度参与国际核军控与裁军的积极性远不如该项条约签署之前。1974 年印度进行“和平核爆”之后，其核政策进入了长达 24 年的核选择时期。在这期间，尼赫鲁和平核思想的影响仍然存在，印度曾有两任总理重拾尼赫鲁从道义立场促进国际核裁军的做法，但先后都遭到了挫败。1978 年，具有强烈反核倾向的莫拉尔吉·德赛总理在联合国大会特别裁军会议（UN General Assembly Special Session）上，提出了一项将禁止核试验作为精确核裁军计划一部分的动议，其内容包括：宣布军用核技术为非法；从数量和质量两个方面限制核武器；规定时间（十年）的核武器削减计划；签订一项全面禁止核试验的条约。[③]在 20 世纪 70 年代末美苏关系再次趋于紧张的情况下，德赛的裁军计划显然不可能得到核大国的认真考虑。1988 年，拉吉夫·甘地总理又向联合国大会特别裁军会议递交了一份裁军计划，史称“拉吉夫·甘地行动

---

① See Stephen P. Cohen, *India: Emerging Power*, New Delhi: Oxford University Press, 2001, p. 162.

② Quoted in Stephen P. Cohen, *India: Emerging Power*, New Delhi: Oxford University Press, 2001, p. 163.

③ Manish, “India's Policy towards the CTBT and the FMCT”, in Amitabh Mattoo ed., *India's Nuclear Deterrent: Pokhran Ⅱ and Beyond*, New Delhi: Har-Anand Publications Pvt. Ltd, 1999, p. 337.

计划”（Rajiv Gandhi Action Plan）。[①] 该计划主张在2010年前分三个阶段销毁核武器，计划的内容包括：禁止生产核武器以及武器级裂变材料；签订一项全面禁止核试验的条约和使用或威胁使用核武器非法化公约；在有核国家采取以上措施的情况下，无核国家不跨过核门槛以谋求发展核武器。从这份裁军计划可以看出，拉吉夫·甘地本人又回到了NPT签订以前印度政府曾经采取的立场上。但是，这份裁军计划只是反映了他个人的良好愿望，核大国对拉吉夫·甘地的裁军计划响应寥寥。在这种理想主义的计划落空后，拉吉夫·甘地采取了引起印度核政策发生重大转变的行动，他于1989年3月18日秘密下令印度要在一段特定的时间内制造出最低限度数量的随时可以装备的核弹。[②] 至此，在1974年核试验后停止长达15年之久的印度核武器化进程重新开启，并且此后再也没有逆转过。

（二）核安全保障的缺失

由于核大国在国际核体系中的主导地位，印度以积极推动核裁军的方式反对核大国强权的努力从一开始就没有成功过。因此，在与国际核权力体系进行抗争的同时，印度从20世纪60年代中期开始就不得不向大国的核权力妥协，试图从美、英、法、苏等核国家寻求核安全保障。

1964年5月27日，尼赫鲁与世长辞。同年10月16日，中国成功地进行了首次核爆炸试验。这两件相继发生的事件对印度的核政策产生了重要影响。尼赫鲁当政时期，印度采取了不结盟的外交战略，同时从道义上反对核武器，因而印度刻意与核大国保持距离，在美苏两个超级核大国之间采取中立的立场。尼赫鲁去世后，其继任者在总体上不改变他的核政策的同时，因外部安全环境以及国内要求发展核武器的压力而不

① “Action Plan for Ushering in a Nuclear - Weapon-Free and Non-Violent World Order”, see Amitabh Mattoo ed., *India's Nuclear Deterrent: Pokhran Ⅱ and Beyond*, New Delhi: Har-Anand Publications Pvt Ltd., 1999, Appendix Four, pp. 389 - 395.

② Raj Chengappa, *Weapons of Peace: The Secret Story of India's Quest to be a Nuclear Power*, New Delhi: HarperCollins Publishers India Pvt Ltd., 2000, pp. 332 - 333.

得不做出某些政策上的改变。尽管在公开场合印度总理夏斯特里表示印度不会改变不发展核武器的立场，但私下里他也表示了对中国核威胁的忧虑，并同外交部长斯瓦兰·辛格（Swaran Singh）一起探讨了一旦中国威胁或攻击印度时，美国和英国给印度提供某种“核保护伞”的可能性。①

1964 年 12 月初，夏斯特里在伦敦访问期间，开始了印度对外寻求核安全保障的外交努力。这种做法显然是与尼赫鲁时期印度坚持的不结盟外交原则相违背的，因此可以说核安全问题导致了印度不结盟外交立场的动摇。在这次访问英国期间，他一方面向英国首相提出由英国单独向印度提供前沿威慑的请求；② 另一方面还敦促英国说服美国、苏联一起为印度提供核安全保障。③ 但他在 1965 年初接受媒体采访时却表示：“我从未提出过对印度或其他国家提供保障的建议。正如我所说，我不可能使用那个词，‘保障’、某种形式的‘保护伞’或者‘庇护’这些词我都未说过。但我确实向大国建议过，要考虑怎样排除核武器的威胁。我还没有做出决定，但我确实想让一些强烈反对使用核武器的友好国家相信这些。”④ 夏斯特里的公开表态表明他对在向核大国寻求核保护的问题上仍犹豫不决，毕竟要突破尼赫鲁定下的不结盟外交原则不是那么容易的事情。英国的核力量有限，美苏两个超级大国与印度的关系在当时并未好到肯为印度提供核保护的程度。因此，夏斯特里通过双边途径寻求核安全保障的努力自然是徒劳的。

既然双边途径不能解决问题，夏斯特里政府转而求助于联合国为印度提供安全保障。1965 年 5 月 4 日，印度代表 B. N. 查克拉瓦蒂

---

① John W. Garver, Protracted Contest: Sino-Indian Rivalry in the Twentieth Century, Seattle and London: University of Washington Publishers, 1974, p. 318.

② K. Subrhamanyam, “Indian Nuclear Policy - 1964 - 98”, in Jasjit Singh ed., *Nuclear India*, New Delhi: Knowledge World, 1998, p. 27.

③ A. G. Noorani, “India's Quest for a Nuclear Guarantee”, *Asian Survey*, Vol. 7, No. 7, 1967, p. 491.

④ Lal Bahadur Shastri, *Selected Speeches of Lal Bahadur Shastri (June 11, 1964, to January 10, 1966)*, New Delhi: Publications Division, Ministry of Information and Broadcasting Government of India, 1974, p. 23.

（B. N. Chakravarti）在联合国裁军委员会上提出了一个五点计划，其中包括：（1）有核国家承诺不对无核武器国家使用核武器；（2）对于那些受到有核武器能力或者正在接近核武器能力国家威胁的国家，联合国承诺保障它们的安全。[①] 印度代表的提议并未被裁军委员会予以采纳。次年10月27日，联合国大会通过了由印度同一些不结盟国家一起在联合国政治委员会提出的一项决议，要求联合国裁军委员会“尽快考虑要求核武器国家做出保证：不对那些领土上没有核武器的无核武器国家使用或者威胁使用核武器”。这份由印度带头提出的决议仅要求有核国家做出消极的安全保证，并不能真正解除印度的安全担忧，颇是令人费解。本书的解释是，印度在此前寻求积极安全保障的努力受挫后，对于联合国在无核国家受到核武器威胁时提供安全保障已不抱希望，只好退而求其次。既然印度担心的是来自中国的核压力，而那时联合国并不承认中华人民共和国的席位，那么即使是这种来自联合国的消极安全保证对印度也无实质意义。

通过联合国寻求安全保障的努力失败后，继夏斯特里之后担任印度总理的英迪拉·甘地又回到通过双边途径寻求安全保障的老路上来。1966年底到1967年初，英迪拉·甘地在上台后不久就委派原子能委员会主席维克兰·萨拉巴伊博士（Dr. Vikram Sarabhai）及总理秘书L. K.贾（L. K. Jha）到莫斯科、巴黎、伦敦以及华盛顿，试图说服冷战阵营的双方核国家一起为印度提供联合安全保障，但没有达到任何效果。在那个时代，作为美国盟国的法国由于对美国前沿核威慑的可信性表示怀疑，进而决定发展本国的核威慑力量。法国这么做的理论逻辑是：当法国面临核威胁时，美国是否会真的冒着纽约或者华盛顿被报复的危险来拯救巴黎很值得怀疑。作为在两大阵营之间保持中立并标榜实行不结盟政策的印度，当它向西方核国家或者苏联寻求核保障时，这么做究竟有多大意义，是值得怀疑的。因此，在回顾这段历史插曲时，K. 萨布拉曼

---

① A. G. Noorani, “India's Quest for a Nuclear Guarantee”, *Asian Survey*, Vol. 7, No. 7, 1967, p. 494.

亚认为印度向核国家寻求安全保障的举动充分反映了印度政府的“幼稚”。[①]

尽管印度在20世纪60年代向国际寻求核安全保障的努力经受了多次挫折，但历史还是给了印度一个重要的机会。随着印苏关系的发展，两国于1971年8月9日签订了《苏联和印度和平友好合作条约》。条约第九条规定：“缔约每一方保证不向参与同缔约另一方发生的武装冲突的任何第三国提供任何援助。如果缔约任一方受到进攻或进攻的威胁，缔约双方应立即相互协商以消除此种威胁，并采取相应的有效措施以保障和平和两国安全。”[②] 尽管该条约中并没有明确苏联会给印度提供核保护，但从条约第九条能够判断出印度与苏联实际上结成了军事同盟，这显然与印度此前一直坚持的不结盟原则是相违背的。但不管怎么说，这一条约的签订多少缓解了印度对来自中国的核“威胁”的担心。英迪拉·甘地在当政期间尽管实施了夏斯特里秘密批准的“地下和平核爆”项目，但在核试验后她并没有进一步推进印度的核武器化，多少与这一条约的存在有着关系。

《苏联和印度和平友好合作条约》有效期为20年，当冷战结束时，这一条约也就到期了。苏联解体对印度的安全政策有着重大的影响，因为印度失去了苏联在联合国就克什米尔问题表决时关键的否决权支持，同时原来那种对印度非常有利的军备转移关系也宣告结束。但同这两点相比较而言，印度战略界认为更为严重的是1971年印苏安全条约中所包含的安全保障的失去，而这对于抵消来自中国的威胁是非常重要的。[③] 印度丧失了外部的核安全保障，虽然这种保障并非十分可靠。这项条约到期后，印度战略学家认为在核武器仍然被一些国家合法拥有的情况下，印度在国际核体系中的处境尴尬。K. 萨布拉曼亚的看法具有代表性，在

---

① K. Subrhamanyam, “Indian Nuclear Policy - 1964 - 98”, in Jasjit Singh ed. , *Nuclear India*, New Delhi: Knowledge World, 1998, p. 28.

② 国际问题研究所编译:《国际条约集（1969—1971）》，北京：商务印书馆，1980年版，第540—541页。

③ See Sumit Ganguly, “Explaining the Indian Nuclear Tests of 1998”, in Raju G. C. Thomas and Amit Gupta eds. , *India's Nuclear Security*, Colorado: Lynne Rienner Publishers, Inc. , 2000, p. 53.

他看来，所有的欧洲、北美、东亚以及澳大利亚等工业化国家都获得了核武器国家的前沿威慑保护伞，而美、俄、中、英、法、以等拥有核武装的国家仍然坚持核威慑的合法性，因此核威慑已经不再是个别国家实施的行为，而是相关各国普遍追求的目标能力。印度不能忍受缺乏很多国家所拥有的核威慑，因此它应当发展自己的核威慑力量。[①] 在世界大国或者较有影响的国家都拥有核威慑能力或者拥有他国提供的核威慑的情况下，印度作为至少是一个重要的地区性大国的国家，印度战略学家自然认为其核安全方面处境糟糕。在印度于 1998 年进行公开核试验之后，印度战略学家也以此来为印度的公开核试验做辩解。[②]

（三）国际核不扩散机制的压力

印度认为，在参与裁军谈判的过程中它的安全关注从未被核国家认真考虑过，而它寻求外部核安全保障的努力也屡遭挫折，因此其一直保留着发展核武器的选择，也因此持续受到国际上要求其加入核不扩散机制的压力。这种压力可以追溯到 1968 年 NPT 签署之时。但总体来看，在冷战时期东西方对抗的大背景之下，大国之间的矛盾使得印度受到来自国际核不扩散机制的压力并不是特别大。然而，冷战结束之后，国际核军控进程加快，印度面临来自核不扩散机制的压力越来越大，这种压力主要集中在《不扩散核武器条约》的延长以及《全面禁止核试验条约》（Comprehensive Test Ban Treaty—CTBT）的签订上。

NPT 在 1970 年生效时，包含了以下条款：条约生效后五年，应在日内瓦举行缔约国大会，审查条约的执行情况，此后每隔五年举行一次审议会；条约有效期为 25 年，25 年后应举行一次会议，以决定是否延长有效期。1995 年 4 月 17 日至 5 月 12 日，NPT 审议与延期大会在联合国

---

① K. Subrahmanyam, "Nuclear Force Design and Minimum Deterrence Strategy for India", in Bharat Karnad ed. , *Future Imperilled: India's Security in the 1990s and Beyond*, New Delhi: Penguin books India (p) Ltd. , 1994, p. 185.

② See Jaswant Singh, "Against Nuclear Apartheid", http://www.indianembassy.org/pic/js/js(foreignaffairs).html.

总部举行。在美国为首的西方国家的主导下，共有 104 个国家提出了关于无限期延长 NPT 的决议草案，这一数目超过了做出延期决定所要求的 90 个缔约国，NPT 的无限延期已成定局。前文提到，印度一直以条约的“歧视性”为借口反对并拒绝签署 NPT。在这次举行的审议与延期大会上，印度决定不参与，甚至不寻求观察员的地位。作为核不扩散体制外的国家，印度企图通过自己觉得始终是领袖的不结盟运动来对条约的延长产生影响。在 1995 年 4 月底不结盟国家举行的万隆聚会上，印度同其他不结盟国家讨论了 NPT 延长的问题。但是，印度尼西亚、南非、墨西哥、委内瑞拉等不结盟运动的主要国家虽然批评核武器国家不严肃地寻求核裁军，主张 NPT 按每 25 年为一期自动滚动延长，要求每一期内要达成一定目标，但它们与绝大多数其他国家一样，真诚地把该条约看作防止核扩散的一种有效方法，提出的要求也并非是给条约的延长设置障碍。印度企图借助不结盟国家反对延长 NPT 的希望落空。1995 年 5 月 11 日，NPT 条约审议与延长大会通过了《关于无限期延长 NPT》的决定。条约延期后，仅印度、巴基斯坦、古巴和以色列没有加入该条约。NPT 的无限延期震动了印度安全政策机构，它们意识到，印度面临着签署 NPT 的强大压力，或者至少同意对它的核电站进行全面保障监督。[①] 条约的无限延期也意味着美国主导的核不扩散体制的胜利，在这种情况下，印度面临着空前的困难选择：继续坚持反对该条约，将进一步使国家孤立，急剧减少它的国际可信性；然而，加入条约就等于给它的核能力扣上了一顶‘帽子’，这是印度战略界安全分析家们和印度人民党所不愿意看到的；如果全面的爆炸试验对于研制可信的核武器以及招募和培训新一代科学家和工程师队伍是必要的话，那么在核不扩散体制下，它将变得更加困难。[②]

围绕 CTBT 的谈判令印度的处境更加被动。CTBT 的前身是 PTBT，

---

① Sumit Ganguly, “India’s Pathway to Pohkran Ⅱ: The Prospects and Sources of New Delhi’s Nuclear Weapons Program”, *International Security*, Vol. 23, No. 4, 1999, pp. 167 – 168.

② George Perkovich, *India’s Nuclear Bomb: The Impact on Global Proliferation*, Berkeley, Los Angeles and London: University of California Press, 1999, p. 376.

印度在PTBT条约开放签署当天就加入其中。不仅如此，冷战期间印度的两任总理莫拉尔吉·德赛和拉吉夫·甘地曾先后在联合国大会特别裁军会议上，主动倡议签订一项全面禁止核试验的条约。冷战结束后，印度在核禁试上的立场开始发生改变。1991年1月在纽约召开的PTBT缔约国修约大会上，广大无核武器国家指责美苏等核国家没有履行对条约的承诺，并要求把PTBT改成全面禁止核试验条约。1993年8月，日内瓦裁军谈判会议通过决议，决定设立全面禁止核试验条约谈判的特设委员会，就尽早达成一项全面禁止核试验条约进行谈判。谈判从1994年1月正式开始，到1996年8月谈判各方的分歧基本得到解决，就全面禁止核试验条约的大部分内容达成一致，并形成了条约草案。印度政府表示反对，理由是条约没有对核国家规定核裁军的时间表，不符合印度的最高利益。印度代表阿兰达蒂·高斯（Arundhati Ghose）女士在裁谈会上发言表示，“CTBT就是为再次肯定核隔离（Nuclear Apartheid）制度的永久化而起草的”，并表示“印度的国家安全考虑是决定印度政策的关键性因素”。[①] 印度代表在这里使用的“核隔离”概念同30年前印度反对NPT时使用的“核武器隔离”概念如出一辙。按照裁谈会的议事规则，任何文件必须协商一致方能通过，因此日内瓦裁谈会未能通过CTBT草案。由于得到绝大多数国家的支持，澳大利亚和一些国家作为联合提案国，将该条约提交第51届联大表决。结果，1996年9月10日联大以158票赞成，三票（印度、不丹、利比亚）反对，五票弃权通过了条约。

相对于NPT而言，CTBT与印度具有更直接的相关性，因为该条约规定：条约的生效条件是条约列出的44个有核能力国家全部交存批准书之日后180天起生效，但不得在条约开放签署日两年内生效。条约列出的44个有核能力国家既包括有核武器国家，又包括所有核门槛国家，印度当然也就包括在内。印度明确表示拒绝签署该条约，因此成为条约生效的重大障碍。这使印度面临着道义方面和安全方面的双重压力，因为

① George Perkovich, *India's Nuclear Bomb: The Impact on Global Proliferation*, Berkeley, Los Angeles and London: University of California Press, 1999, p. 379.

国际社会普遍认为条约如能生效，无论是对有核武器国家进一步完善和发展核武器，还是对无核武器国家发展核武器，都是一种极大的限制。印度安全界将它视为意在迫使印度永远放弃核选择权利的战略的组成部分，战略人士相信核国家想借此在核竞赛中占据上风，并削减以至于消除印度和巴基斯坦的核武器能力以及其他没有签署 NPT 的国家的核能力。[①] 印度鹰派战略学家有意在印度公众面前展示超级大国核军火库的库存形象，并表明 CTBT 是有核国家刻意针对无核国家签订的条约，这在民族主义极其强烈的印度必然会引起轩然大波。[②] 一项旨在防止核武器扩散的条约就这样被印度国内拥核派所利用，拥核派的逻辑是：拒绝 CTBT 就是印度维护自主权、打击霸权主义的一记重拳。在印度政治精英看来，签署 CTBT 则意味着印度再也无法实施它长期保留的核选择权，这对印度安全利益非常不利。至此，印度已经从早期的支持禁止核试验条约的国家完全转变到对立面，并从此发展为核威慑国家。

二、公开核试验后国际核权力体系与印度核战略的走向

在 1998 年之前，由于 NPT 的无限期延长以及 CTBT 的通过，游离于这两大军控条约之外的印度在国际核权力体系中处境非常尴尬。这两项原本意在防止核武器扩散的条约却促使印度和巴基斯坦跨过了核门槛，国际核不扩散体制反而由此陷入窘境。在印度成功进行核试验后，印度总理瓦杰帕伊于 1998 年 5 月 27 日在印度议会宣称，“印度现在已经是一个核国家……它并不是我们寻求别人授予的，同样也不是其他国家所给予我们的身份。”[③] 但是，NPT 条约已经将世界各国划分为有核国家和无核国家，并明确规定 1967 年 1 月 1 日前制造并爆炸核武器或其他核爆炸

① Stephen P. Cohen, *India: Emerging Power*, New Delhi: Oxford University Press, 2001, p. 173.

② Ibid.

③ “Suo Motu Statement by Prime Minister Shri Atal Bihari Vajpayee in Parliament on 27th May 1998”, http://www.indianembassy.org/pic/pm-parliament.htm.

装置的国家为核武器国家。因此，尽管印度在1998年5月公开核试验后已经成为事实上的核国家，但国际社会并不予以承认。为了避免概念上的混淆，贾斯旺特·辛格主张用“有核武器国家”（State With Nuclear Weapon）代替NPT所用的“核武器国家”（Nuclear Weapon State）一词来描述印度的核身份。[①] 这种概念上的处心积虑也反映了印度急于国际社会承认其核国家身份的愿望。无论是五个NPT规定的核国家，还是印度、巴基斯坦、以色列等NPT规定之外的有核国家，它们都毫无疑问掌握了核权力，因此在这里统称它们为核权力国家。

尽管国际社会没有承认印度的核国家身份，但它现在已经毫无疑问掌握了梦寐以求的核权力，尽管这种核权力相对于其他核国家而言还比较弱小。国际政治的一个现实主义逻辑是，国家对权力的追求是没有止境的。在印度成为核国家后，印度著名防务分析家C. 拉贾·莫汉（C. Raja Mohan）曾警告：“印度花了很长时间做出发展核武器的决定，然而在迅速演变为核国家的过程中，它因此很容易夸大核武器的重要性。”[②] 印度将如何发展它的核权力将会决定印度的核态势，而印度将会追求多大的核权力与国际核权力体系有着密切关系。

在印度于1998年5月跨过核门槛之后，五个核国家曾发表联合声明谴责印度的核试验，并要求印度放弃核武器化，不部署核武器，不试验或部署能够运载核武器的导弹，并停止继续生产核武器用裂变材料。[③] 在印度看来，这是核武器国家的强权逻辑，是无论如何也不能接受的。印度发展核武器不仅仅是一个地区性问题，而且出于在国际体系中获取核权力的全球性考虑。在相当大程度上，南亚地区的“水平核扩散”源

---

① Jaswant Singh, “Against Nuclear Apartheid”, http://www.indianembassy.org/pic/js/js(foreignaffairs).html.

② Quoted in Mohammed B. Alam, “India's Nuclear Doctrine: Context and Constraints”, Working Paper No. 11, South Asia Institute, University of Heidelberg, Germany, October 2002, p. 3.

③ 参见刘华秋主编：《军备控制与裁军手册》，北京：国防大学出版社，2000年版，第188页。

于印度对核国家的“垂直核扩散”以及全球核体系总体结构的看法。[①]只要印度决策者认为当今核国家不会朝向彻底的核裁军方向削减它们的核武器库存，印度就不可能将核武器项目回复到核试验以前的状态。在为印度进行公开核试验辩护时，贾斯旺特·辛格再次提到了国际核体系中“歧视性”的组织机制安排。[②] 因此，只要目前国际核秩序不发生结构上的改变，印度就不可能放弃它的核武器化进程。当然，基于印度是一个大国（暂且不论是地区性的大国还是世界性的大国）及其在地缘战略上的重要性，印度能够抵制来自核大国要求它放弃核武器化的政治压力，从而进一步发展它的核威慑战略。相对于印度，巴基斯坦的实力则要弱小很多，因此它抗击国际政治压力的能力也要小得多。但是对于巴基斯坦而言，印度的安全威胁是优先于国际政治压力的顾虑的，只要印度不放弃核武器化，它宁愿冒着国内发展停滞甚至倒退的风险也要继续推进核武器化。而只要中国仍然持有核武器权力，印度也不会做出非核武器化的选择。中国因为美国和俄罗斯的原因同样也不会放弃自己的核武器权力。这样，在国际核权力体系中，存在着一个牢不可破的权力关系链，南亚地区的无核武器化因此遥遥无期。

除了上述直接影响到印度做出反对非核武器化的决定外，全球核权力体系还对印度未来的核态势有着间接但却同样重要的影响。在当今世界核权力体系中，印度对核威胁环境的解读相对来说是有限的。在八个核权力国家中，俄罗斯、英国、法国、以色列等四国的核力量通常不被印度视作印度核威胁。苏联解体后，印苏之间原来那种密切的军事关系也随之结束，但俄罗斯仍然是印度军购的重要武器来源，而且德里希望莫斯科在将来重新强大起来并能给予印度政治上和战略上的支持。[③] 英国和法国尽管是美国的盟国，但两国在对印政策方面有自己独立的立场，

---

① Sandy Gordon, “Capping South Asia’s Nuclear Weapons Programs: A Window of Opportunity?”, Asian Survey Vol. 34, No. 7, 1994, pp. 662 – 667.

② Jaswant Singh, “Against Nuclear Apartheid”, http://www.indianembassy.org/pic/js/js(foreignaffairs).html.

③ Ramesh Thakur, “The Impact of the Soviet Collapse on Military Relations with India”, Europe-Asia Studies, Vol. 45, No. 5, 1993, pp. 831 – 850.

它们与印度并不构成敌对竞争关系，不仅如此，两国还是印度军事装备的重要来源。以色列近些年来也正成为印度一些关键军事技术的重要来源。此外，由于以色列和与巴基斯坦友好的阿拉伯穆斯林国家长期敌对，印度可以与以色列结成“跳棋模式”（checkerboard pattern）的战略同盟。[①] 印度一直将巴基斯坦和中国视为直接的核威胁。此外，印度还将美国视为某种程度的核威胁，这些将在本章第二节进行论述。因此，发展中的印度核战略主要以威慑中、巴为目标，同时发展独立的威慑力量以免美国插手干涉南亚事务。

全球核权力机制的特性会从以下几个方面对印度的核态势产生影响。首先，在全球核权力机制中，核大国的威慑实际上也是一种公共产品。印度能够从核大国的威慑中获得“积极的外部因素”。[②] 例如，当美国利用其核力量威慑中国时，印度就有机会从中获得好处。其次，全球核权力体系内部力量之间的平衡，尤其是核大国之间的力量平衡可以降低核小国对核威慑力量的追求。在冷战期间，中国先后面临美、苏两个超级核大国的核威胁，但在美苏两极核权力平衡体系中，中国只需有限的核力量也能起到威慑对手的作用。在经历了印度公开核试验引起的短暂的不愉快后，印美双方都采取了现实主义的外交立场，双边关系大为改善，尤其是2005年两国签订“印美民用核合作协议”后，印度完全可以利用印美之间的友好关系来“搭便车”，从而在与中国的威慑关系中使自己处于有利地位。这样，即使印度的核力量达不到中国的水平，印度也能建立起自己的有效核威慑。从这一角度来看，美印核合作也许会对限制印度核力量的发展规模发挥积极作用。最后，当今核权力体系实际上是以进攻性核原则为主导的，这对印度的核态势也会产生影响。尽管中国政府公开宣称实行不首先使用核武器原则，但这种公开核政策并未得到印度的信任。而美国、苏联、英国、法国、巴基斯坦乃至以色列都不

---

① P. R. Kumaraswamy, India and Israel: Evolving Strategic Partnership, Ramat Gan: BESA Center for Strategic.

② Ashley J. Tellis, *India's Emerging Nuclear Posture: Between Recessed Deterrent and Ready Arsenal*, Santa Monica: CA, Rand Corporation, 2001, p. 33.

放弃核武器的首先使用原则，它们因此都致力于发展第一次打击力量。其中，印度特别关注的是巴基斯坦的核原则。由于巴基斯坦明确宣称它的核威慑直接针对印度，并且拒绝放弃核武器的不首先使用，因此在已经公开宣称实行不首先使用核武器原则的情况下，印度特别强调核武器的可生存性，并不得不花大力气发展它的第二次核打击能力。印度正在发展形成中的三位一体核力量正是出于这种考虑。

第二节　地区安全威胁

1998 年 5 月 13 日，印度总理瓦杰帕伊秘密写信给美国总统克林顿，① 向美国解释印度进行核试验的动机，信中提到："我一直对印度过去一些年来所面临的不断恶化的安全环境，特别是不断恶化的核环境深感不安。我们有一个公开的核武器国家与我们接壤，这个国家 1962 年对印度发动了武装侵略。虽然我们同这个国家的关系最近 10 年左右已经改善，但是，主要由于边界问题没有得到解决，一种不信任的气氛继续存在。这个国家还从物质上帮助我们的另一个邻国成为一个秘密的核武器国家，从而加剧了这种不信任。最近 50 年来，我们遭受了这个对我们深怀仇恨的邻国的三次侵略。……我们希望你对我们对印度安全的担忧表示理解。"② 在中印关系已经持续缓和并呈现良好发展势头的情况下，瓦杰帕伊的这封信显然不合时宜。信件被媒体公开后，中国对此感到非常不满。不过，这封密信倒是反映了印度战略界的长期担忧，那些拥护印度发展核武器的鹰派人士正是主要以中国和巴基斯坦的核威胁为根据来论证他们的核主张的。此外，在公开核试验后不久，国防部长乔治·费尔南德斯（George Fernandes）又将美国在迪戈加西亚的军事部署作为印

① 美国没有为印度保密，这封信的内容首先在《纽约时报》被刊登出来。

② "Text of the Indian Prime Minister's letter to the American President", http://www.ipcs.org.

度发展核武器的威胁根据。瓦杰帕伊信中所提的核威胁主要来自陆上北部地区，费尔南德斯所言的威胁则来自海上，下文将分别检视印度所指的这三种地区威胁。

一、"中国的核威胁"

在尼赫鲁于印度独立前提出的"大印度联邦"构想中，中国的西藏被视为中印之间的缓冲区。因此，当中国人民解放军于1950年和平进驻西藏时，印度认为中国威胁到了它的安全，反应非常强烈，正是从这时开始，中国成为印度对外政策中的一个重大问题。印度拒绝承认中国对西藏的主权，这是印度对华政策的起点。同印度拒绝承认中国西藏主权问题紧密相关的是中印之间的边界问题。1951年11月18日，尼赫鲁在给印度政府一位高级官员的回信中，谈到了他对中国的基本看法，主要包括：第一，中国对印度的威胁不是眼前的，因为中国的主要前线在南面和东面，这是中国的生存问题，很难设想在这种条件下中国会越过地理状况恶劣的西藏和喜马拉雅山地区攻击印度；第二，印度的主要敌人是巴基斯坦，印度的国力在可预见的未来不可能允许开辟两条战线，必须集中精力对付巴；第三，把共产主义视为中印关系中具威胁性的扩张因素可能会导致错误的政策判断；第四，从长远来看，印中两国因其活力终将成为亚洲最大的毗邻而居又具有某种扩张倾向的国家。[①] 尼赫鲁的这些看法奠定了印度对华政策的基本框架，即一方面视中国为对手，另一方面又尽力与中国保持和平共处关系。在印度对华政策实践中，由于印度将中国视为长期战略竞争对手，因此它在中印之间从未划定的边界上做文章，坚持主张英国殖民者留下的"麦克马洪线"以南将近九万平方公里和阿克赛钦地区三万平方公里的中国领土的主权，并拒绝采取谈判的态度，从而在事实上造成了两国难以继续和平相处的局面，最终

---

① 参见吴永年、赵干城等著：《21世纪印度外交新论》，上海：上海译文出版社，2004年版，第214—215页。

导致了1962年的中印边界冲突。

中印边界冲突以印度军事上的彻底失败而告终，其结果就是印度将中国从长远竞争对手升格为现实的安全威胁。1964年5月尼赫鲁去世，半年后中国爆炸了第一颗原子弹，这激起了印度国内关于是否发展核武器的第一次大辩论。① 巴巴在这次论争中表现活跃，他极力向核武器计划支持者鼓吹制造原子弹对印度并非难事，而且投入代价不大。② 辩论中最为活跃的重要政治人物是后来于1974年担任印度国防部长的K. C. 潘特，他在1965年国大党年会首次公开演讲中提出印度应立即发展核武器，以应对中国的挑战。面对国内因中国核试验引起的要求发展核武器的压力，印度总理夏斯特里虽然在公开场合表示印度不会追求发展核武器，但也正是他于1965年底批准了巴巴提出的进行"地下和平核爆"的计划。在第二次印巴战争爆发后，中国的威胁似乎淡出，印度前国防部长Y. B. 恰万（Y. B. Chavan）称，即便是一枚载有核武器的中国导弹，印度也无需担忧，因为这枚导弹将会"穿越"印度，继续飞往位于其他地区的目标。③ 这位国防部长的观点在相当长时间内仍具广泛的代表性，因为中国自1964年成功进行核武器试验之时起，就明确宣称实行不首先使用核武器原则，并且也从未在对外关系中威胁使用过核武器。同时，由于中国的主要外部安全关注是在北方以及环太平洋地区，在印度看来，中国的现实威胁在1965年之后也就大大消退了。④ 除以上两点外，印度在中印战争失败之后花了大量财力物力重整军备，在两国边界已经建立起常规军事力量的优势，这也增强了印度的安全感。因此，在

---

① See Stephen P. Cohen, *India*: *Emerging Power*, New Delhi: Oxford University Press, 2001, pp. 159 - 162.

② 早在20世纪50年代，巴巴就开始鼓吹印度只需18个月就能制造出核武器，但这后来被印度核武器发展的历史证明是巴巴的夸大之词，实际上在他于1966年去世时印度核武器制造能力也还远未达到这个水平。See George Perkovich, *India's Nuclear Bomb*: *The Impact on Global Proliferation*, Berkeley, Los Angeles and London: University of California Press, 1999。

③ Stephen P. Cohen, *India*: *Emerging Power*, New Delhi: Oxford University Press, 2001, pp. 159 - 162.

④ Rodney W. Jones; Sumit Ganguly, "Debating New Delhi's Nuclear Decision", International Security, Vol. 24, No. 4, 2000, p. 182.

印度人民党主政印度之前，受尼赫鲁主义影响的印度政治领导人并不主张发展核威慑来对付所谓的“中国核威胁”。1974 年印度的“和平核爆”是夏斯特里批准的“地下和平核爆”计划的具体实施，其更多地是为了向国际社会展示印度的核武器研制能力，印度在这次核试验后也没有继续推进核武器化进程。因此，所谓的“中国核威胁”在导致印度进行首次核试验方面有一定的影响，但它并没有促成印度的核武器化。对于 1974 年印度的“和平核爆”还有一种解释是，印度发展核武器是为了同中国角力，要在全球层面上与中国并肩而立。这种解释也说明了印度此时发展核武器与所谓的“中国核威胁”关系并不大，不过是为其政策制定寻求依据，印度的战略学家仍然渲染中国的核威胁，这种做法从中国核试验后一直到印度 1998 年公开核试验前后就没有停止过。

印度的秘密核武器化开始于 1989 年，但拉吉夫·甘地做出这一决定更多是出于对国际核裁军进程的失望，与中国的核武器没有多少关系。因为在此前，正是拉吉夫·甘地启动了访问中国的和平之旅，在与中国领导人的会谈中，确定了中印之间边界问题没有解决也不应妨碍两国关系扩大和改善的方针，奠定了两国关系走向和平共处的基础。在 1988 年 11 月访问北京期间，拉吉夫·甘地总理还就中国的核武器问题明确表示：“印度相信中国没有将核导弹瞄准印度的领土。”[①] 此后，中印关系持续缓和，1993 年 9 月在印度总理拉奥访华期间，两国政府签订了关于在中印边境实际控制线地区保持和平与安宁的协定。1996 年 11 月在江泽民主席访问印度期间，两国政府又签订了关于在中印边境实际控制线地区军事领域建立信任措施的协定。

然而，1998 年印度公开核试验前后，印度外交部长费尔南德斯多次散布反华言论，声称中国是印度的“头号威胁”，印度总理在写给美国总统就核试验问题进行解释的信中也首先提到“中国核威胁”。这样，尽管客观上中国从未使用核武器威胁过印度，也尽管中印关系自冷战结

---

① Rodney W. Jones; Sumit Ganguly, “Debating New Delhi's Nuclear Decision”, International Security, Vol. 24, No. 4, 2000, p. 3.

束后一直在朝友好方向稳步发展，但印度政治领导人却主观上将“中国核威胁”作为印度发展核武器的借口。印度在1998年公开进行核试验就已不利于地区安全稳定，同时还将这种行为的动机说成是抵御来自中国的威胁，这自然会引起中国的强烈不满，中印关系由此经历了一个大的波折。对于印度这种做法的一种解释是，在长达半个多世纪的中印巴关系互动中，印度事实上被降格为一个主要和巴基斯坦一争高低的地区性国家，而不是与中国竞争的大国，从而使中国在印巴冲突中得到一个自然的政治好处，印度不甘心于这种状况。这次核试验后，国际舆论主要关注的是印巴两个有核国家是否会打可能使用核武器的战争以及印巴之间的军备竞赛。而印度舆论刻意将舆论导向与中国竞争的氛围，发表视中国为“头号威胁”的言论，尽管印度决策者不会不明白这种言论将导致已然取得很大改善的两国关系逆转，印度的行为隐含有“纠正”中国在印巴矛盾中的“有利地位”之目的。① 这种解释有它的合理性，但不能忽视的是，在印度进行核试验并着手开始制定核战略后，印度的核政策与所谓的“中国核威胁”确实有着重要关联，原因在于三个方面。其一，在印度国内战略界，鼓吹实施核战略的战略学家们从来就没有放弃过“中国核威胁”的主张，在1998年之前由于印度政府没有考虑过实施核战略，其理论主张影响还不足为虑，但在印度政府开始着手实施核战略之后，这些印度核战略理论的设计者的观点对印度核政策的影响越来越大。其二，印度战略制定者清楚，“为了支撑作为战略态势的威慑，基本的敌对关系是前提”。② 战略的制定者往往从现实主义的立场出发，他们不管中国是否有利用核武器威胁印度的意图，坚持认为中国核能力的存在就是对印度的威胁。其三，印度公开核战略中宣称实施最低限度的威慑，但并未对最低限度做出具体界定，根据不同的威慑对象，最低

① 吴永年、赵干城等著：《21世纪印度外交新论》，上海：上海译文出版社，2004年版，第219页。

② K. Subrahmanyam, “Nuclear Force Design and Minimum Deterrence Strategy for India”, in Bharat Karnad ed., *Future Imperilled: India's Security in the 1990s and Beyond*, New Delhi: Penguin books India (p) Ltd., 1994, p. 185.

限度的标准是不一样的，对中国最低限度威慑的标准肯定高于对巴基斯坦最低限度威慑的标准，这正好可以为印度国内鼓吹进一步增强印度核威慑力量的战略鹰派所利用，“中国核威胁”频繁出现于他们的言论与论述中，这种现象今后还会持续下去。

二、巴基斯坦因素

印度和巴基斯坦自从分治以来，两国之间就冲突不断，迄今两国之间已经发生过四次战争，分别是1947—1948年的第一次印巴战争、1965年的第二次印巴战争、1971年的第三次印巴战争以及1999年的卡吉尔战争。此外，两国之间还发生了多次政治军事危机。印巴冲突的根源很多，斯蒂芬·科恩列举的主要根源包括：印巴分治的无穷后患；南亚次大陆主要宗教团体印度教和穆斯林之间根深蒂固的矛盾；为控制克什米尔而展开的争斗；克什米尔对两国自身的重要性；两国领导人对双方边界线的贪婪或短视等等。[①] 可以说，其中没有哪一个根源是能够轻易消除的，这就注定会使两国之间长久处于敌对状态之中。到目前为止，南亚地区仍然看不到彻底摆脱安全困境的曙光。

巴基斯坦是南亚次大陆唯一能与印度抗衡的国家，但与印度相比较，巴基斯坦的常规军事力量居于劣势。因此，在印度率先开始研发核武器的情况下，巴基斯坦这个贫弱国家也不得不玩起了只有富人才能玩得起的游戏。巴基斯坦前总理佐勒菲卡尔·阿里·布托（Zulfiqar Ali Bhutto）曾于1966年宣称：“即使吃草根，我们也要制造原子弹。”[②] 巴基斯坦发展核武器的决心由此可见一斑。与巴基斯坦并非印度核武器计划的唯一目标不同的是，巴基斯坦核武器计划从一开始就是针对印度的。巴基斯

---

① Stephen P. Cohen, *India: Emerging Power*, New Delhi: Oxford University Press, 2001, p. 198.

② Quoted in Zafar Iqbal Cheema, "Pakistan's Nuclear Policies: Attitudes and Postures", in P. R. Chari, Pervaiz Iqbal Cheema, and Iftekaruzzaman, eds., *Nuclear Non-Proliferation in India and Pakistan: South Asia Perspectives*, New Delhi: Monohar, 1996, p. 10.

坦的核武器计划虽较印度晚，但在巴基斯坦发展核武器之前，印度的核政策就受到过巴基斯坦因素的影响，这主要是和第二次印巴战争联系在一起的。这场战争与第一次印巴战争发生的背景不同，它距中印边界冲突结束不到三年的时间，而距中国首次核试验更是不到一年的时间。因此，在印巴战争期间，印度担心中国会在印度的喜马拉雅山边界开辟第二条战线，从而导致印度腹背受敌。由于此时印度面对的已经是一个有核武器的中国，因此就在第二次印巴战争结束前夕，印度人民院 100 名议员联名写信给夏斯特里总理，呼吁印度实施发展核武器选择。中国的核武器威胁因第二次印巴战争而加剧了，1965 年 11 月 3 日，夏斯特里在印度上院接受质询时表示，如果中国完善核武器运载系统，印度将被迫重新考虑它的核政策。①

1971 年印巴第三次战争导致了东巴基斯坦的独立，国家被分割的耻辱促使巴基斯坦政府下定决心实施核武器计划。从 20 世纪 50 年代末就开始主张发展核武器的佐勒菲卡尔・阿里・布托临危受命，于 1971 年底担任了巴基斯坦总理。1972 年 1 月，他就召集巴科学家开会，商讨制造核武器问题。1974 年印度进行的“和平核爆”更进一步刺激巴基斯坦推进核武器化进程。② 印度常规军事力量的优势以及核武器的发展促使巴基斯坦在 1974 年之后加速启动了核计划。与印度不同的是，巴基斯坦的核计划一开始就是用于军事用途，并明确以印度为针对目标，这反过来又对印度的政策产生重要影响。但直到 1998 年之前，这种影响更多地是来自于印度对巴军事优势的考虑，而并非来自巴基斯坦的核武器安全威胁。

第三次印巴战争之后，印度达到了从军事上肢解巴基斯坦的目的，同时造就了它在南亚的主导地位。不仅如此，印度在 1974 年进行的“和

---

① Sumit Ganguly, “India's Pathway to Pohkran Ⅱ: The Prospects and Sources of New Delhi's Nuclear Weapons Program”, *International Security*, Vol. 23, No. 4, 1999, p. 156.

② 历史惊人地相似：中国在中印边界冲突中在军事上大败印度，并于两年后就爆炸了核武器，这促使印度开始认真考虑它的核武器计划；印度在第三次印巴战争中大败巴基斯坦，并于两年多后进行了“和平核爆”，巴基斯坦的核武器计划由此不得不进入一个加速发展的时期。

平核爆”向外界展示了印度的核武器能力，也使印度对它在南亚地区的主导地位更有信心。但是，巴基斯坦的核武器计划不仅与印度的核武器计划针锋相对，而且可以用来削弱印度在南亚的常规军事优势。1979 年苏联入侵阿富汗之后，美国加大了对巴基斯坦的军事支援，并对巴基斯坦的核武器项目视而不见。这让印度感觉到它在南亚突然被贬至后排的次席，从南亚的支配国巅峰上一落千丈，到 1981 年已经在战略及核地位格局中落魄为一颗无关重要的棋子，处于中国和巴基斯坦的下风。[①] 为了重新夺回在南亚地区的霸主地位，印度在保持常规军事力量优势的同时，也力争在核力量上建立对巴基斯坦的优势。

相对于建立对巴军事优势的考虑而言，来自巴基斯坦的核武器安全威胁在 1998 年之前并没有成为影响到印度核政策的重要因素，原因有以下几个方面：第一，巴基斯坦本身核力量有限。巴基斯坦主要利用高浓铀来制造核武器，但储量有限。巴基斯坦于 1986 年开始生产高浓铀，至 1991 年五年间共生产了 114 千克的高浓铀，此后至 1998 年前就停止了高浓铀的生产。[②] 如果按照每枚核弹头需 25 千克高浓铀计算，巴基斯坦在 1998 年前所拥有核弹头的数量不过四五枚。在运载工具方面，在 1998 年前主要为飞机，美制 F—16 战斗机发挥着绝对主力作用。尽管巴基斯坦在 20 世纪 80 年代进行了短程弹道导弹的试验，但其射程不超过 300 公里。射程达到 800 公里的导弹试验直到 1997 年才进行。而且到目前为止，还没有任何关于巴对核弹道导弹进行整体飞行试验的报道。第二，长期以来，许多印度战略学家和科学家过低地估计了巴基斯坦的核项目，[③] 在 1998 年巴基斯坦宣布进行了核试验时，他们甚至感到意外，

---

① Stephen P. Cohen, *India: Emerging Power*, New Delhi: Oxford University Press, 2001, p. 170.

② 康春梅：《巴基斯坦的核能力》，胡思得主编：《周边国家和地区核能力》，北京：原子能出版社，2006 年版，第 117 页。

③ 印度军方并不认为巴基斯坦的核武器威胁微不足道。例如森达吉上将认为，由于巴基斯坦坚持核战争原则，而印度排除了核战争原则，这就形成了两国之间的“核不对称”，这对印度的安全非常不利。See Ashley J. Tellis, *India's Emerging Nuclear Posture: Between Recessed Deterrent and Ready Arsenal*, Santa Monica: CA, Rand Corporation, 2001, p. 41。

而在核试验之后仍然认为巴基斯坦的核能力非常有限。如在巴基斯坦的一系列核试验结束之后，印度前原子能委员会主席 P. K. 英格加尔（P. K. Iyengar）认为“巴基斯坦没有本国设计和制造核武器的能力”，拉贾·拉马纳认为巴基斯坦进行的系列核试验根本无法与印度比较。[①] 在印度享有较高知名度的军事分析家拉维·里奇（Ravi Rikhye）认为，“巴基斯坦试爆的粗糙的核装置没有军事意义”。[②] 维杰·奈尔（Vijai Nair）认为，“与印度不同，巴基斯坦没有提供系列核爆的即时技术细节，这进一步增强了专家们关于巴基斯坦核武器在技术上落后于印度的评估意见的可信性”。[③] 第三，印度政治领导人主观上有意淡化来自巴基斯坦的核威胁言论。由于在印巴双方的军事对峙中，印度在常规军事力量方面占据着绝对优势，南亚的核武器化对印巴双边关系而言未必有利，印度不希望突出核武器的作用，担心那样会抵消印度在常规军事力量方面的优势地位。淡化巴基斯坦的核威胁还出于这样一种政治考虑：在印度看来，巴基斯坦自 1987 年以来在历次双方的冲突中威胁使用核武器的目的在于将双方冲突复杂化，尤其是在克什米尔地区的冲突中，两个拥有核武器能力国家之间的对峙很容易引起国际社会的关注，这不利于印度借助自身的力量通过双边途径来解决双边冲突。第四，印度认为印巴之间在冲突后的重建能力是不对称的，在这方面印度明显占据优势，这就给巴基斯坦进行核冒险增添了附加限制，因此巴基斯坦的核能力至少在短期内在可控范围内。[④]

---

① Quoted in Ashley J. Tellis, *India's Emerging Nuclear Posture: Between Recessed Deterrent and Ready Arsenal*, Santa Monica: CA, Rand Corporation, 2001, p. 40.

② Ibid.

③ Ibid., p. 41.

④ Ibid., p. 52.

表 3—1 巴基斯坦的导弹型号与参数

名称	别名	射程（千米）	载荷（千克）	试验时间	部署情况
哈塔夫—1（Hatf-1）		80	500	1989 年 4 月	1996 年
哈塔夫—1A		100	500	2000 年 2 月	服役?
哈塔夫—2		260—300	500	1989 年 4 月	服役?
哈塔夫—3		800		1997 年 3 月?	未部署
哈塔夫—4	沙欣（Shaheen）—1	750	1000	1999 年 4 月	2000 年 9 月
哈塔夫—5	高里（Ghauri）—1	1100—1500	700	1998 年 4 月	
哈塔夫—6	高里—2	2000	500—700?	1999 年 4 月	
哈塔夫—7	沙欣—2	2400—2500	1000	2000 年 9 月	
	高里—3	3000			

资料来源：http：//nuclearweaponarchive. org/Pakistan/PakArsenal. html。

1998 年之后，情况发生了很大变化：巴基斯坦成功进行了核试验并已明确表示实施最低限度的威慑战略，而且它的核力量也有了长足发展，因此巴基斯坦的核威胁对印度核战略的影响越来越大。在不考虑其他因素的情况下，仅巴基斯坦的核威胁就会进一步促进印度的核武器化进程，这主要有两个方面的原因。一方面，从巴基斯坦的战略意图看，巴奉行的是第一次打击核战略，并且其唯一的打击目标就是印度。巴基斯坦并没有像印度那样公布官方的核原则，但根据巴基斯坦重要军方人士的论述，巴基斯坦的核武装是专门针对印度的，其目的是为了抵消印度常规军事力量和核力量的优势。[1] 在巴基斯坦认为核武器可以首先使用并且坚持第一次打击原则的情况下，印度要坚守它的不首先使用原则，就必

---

① Prakash Chander, *India and Pakistan Unending Conflict*: *Nuclear Doctrine and Its Aftermath*, New Delhi: A. P. H. Publishing Corporation, 2003, p. 43.

须大力发展第二次打击核能力。另一方面，巴基斯坦的核武器运载能力尤其是弹道导弹能力取得重要突破（见表3—1），从而在一定程度上减少了印度战略纵深的优势，相应地也就增加了印度安全的脆弱性。

除了上述中、巴两国因素之外，影响到印度核战略实施与发展的还有来自海上的地区外大国对南亚的干涉威胁，这里主要指的是美国。在1971年第三次印巴战争期间，美国总统尼克松曾命令美国“企业号”航母开入孟加拉湾印巴两国交战的战场附近。这本来只是美国政府想对败局已定的巴基斯坦所摆出的一个政治姿态，但印度却将其作为一种象征性的示威。印度人相信该航母上携带核武器，在萨布拉曼亚看来，这一事件对英迪拉·甘地于1974年做出进行“和平核爆”的决定有着重要影响。① 直到今天，印度的战略家仍然会情绪激动地谈起1971年“企业号”航母所扮演的角色。印度的鹰派据此提出，印度只要拥有了核能力，就能够遏制美国对涉及印度的重要事务的干涉。比如说，应该具有用低于1000吨当量的核武器打破一支小型舰队对印度的严密封锁的能力；再比如说，应该拥有精确的舰对地导弹和空对地导弹，永远不让以美国为首的科索沃行动之类的事情在南亚重演。②

---

① K. Subrahmanyam, “Keeping the Option Open”, in Robert M. Lawrence and Joel Larus eds., *Nuclear Proliferation Phase* Ⅱ, Lawrence/Manhattan/Wichita: The University Press of Kansas, 1974, p. 113.

② Stephen P. Cohen, *India*: *Emerging Power*, New Delhi: Oxford University Press, 2001, p. 188.

第四章 / 印度核战略的原则

核原则是实施核战略的理论基础，每一个核武器国家都会采取一定的核原则。1998 年 5 月，在没有对印度的战略环境和安全需要做出全面评估的情况下，刚刚上台不到两个月的印度人民党政府便匆匆进行了五次公开核试验。这一系列核试验的成功在印度国内外引起了极其强烈的反响。国际社会在对印度核试验予以谴责的同时，也对南亚地区的和平与稳定前景深感忧虑。在印度国内，尽管核试验的政治决策得到了大多数民众的支持，但成为怎样的核国家成为新一轮核辩论的焦点。印度的核武器会不会成为国际安全中的不稳定因素？它将如何使用？印度的核武器化进程将会走向何方？为了减轻国际社会的安全担忧，同时为了制定印度长远的核武器发展规划，印度政府必须说明并制定它的核原则。

第一节　核原则及印度的核原则

这里的“原则”一词在英文中的对应词为“Doctrine”，其本义为“教义”、“指令”等，在战略研究领域则特指“有关战略的军事原则与规定”。[①] 相应地，“核原则”（Nuclear Doctrine）即指有关核战略的军事原则与规定。每个国家在发展核武器、实施核战略的过程中，都离不开核原则的理论指导。作为指导国家核战略的核心理论，核原则力图说明

① See Merriam-Webster's 11th Collegiate Dictionary.

核武器在国家安全中所起的作用，并界定有关核武器使用的方式与目标。核原则的制定可以先于核战略，即使一个国家的核武器还没有进行军事部署，该国政府也有可能提前考虑制定核原则。

尽管印度早在1974年就以“和平核爆”的名义进行了一次核试验，但是印度政府直到1998年之前并没有考虑过制定印度的“核原则”。在尼赫鲁主义为主导的战略文化影响之下，印度政治领导层对于核武器的军事应用缺乏足够的了解。由于没有过去的战略经历可以借鉴，印度必须借助西方的概念来表述其核原则。① 具体诸如“战争”、“威慑”、“胁迫”以及“固定发射井”之类的术语都需要从西方引进，但它们的运用需要与印度的国情相结合。② 既有的五个核国家的核原则是印度核原则的重要理论来源，对现实政治、安全议题的思考则构成了印度制定核原则的具体依据。

一、主要核国家的核原则

人类进入核时代之后，核原则经历了一个从无到有、从实战原则到威慑原则的发展过程。核原则的产生、发展与冷战期间美苏两个核大国的政治斗争背景密切相关。

伯纳德·布罗迪曾说过，核威慑这一概念“几乎在核时代一开始就提出来了”，并且一直是“占支配地位的核战略概念”。③ 但事实上，并非核武器一问世，人们就立即和自觉地接受了它的威慑价值。作为世界上最早掌握核武器的国家，美国在第二次世界大战结束后初期曾享受过一段时间的核垄断优势。在这期间，美国政府认为核武器只是一种“超级炸弹”，本质上与常规武器并无区别，只不过杀伤力特别巨大而已。基

---

① Prakash Chander, *India and Pakistan Unending Conflict: Nuclear Doctrine and Its Aftermath*, New Delhi: A. P. H. Publishing Corporation, 2003, p. 41.

② Arpit Rajain, *Nuclear Deterrence in Southern Asia: China, India and Pakistan*, New Delhi: Sage Publications, 2005, p. 224.

③ ［美］伯纳德·布罗迪：《核战略的发展》，美国陆军军事学院编，军事科学院外国军事研究部译：《军事战略》，北京：军事科学出版社，1986年版，第413页。

于这种认识，美国政府并没有制定特别针对核武器使用的军事原则，然而1949年8月苏联的原子弹爆炸试验打破了美国的原子弹垄断地位。虽然苏联要建立自己的原子弹储备还需要几年时间，但苏联核力量的增强已成不可避免的事实，这一事态的一个重要后果就是“促使美国一头扎进了核战略”。①

面对苏联制造和投放原子弹能力不断增强的事实，美国的对策不是放弃对核武器的依赖，相反提出了“核武器致胜论”。这一理论的中心内容可概括为：未来的世界大战必然是核战争，战争中的主要武器是核武器及其投射工具，强调使用核武器实施战略进攻和突然袭击，认为核武器决定军队建设的方向等。② 核武器致胜论强调的是核武器的实战作用，威慑的价值没有得到重视，因此它实际上是建立在实战原则基础上的核战略理论。这一理论强调核武器的突然袭击，从而引出了“第一次打击”的战略原则。美国20世纪50年代奉行的“大规模报复战略”就是建立在实战原则和第一次打击原则基础之上的。与美国的“核武器致胜论”针锋相对，苏联提出了“火箭核战略理论”，强调未来战争必然是火箭核大战，战争一开始就要利用战略核武器实施毁灭性打击。③ 此时苏联的核战略同样是建立在实战和“第一次打击”的战略原则基础上的。

由于美苏都坚持核武器的实战功能，并且突出强调第一次核打击的军事战略价值，其直接后果就是美苏之间的核军备竞赛。随着美苏核武器技术水平的不断提高以及核武库规模的不断扩大，美苏之间形成了一种“脆弱的恐怖均势”。④ 这种核力量的恐怖平衡使得美苏认识到核武器

---

① ［英］劳伦斯·弗里德曼著，黄钟青译：《核战略的演变》，北京：中国社会科学出版社，1990年版，第81页。

② 参见李云龙：《核武器致胜论》，刘华秋主编：《军备控制与裁军手册》，北京：国防大学出版社，2000年版，第114页。

③ 参见李云龙：《火箭核战略理论》，刘华秋主编：《军备控制与裁军手册》，北京：国防大学出版社，2000年版，第114—115页。

④ 美国学者艾伯特·沃尔斯泰特语。参见艾伯特·沃尔斯泰特：《脆弱的恐怖均势》，［美］亨利·基辛格编，军事科学院外国军事研究部译：《国家战略问题》，北京：军事科学出版社，1992年版，第二章。

不可轻易使用的特性。故而，从 20 世纪 50 年代后期开始，以威慑为核心的核原则逐渐取代了美苏核战略中的实战原则，并发展为各国核战略的主导性原则。在战略实践中，美国肯尼迪政府以“灵活反应战略”取代了原先的“大规模报复战略”。为了维持威慑的有效性，核力量的生存能力显得特别重要。随着核威慑原则的推行，拥有可靠的第二次核打击能力也成为主要核国家追求的主要目标。但是，出于各自的政治目的，美、苏、英、法等国并不愿放弃“第一次打击”的原则。印度重要战略分析家贾斯吉特·辛格将这四个核国家的核原则的核心要素归纳为三个方面：（1）核武器是战争的军事工具；（2）核武器不但用来威慑核威胁，而且用来威慑来自常规力量的威胁；（3）互相确保摧毁是核原则的核心概念。[①] 尽管这些核国家对核威慑力量结构的具体理解有所不同，但它们均采用了“第一次打击”的原则。换句话说，这些国家认为核武器是可以首先使用的。这偏离了核威慑原则的初衷，以上四国的核战略因此不可避免地具有内在的矛盾性。

与西方国家形成鲜明对比的是，中国自拥有核武器的那一刻起就宣布采取不首先使用核武器的原则，明确表示中国的核武器只用于防御目的。尽管中国早期的官方正式文件中没有使用中文核威慑这一术语，但中国从 20 世纪 50 年代中期刚刚走上发展核武器的征程时，就接受了核威慑的思想，并在 20 世纪 60 年代初成为核国家的前夕正式宣布了事实上的核威慑政策。[②] 在 2006 年中国的国防白皮书中，中国政府再次重申了不首先使用核武器的原则，表示“中国始终奉行在任何时候、任何情况下都不首先使用核武器的政策，无条件地承诺不对无核武器国家和无核武器区使用或威胁使用核武器，主张全面禁止和彻底销毁核武器”。这份国防白皮书中还正式采纳了中文威慑这一术语，在谈到中国的威慑原则时，白皮书强调“中国坚持自卫反击和有限发展的原则，着眼于建设

---

① Jasjit Singh, “A Nuclear Strategy for India”, in Jasjit Singh ed., *Nuclear India*, New Delhi: Knowledge World, 1998, p. 306.

② 参见朱明权：《中国的核威慑政策》，朱明权、苏长和、吴莼思著：《威慑与稳定——中美核关系》，北京：时事出版社，2005 年版，第二章第二节。

一支满足国家安全需要的精干有效的核力量，确保核武器的安全性、可靠性，保持核力量的战略威慑作用”。①

中国的核原则与西方核原则本质的差别源于它们对核武器看法的不同。西方国家仍然坚持认为核武器是战争的军事工具，中国则从一开始就坚持认为核武器主要是政治工具，而不是单纯的军事工具。在这一点上，印度同中国的看法一致。因此，尽管印度核原则的基本理论和核心概念来自西方，但印度的核原则同时又受到中国核原则的重要影响，其中最为明显的就是印度同样宣称实行不首先使用核武器的核原则。

二、印度的核原则

在 1998 年印度人民党政府上台之前，没有任何一届印度政府考虑过制定印度的核原则。尽管印度战略界的精英从 20 世纪 80 年代开始思考印度的核原则，但其战略主张一直未得到政治精英层的采纳。1998 年的印度大选将最坚定地拥护发展核武器的印度人民党推向权力高峰，正是印度人民党政府开创了制定核原则的先河。迄今为止，印度核原则的制定工作主要是由人民党政府完成的。在 1998 年公开进行核试验一年多时间以后，印度国家安全委员会下设的安全理事会曾向印度总理提交了一份《核原则草案》，该草案虽然没有被正式采纳，但显然具有官方背景。2003 年 1 月，瓦杰帕伊政府的内阁安全委员会发表了一份简要的官方核理论文件，1999 年制定的《核原则草案》的核心内容得到重申，但也有一些新的变化。2004 年新上台的国大党政府在印度核原则的制定上并无新的举措，更多地是继承了前任政府的做法。

(一)《核原则草案》的出台及意义

印度核原则的起源应追溯到印度人民党 1998 年的竞选宣言。多年以

① 中华人民共和国国务院新闻办公室：《2006 年中国的国防》，北京，2006 年 12 月。

来，印度人民党及其前身人民同盟是唯一一个坚持公开鼓吹发展核武器的政党。在1998年3月印度全国大选前夕发表的竞选宣言中，印度人民党承诺，一旦当选，将建立一个国家安全委员会“首次对印度国家防务进行评估，研究、分析印度的国家安全环境并提出合理建议……重新评估印度的核政策，从而实施核选择”。[①] 在大选获胜后颁布的《国家治理议程》（National Agenda For Governance）中，印度人民党重申了这一立场。[②] 瓦杰帕伊政府在宣誓就职后不久，就采取了进行公开核试验的重大行动，这是对印度传统核政策的重大突破。事实上，从印度人民党1998年上台执政到公开进行核试验，其间的间隔还不到两个月。因此，在核试验之前，它根本就来不及对印度的安全战略需要进行有效评估。至于竞选宣言中提到的国家安全委员会，则由大选获胜后成立的一个“三人任务小组”（three-man Task Force）研究筹备组建。1998年6月底，“三人任务小组”向内阁提交了一份报告，但报告中的建议直到当年11月才得到采纳。之所以发生长达近五个月的延迟，原因在于人民党政府优先考虑的是进行核试验，而不是急于成立国家安全委员会进行战略防务评估。[③]

印度的核试验是成功了，但它却带来了新的安全问题。首先，南亚地区安全局势急剧恶化。作为对印度5次核试验的回应，巴基斯坦在5月底也进行了六次核试验。[④] 由于印巴两国之间的矛盾具有不可调和性，南亚地区的核武器化使南亚处于核冲突的阴影之下。如何避免两国之间的冲突引发一场核交战，这是双方政府都要思考的问题。其次，印度借口中国的核威胁从事核试验，恶化了原本已趋于缓和的中印关系。再次，冷战结束之后，国际上对核武器的看法较冷战时期已经发生了相当大的变化。核试验使印度在国际上陷于孤立的处境。联合国五个安理会常任

① “BJP ELECTION MANIFESTO’98”, http://bjp.org/manifes/chap8.htm.

② “National Agenda For Governance”, http://www.bjp.org/nagenta.htm.

③ P. R. Chari, “India’s Nuclear Doctrine: Confused Ambitions”, *The Nonproliferation Review*, Fall-Winter, 2000, p. 125.

④ 包括1974年印度官方宣称的“和平核爆”，巴基斯坦认为印度一共进行了六次核试验，因而在1998年5月印度进行了五次核试验之后针锋相对地进行了六次核试验。

理事国的外长于1998年6月4日在日内瓦召开会议，一致谴责印度和巴基斯坦的核试验。6月6日，联合国安理会通过了1172号决议，该决议对两国进行的核试验予以谴责，并要求印巴两国立即停止其核武器计划。此外，以美国为首的西方发达国家还决定对印度和巴基斯坦实施经济制裁。

为了应对这些新的安全问题，同时也为了对印度实施核试验的做法进行政策辩护，并向外界展示印度是一个“负责任的核国家”，印度必须加快成立国家安全委员会的步伐。1998年11月19日，印度人民党竞选宣言中承诺的国家安全委员会最终成立。国家安全委员会下设秘书处、战略政策小组和国家安全顾问理事会三个分支机构。其中，具体负责制定印度核原则的是由22名专家顾问组成的国家安全顾问理事会。这22名成员分别是来自外交事务、外部安全、防务、战略分析、经济、科技、国内安全以及武装部队等各个领域的专家，包括八名已退休的政府文职官员，五名已退役的高级军官，另外还有四名学者、三名科学家以及两名记者。第一届国家安全委员会的组成对印度核原则的制定有着重要的影响，具体来说有以下几个方面：

其一，在人员安排方面，瓦杰帕伊一方面任命其首席秘书巴拉杰什·米什拉（Brajesh Mishra）为国家安全顾问，另一方面又安排印度计划委员会副主席贾斯旺特·辛格为安全委员会的核心成员之一。① 米什拉和辛格都是瓦杰帕伊非常重要的亲信，在核问题上，他们分别是印度人民党内部激进派与温和派的代表。两人在国家安全委员会中均有相当大的权力。在国家安全委员会内，许多问题很难达成一致意见，委员们也经常公开吵闹不休。因此，委员会最终通过的印度《核原则草案》必然是双方妥协的产物，草案的内容因此具有内在矛盾性。

其二，名义上国家安全委员会中负责印度安全战略问题的有两个分

---

① 在印度国家安全委员会成立之前，负责处理印度重大安全事务的机构是内阁政治事务委员会，除总理担任委员会的主席外，其核心成员仅包括国防部长、外交部长、财政部长和内政部长在内的四位重要内阁大员。而新成立的国家安全委员会除包括以上成员之外，仅担任计划委员会副主席的贾斯旺特·辛格被特意安排进来。

支机构，分别是战略政策小组和国家安全顾问理事会。战略政策小组由在职的政府官员组成，他们在战略问题上并无专长。这些忙于政府公务的官员既没有时间，也没有相关的专业知识背景来思考复杂的安全问题。核原则较一般的安全问题更为复杂，更不能指望由战略政策小组的成员去制定。这样，制定印度核原则的任务就不可避免地需要由国家安全顾问理事会来承担。安全顾问理事会的22名成员中有19人是核武器的热衷支持者，[①] 其召集人K. 萨布拉曼亚一贯鼓吹印度的核武器化，并从20世纪70年代起就一直积极主张制定印度的核原则。他们的个人倾向对最终出台的《核原则草案》有着重要影响。

其三，1998年之前，安全顾问理事会的这批战略精英就已经在思考印度的核原则问题，但其主张一直未得到政府的重视，因此他们常常对政府的核政策持批评立场。在核试验之后，他们受政府委托来制定一项印度的核原则，自然转而支持政府的核政策。他们中的一些人还被派遣到国外宣传印度的核政策，这就确保了核原则与政府公开宣布的政策的一致性。[②]

尽管安全顾问理事会内部成员之间存在着众多分歧，但他们最后还是在妥协的基础上达成了一致。经过安全顾问理事会大半年时间的精心准备，印度《核原则草案》于1999年8月17日由印度国家安全顾问米什拉在记者招待会上公开发布。《核原则草案》的出台标志着印度最终走上了追求公开核威慑之路。自独立以来，印度政府在核问题上大体面临着四个方面的战略选择：（1）完全放弃核选择，实现南亚地区无核武器化；（2）保留核武器化选择，但事实上并不准备实施；（3）追求“隐性核威慑”；（4）公开实施核武器化选择，发展可靠的、随时可以使用的核能力。[③] 在1998年核试验之后，印度和巴基斯坦两国都受到了来自国际社会的巨大压力，要求他们实施第一种选择方案。但在印度内部，

---

① P. R. Chari, “India’s Nuclear Doctrine: Confused Ambitions”, *The Nonproliferation Review*, Fall-Winter, 2000, p. 125.

② Ibid.

③ Ashley J. Tellis, *Stability In South Asia: Prospects of Indo-Pak Nuclear Conflict*, USA: RAND Publications, 2000, p. 250.

既然已经进行了核试验，第一种方案显然不可能再为政府所接受。第二种方案是印度政府1998年之前公开的核政策，但随着公开核试验的进行，这种核政策也已经被突破了。无论是对于印度政府还是那些积极策划印度核原则的战略专家而言，印度的核武器化已经不可逆转。只是在第三种和第四种选择之间，印度战略学界存在着两种不同的意见。第一种意见以贾斯吉特·辛格为代表，他们主张印度政府实施他自己定义的“隐性核威慑”战略。① 第二种意见以K. 萨布拉曼亚为代表，他们主张印度政府实施“最低限度的威慑”战略。②《核原则草案》的出台意味着第二种意见完全占据了上风，草案明确宣称印度将实行“可信的、最低限度的威慑”战略。

（二）《核原则草案》的内容及地位

前文提到，《核原则草案》是国家安全委员会内部矛盾各方相互妥协的产物。由于要照顾到来自各方的重要利益，草案的最终文本范围极其宽泛，具体内容甚至有些混乱不清，存在着前后矛盾冲突的地方。草案的内容包括“前言”、“目标”、“核力量”、“可信性与生存能力”、“指挥与控制”、“安全和安保”（Security and Safety）、“研究与发展”以及“裁军与军备控制”等八个方面。③ 草案的前言部分主要是为印度走上核武器化道路做出公开辩护，最后一部分内容也只是意在宣称印度将做一个负责任的核国家，真正涉及到印度核原则的是中间六个部分的内容。概括起来，草案中包含的印度核原则要点有以下几个方面：

1. 核武器的使用

草案称，印度的核武器用于威慑，印度发展、拥有核武器的根本目

---

① See Jasjit Singh, “A Nuclear Strategy for India”, in Jasjit Singh ed., *Nuclear India*, New Delhi: Knowledge World, 1998, p. 306.

② See K. Subrahmanyam, “Nuclear Force Design and Minimum Deterrence Strategy for India”, in Bharat Karnad ed., *Future Imperilled: India's Security in the 1990s and Beyond*, New Delhi: Penguin books India (p) Ltd., 1994.

③ 印度《核原则草案》全文内容可以从以下网站获取：http://www.indianembassy.org/policy/CTBT/nuclear_ doctrine_ aug_ 17_ 1999.html。

的是为了阻止任何国家或实体对印度及其军队使用和威胁使用核武器；对于不拥有核武器，或者没有与核武器国家结盟的国家，印度不会使用或者威胁使用核武器；印度不会首先发动核打击，但一旦出现核威慑失败、发生其他国家首先发动针对印度的核打击的情况，印度将运用核武器对侵略方实施惩罚性的报复打击，并且这种报复打击的破坏程度对侵略者来说是不可接受的。

2. 核战略的发展目标

草案声称印度将奉行“可信的、最低限度的核威慑”战略。在不存在全球核裁军的情况下，印度的战略利益需要有效的、可信的核威慑，以及在威慑失败的情况下采取足够的报复行动能力。为此，印度需要：足够的、可生存的和随时准备作战的核力量；健全的指挥和控制系统；有效的情报和早期预警能力；核作战的计划与训练；使用核武器的意志等。

3. 核力量的结构

为了确保可信的核报复能力，印度核力量的生存能力在各种情况下都必须得到保证。为此，印度的核部署将努力实现飞机、机动陆基导弹和海基装备三位一体的结构。

4. 核力量的指挥与控制

草案称，核武器由印度最高政治层严密控制。决定使用核武器的权力属于印度总理或由他指定的继承者。为了核力量的有效使用，要确保包括两用投放系统在内的核力量的指挥和控制。要确保核武库以及有效的指挥、通信、计算、情报和信息（C^4I^2）系统的生存能力。印度还将建立安全、安保以及灾难控制措施。

《核原则草案》公布不久，就遭到了印度国内势力仍然强大的反核集团的抨击。部分鹰派核战略家批评草案力度不够，认为它并没有把印度的核原则问题说清楚。[①] 在许多退役军官看来，它根本就是为政治宣

① See Mohammed B. Alam, “India's Nuclear Doctrine: Context and Constraints”, Working Paper No. 11, South Asia Institute, University of Heidelberg, Germany, October 2002.

传而不是为战略制定起草的。[1] 在国际上，这份主要出自印度核武器支持者手笔的草案必然引起巴基斯坦的强烈不安，而国际社会其他国家也不愿意看到印度在公开核武器化的道路上越走越远。可见，制定核原则的初衷（即向国际社会展示印度是个负责任的核国家）并没有达到。在国际社会及国内的批评压力下，印度政府并未立即赋予这份草案以官方政策的地位，然而它一直是关于正在发展中的印度核战略的最全面的观点。在《核原则草案》的发布会上，国家安全顾问米什拉暗示它迟早会被印度官方正式采纳。[2] 该草案在相当大程度上参考了核武器国家的核战略理论和实践，但它仍然自称具有一定的独创性。这份核原则的重要意义在于，作为印度"公开宣称的政策"，它为印度核力量（包括已经存在的和正在发展中的核力量在内）的发展与使用提供了广泛的指导原则。[3] 尽管《核原则草案》的具体内容还存在争议，但其核心内容已经被印度的政治精英接受。来自不同党派的大多数政治领导人以及与印度核战略密切相关的科学机构和军事机构都支持草案的内容，[4] 因此有理由相信，正在发展中的印度核战略将会在它设定的理论框架中运作。

（三）印度核原则的发展

在印度国家安全委员会成立之前，印度政治领导人在多个公开场合的演讲中对印度的核原则就有所论及。1998 年 5 月 28 日，印度总理瓦杰帕伊就印度的核议题在议会发言时表示："印度不会将这些武器用于侵略或者威胁任何国家，它们是确保印度不遭受核威胁或核胁迫的自卫武器。"[5] 这是印度政治领导人首次在正式场合公开说明印度的核原则。同

---

① See Cohen 196.

② See P. R. Chari, "India's Nuclear Doctrine: Confused Ambitions", *The Nonproliferation Review*, Fall-Winter, 2000, p. 126.

③ Prakash Chander, *India and Pakistan Unending Conflict: Nuclear Doctrine and Its Aftermath*, New Delhi: A. P. H. Publishing Corporation, 2003, p. 41.

④ See Roddam Narasimha, "The 'Evolution' of India's nuclear policies", http://www.iisc.ernet.in/nias/amaldi.pdf, p. 1.

⑤ Quoted in Ashley J. Tellis; *India's Emerging Nuclear Posture: Between Recessed Deterrent and Ready Arsenal*, Santa Monica: CA, Rand Corporation, 2001, p. 266.

年8月，在印度下议院的一次外交政策演讲中，瓦杰帕伊进一步阐述了印度核原则包含的三个主要因素：（1）印度将保持“最低限度但可靠的”核威慑；（2）印度不会对无核武器国家使用核武器，不仅如此，即使是对于那些有核武器国家，印度也不会首先使用核武器；（3）印度坚持非歧视性的全面核裁军与军备控制。① 这次演讲中提到的不首先使用核武器与发展最低限度的可靠的核威慑的原则构成了印度核原则的核心内容。一年之后国家安全顾问理事会准备的《核原则草案》就是围绕这两大核心原则展开的。

《核原则草案》是印度领导人核原则思想的具体化和系统化。在核原则草案的酝酿过程中，印度和巴基斯坦在1999年爆发了一场卡吉尔战争。这份草案的出台，显示了印度政治领导层不遗余力地推进印度核武器化的决心。由于卡吉尔战争刚刚结束不久，国际社会担心印度这一举措又将激化已经缓和下来的印巴安全局势。与此同时，西方国家已经因印度的核试验而启动了经济制裁措施。迫于现实的安全、政治局势考虑，《核原则草案》最后只是以国家安全顾问的名义发布，政府则有意从草案中脱身出来。直到草案发布三个月后，印度官方才首次就它的真实地位表态。在被问及草案是否为印度官方的核原则时，时任印度外交部长贾斯旺特·辛格回答道：“国家安全顾问理事会由一群非官方的战略专家和分析家组成。在国家安全委员会的领导下，它被要求准备一些政策文件，其中就包括可能采纳的印度核原则的政策建议。理事会最后将准备好的草案提交给国家安全顾问公开发布，也是为了让更多的公众可以参与到核原则的辩论中来，因此它并不是政府的政策文件。”② 辛格的表态似乎完全否认了《核原则草案》的官方地位，但事实并非如此。在核原则草案制定过程中，辛格本人就是国家安全委员会最有影响力的成员之一，当时他只是印度计划委员会的副主席。草案出台后，他升任印度的外交部长，从而成为少数几个可以对总理的安全政治决策产生重要

---

① See V. N. Khanna, *India's Nuclear Doctrine*, New Delhi: Samskriti, 2000, p. 100.

② Quoted in P. R. Chari, "India's Nuclear Doctrine: Confused Ambitions", *The Nonproliferation Review*, Fall – Winter, 2000, p. 127.

影响的内阁大员之一。从他个人的经历来看，核原则草案的内容实际上已经为官方所接受。

2002 年印巴之间激烈的安全对抗对印度核原则的发展有着重要影响。2001 年 12 月 13 日，伊斯兰武装分子袭击了印度议会。印度政府将这一事件定性为恐怖性事件，并认为它是巴基斯坦境内的伊斯兰恐怖组织所为，从而向巴基斯坦发出了最后通牒，要求巴对相关的伊斯兰恐怖组织采取强制措施，同时召回了驻伊斯兰堡的大使。这次因恐怖袭击引起的安全危机在 2002 年上半年达到顶峰。在危机的早期阶段，印度力图避免向巴基斯坦传递核信息，同时还有意忽略来自巴基斯坦的核信息，其目的是为了不让克什米尔问题成为国际关注的焦点。[①] 但随着危机步入高峰期，强烈的核叫嚣伴随着大规模的军事对抗而来，印巴双方的领导人都曾多次发表核威胁的言论。[②] 此时，印度改变了此前的做法。为了应对来自巴基斯坦的切实核威胁，印度转而向巴基斯坦展示其核报复力量的可信性，从而消除巴方对印度第二次打击核能力的怀疑。[③] 为达到此种目的，2003 年 1 月印度内阁安全委员会发表了一份官方核理论文件。[④]

2003 年发表的官方核理论文件比 1999 年的《核原则草案》简要得多。这份文件首先肯定了《核原则草案》发布以来印度在实施核原则方面所取得的进展，接下来又重申了草案中的不首先使用核武器和维持“可信的、最低限度的核威慑”这两个核心原则。为了避免过分刺激巴基斯坦，新公布的核文件中没有提及三位一体的核结构，但它同《核原则草案》一样没有规定“最低限度”的含义，从而留下了不断扩张其核武库的可能。这份核文件中的一个重要变化是对于不首先使用核武器原

---

① 由于印度的军事实力明显强于巴基斯坦，因而在克什米尔问题上倾向于采取双边解决的方法，而巴基斯坦一直力图促使克什米尔问题国际化，借此寻求最终有利于己方的解决方案。2002 年危机时，印巴之间核对抗引起了国际社会的关注，这是巴基斯坦所乐意看到的结果。

② See M. V. Ramana and Zia Mian, “The Nuclear Confrontation in South Asia”, http://www.inesap.org/bulletin23/art11.htm.

③ Rahul Roy-Chaudhury, “Nuclear Doctrine, Declaratory Policy, and Escalation Control”, http://www.stimson.org/southasia/pdf/ESCCONTROLCHAPTERS.pdf, p. 112.

④ http://meaindia.nic.in/pressrelease/2003/01/04pr01.htm.

则的具体表述。文件中虽然也声称印度“不会首先使用核武器”，“核武器只有在回击对印度领土或任何地方的印度军队所发动的攻击时才使用”，但它同时表示，如果印度受到化学武器和生物武器的攻击，印有权进行核报复，这就大大削弱了它不首先使用的立场。

2003年印度政府发表的官方核文件是在1999年《核原则草案》的基础上形成的，从另一个角度说，2003年印度政府发表的核文件赋予了《核原则草案》的核心内容以官方地位。2004年印度大选结束之后，积极推动印度核战略的印度人民党政府下台，取而代之的是以曼莫汉·辛格为首的国大党政府，但印度的核原则并未因政府的更替而发生改变。2004年6月，新任总理曼莫汉·辛格刚上台不久，就在一次面向全国的演讲中明确表示“在核原则方面，我们将维持可信的、最低限度的核威慑，并采取不首先使用核武器的政策”。[①] 新一届印度政府在核原则的制定上并未采取新的举措。因此，研究印度的核原则离不开对人民党执政时期发表的前述两份重要文件的文本分析，下文的论述主要围绕它们所包含的印度核战略的两大核心原则展开。

第二节 不首先使用核武器原则

就一般意义而言，不首先使用核武器原则是指拥有核武器的国家承诺在敌对国家的冲突中不首先使用核武器。它可以是主动的单方面承诺，也可以通过双边或者多边协议达成，还可以作为建立无核武器区条约内容的一部分。不首先使用核武器原则是印度核战略的两大核心原则之一。印度政府曾在多个公开场合宣称实行“不首先使用”的核原则，在1999年的《核原则草案》与2003年的核文件中这一原则也以书面的形式得到肯定。印度的不首先使用核武器原则有一定的积极意义，但同时具有

① Manmohan Singh, “Prime Minister's Address to the Nation”, http://pmindia.nic.in/speeches.htm.

一定的政治欺骗性和相当大的局限性。

一、印度不首先使用核武器原则的提出及含义

1998 年 5 月 29 日，印度总理瓦杰帕伊向巴基斯坦建议签订一项不首先使用核武器的双边协议,[①] 这是印度政府在核试验结束之后首次表达不首先使用核武器的立场。此后，印度政府还试图通过多边努力达成不首先使用核武器的协议安排。在这些努力没有取得任何效果之后，瓦杰帕伊于 1998 年 8 月 4 日单方面承诺印度将坚持不首先使用核武器的原则,[②] 印度由此成为当今世界除中国之外唯一一个宣称不首先使用核武器的国家。印度政府的这一立场在先后发布的《核原则草案》与 2003 年的官方核文件中都得到重申。

在印度政府公开宣称采取不首先使用核武器原则之前，印度战略学界就这一原则已经有过认真的思考，其中影响最大的当属军人出身的战略思想家 K. 森达吉。就个人战略思想对印度政府政策产生的影响而言，即使如 K. 萨布拉曼亚这样著名的战略分析家也未能达到森达吉的高度。这一方面是基于他战略思想的博大精深，另一方面也得益于森达吉本人的崇高威望以及他在印度政界的重要影响。印度学者 C. 拉贾 · 莫汉（C. Raja. Mohan）认为，“印度在核试验后之所以能如此快地做出承诺不首先使用核武器这一政治决定，很大程度上要源于政府对森达吉上将不首先使用核武器思想的信任”。[③] 森达吉是肯尼思 · 华尔兹“善意核扩散论”的追随者，他强烈反对西方批评家“核武器向第三世界国家扩散比向其他地区扩散要危险得多”的观点，并且坚持认为印度的核弹将有利于稳定南亚地区的军事形势。[④] 在 1991 年海湾战争之后，森达吉曾提出

---

① “Vajpayee Renews No-First-Use Offer to Pakistan”, *Rediff On The Net*, 29 May 1998, http://www.rediff.com.

② “No first use declaration”, *The Times of India*, 5 August 1998.

③ Quoted in V. N. Khanna, *India's Nuclear Doctrine*, New Delhi: Samskriti, 2000, p. 112.

④ See Stephen P. Cohen, *India: Emerging Power*, New Delhi: Oxford University Press, 2001, p. 167.

“没有核武器就不要惹美国麻烦”的著名观点，这被美国视为鼓吹在发展中国家进行大规模杀伤性武器扩散的言论。① 但是，森达吉并不主张印度发展不受限制的核力量，他同时也是印度不首先使用核武器原则的首倡者。在印度政府宣称不首先使用核武器原则十多年前，森达吉的不首先使用核武器思想就已形成了。在他看来，只有在“少量的核武器可以达到战略目的”的前提下，“更多的国家拥有核武器不是坏事”这一论点才能成立。他主张印度的核武器只是用来对付敌对国家的核讹诈，因此不首先使用核武器是印度应当坚持的正确原则。他从战略的角度主张不首先使用核武器的原则，认为这一原则有利于减轻印度和巴基斯坦之间核军备竞赛的压力。只有坚持不首先使用核武器的原则，才能保证在印巴冲突的早期阶段就放弃威胁打核战争的边缘政策，从而有利于提高印巴之间的危机稳定。②

在森达吉不首先使用核武器思想的影响下，印度早在 1994 年就开始了寻求与巴基斯坦达成不首先使用核武器双边协议的努力。巴基斯坦起初直接拒绝，后来于 1997 年干脆以双方都不使用核武器的建议来回应印度的提议。这是巴基斯坦的一种策略，因为巴基斯坦清楚印度根本不可能接受这种建议。不首先使用核武器原则和不使用核武器原则有着本质的不同。如果坚持不使用核武器，那么发展核武器显然就没有任何意义。根据《核原则草案》，印度的不首先使用核武器原则有以下三层含义：（1）“印度核武器的根本目的是威慑核武器的使用或者威胁使用”，这是印度坚持不首先使用核武器原则的理论前提；（2）“印度不会首先发动核打击，但一旦威慑失败，印度将以报复打击做出回答”，印度会出于自卫目的使用核武器；（3）“对于不拥有核武器，或者没有与核武器结盟的国家，印度不会使用核武器”。③

---

① See V. N. Khanna, *India's Nuclear Doctrine*, New Delhi: Samskriti, 2000, p. 112.

② K. 森达吉于 1999 年 2 月去世，在 K. 萨布拉曼亚等人的主持下，其遗著《眺望 2100：一项 21 世纪的战略》于 2003 年发表，该书第二部分内容记录了他主要形成于 20 世纪八九十年代与印度核战略有关的思想。See General K. Sundarji, *Vision 2100: A Strategy for the Twenty-Fist Century*, Delhi: Konark Publishers Pvt Ltd., 2003。

③ “Draft Report of National Security Advisory Board on Indian Nuclear Doctrine”, http://www.indianembassy.org/policy/CTBT/nuclear_doctrine_aug_17_1999.html.

K. 萨布拉曼亚认为，“印度的不首先使用核武器原则并不仅是与印度核部署与指挥控制无关的宣传政策”。[1] 不首先使用原则对印度核武器的部署与指挥控制的具体影响包括：（1）印度核武器的部署没必要处于高度戒备状态。不首先使用原则意味着印度只能实施报复性打击，这意味着印度实行的是西方核战略理论中的“打击资源（城市）战略”，而不是“打击军事力量战略”。前者更强调核武器的生存能力，采取分散部署的方式更有利。（2）坚持不首先使用原则降低了对核力量的指挥与控制要求。不首先使用的承诺意味着印度在遭受核打击之前，不会使用核武器，甚至在面临着核威胁的情况下，印度也要坚持不首先使用的原则。[2] 印度只有在威慑失败并且经受了核打击的情况下才会使用核武器。这实际上对应的是西方核理论中“受攻击后发射”（Launch On Attack）的打击方式，而不是“接到预警即发射”（Launch On Warning）的打击方式，前者较后者而言对情报和信息的要求更低。（3）促使印度追求核部署方式的多样化。不首先使用原则必须建立在可靠的核报复能力的基础上，这就是印度《核原则草案》中强调印度要采取三基元部署方式的原因。

二、印度坚持不首先使用核武器原则的双重考虑

首先可以肯定的是，印度的不首先使用核武器原则毫无疑问有出于政治上的考虑。印度率先进行核试验，从而引起了南亚地区的核武器化，并引发了印巴之间的紧张局势，由此招致的国际制裁也在印度政府的意料之中。为了摆脱印度在国际社会的孤立处境，印度政府必须采取一些补救措施。宣称不首先使用核武器原则，从而展示印度作为负责任国家的形象，就是这种努力的一部分。《核原则草案》的起草人之一贾斯吉特·辛格也承认，“‘不首先使用’当然是一种政治声明”，“作为一种政

① Quoted in V. N. Khanna, *India's Nuclear Doctrine*, New Delhi: Samskriti, 2000, p. 113.

② Jasjit Singh, “Nuclear Doctrine for Defence”, in Jasjit Singh and Manpreet Sethi eds., *Nuclear Deterrence and Diplomacy*, New Delhi: Knowledge World, 2004, p. 226.

治声明，它是一种有用的外交—政治工具”。[①] 巴基斯坦在指责印度的不首先使用核武器声明是一种政治作秀的同时，认为印度此举只不过是为了获取国际社会对印度核国家身份的认可。[②] 这种指责并非没有道理。K. 萨布拉曼亚在印度政府宣称不首先使用核武器原则之前，就表露了这一想法。在1998年5月28日的一篇文章中，他主张印度应当宣布不首先使用核武器的原则，然后向所有的核武器国家建议签订相互不首先使用核武器的协议，“如果这些国家不接受我们的建议，那就给了我国拥有核武器的理由；如果这些国家接受我们的建议，则意味着它们承认了中国的核武器国家身份。任何一种结果都会使印度获益”。并且，他在这篇文章中强调，在通过修订《核不扩散条约》以获取印度的核国家身份无望的情况下，这是印度核国家身份得到承认的唯一有效途径。[③]

但除了政治上的原因之外，印度坚持不首先使用核武器的承诺还有战略上的考虑。首先，印度发展核武器主要是针对巴基斯坦与中国。中国在历史上从未威胁过要对印度使用核武器，并且中国自1964年成为核国家之后就一直坚持不首先使用核武器的原则。巴基斯坦与印度同处南亚次大陆，并且印度的政治中心主要位于北部平原地区，距离巴基斯坦太近，这种地理上的相邻不利于印度实行“接到预警发射”的打击原则。其次，正如前文提到的森达吉上将所认为的那样，坚持不首先使用核武器的原则也是出于印巴稳定关系的考虑。不首先使用原则本身并不能取得巴基斯坦的信任，但受该原则影响的印度核武器部署与指挥控制方式对印巴之间的危机稳定性确实有帮助。再次，印度在南亚次大陆以及中印边界地区的常规军事力量占据优势，南亚地区的核武器化实际上削弱了印度的这种优势。坚持不首先使用核武器的原则，可以降低核武器因素在解决印巴双边冲突过程中的影响，从而有利于印度借助常规军

---

① Jasjit Singh, “Nuclear Doctrine for Defence”, in Jasjit Singh and Manpreet Sethi eds., *Nuclear Deterrence and Diplomacy*, New Delhi: Knowledge World, 2004, p. 222.

② “Indian Nuclear Doctrine”, Statement by Ambassador Munir Akram in the Conference on Disarmament, August 19, 1999, http://www.fas.org/news/pakistan/1999/CD-20August99.htm.

③ K. Subrahmanyam, “A nuclear strategy for India”, http://www.fas.org/news/india/1998/05/980528-et.htm.

事优势达到本方的政治目的。印度的战略学家也认识到，在印度已经拥有核武器并且占据常规军事力量优势的情况下，印度不需要通过使用核武器来对付巴基斯坦的常规进攻。而且，从理论上来看，核武器并不能威慑常规战争以及次常规战争（主要是恐怖主义）。[①] 最后，如果印度放弃该原则，印巴之间的常规军事对抗就更有可能发展为核对峙，其结果是克什米尔地区会再次成为国际关注的焦点，这不利于印度通过双边途径来解决克什米尔问题的政治主张。

三、对印度不首先使用核武器原则的评价

对于有核武器国家来说，在面临核威胁时其无非有两种选择。第一种选择就是对潜在的敌人进行第一次打击（包括预防性打击）。在冷战时期，美苏两个核大国在长期对峙中都坚持这种战略选择，结果导致双方处于一种恐怖的脆弱平衡中。为了避免本国的核力量在对方的第一次打击战略中被摧毁，美苏两国在相当长时间内展开了无休止的核军备竞赛，同时在世界各地增加核武器部署，以美国为首的北约还坚持通过核力量威慑苏联在欧洲地区的常规力量。这些都使世界和平笼罩在核战争的阴影中。第二种选择就是坚持不首先使用核武器原则，核武器只用于自卫目的。冷战时期在两个核国家之间发生直接冲突的情况还发生在中国和苏联之间。由于坚持不首先使用核武器的原则，中国利用有限的核力量有效地维护了本国的安全，同时也没有卷入核军备竞赛进程之中。印度和巴基斯坦是迄今为止第三对发生直接冲突并且同时拥有核武器的国家。如果双方都选择第一次打击战略，那双方的核关系就有可能重复美苏之间的模式，南亚地区的稳定必然受到威胁。从这个角度看，印度单方面宣布不首先使用核武器的原则，有着一定的积极意义。

但是，印度的不首先使用核武器原则存在着变数，存在着内容模糊、

---

① K. Subrahmanyam, “A nuclear strategy for India”, http: //www. fas. org/news/india/1998/05/980528 – et. htm.

立场不坚定以及政治上具有欺骗性等问题，所有这些都使印度的不首先使用核武器原则具有相当大的局限性。首先，《核原则草案》声称“印度拥有核武器的根本目的是为了阻止任何国家或实体对印度及其部队使用和威胁使用核武器”。在这里，草案并没有具体说明“实体”（entity）是什么，这就意味着像恐怖主义组织这样的集团对印度发动攻击时，印度就有可能对恐怖主义组织所在的国家使用核武器，这实际上就违背了不首先使用的原则。此外，《核原则草案》声称不首先使用原则只是针对“不拥有核武器，或者没有与核武器国家结盟的国家”。这是否意味着印度会对德国、日本这样的美国盟国首先使用核武器。考虑到印度发展核武器只是针对巴基斯坦与中国，《核原则草案》的这一表述让人难以理解。其次，印度不首先使用核武器的立场不够坚定。印度学者也承认，“印度政府会在多大程度上认真对待不首先使用核武器的承诺并不清楚”。[①] 尽管印度官方在多个公开场合声明会坚持这一原则，但还是有不同的声音。2002 年印巴危机高峰期刚过，印度外交部长贾斯旺特·辛格曾表示每一个国家都有先发制人的权利。[②] 在印巴核危机刚刚结束不久的背景下，印度外交部长的这一言论自然令外界怀疑印度是否会真的信守不首先使用核武器的承诺。2002 年年底，印度总统卡拉姆声称当印度的和平受到威胁时，印度将使用核武器。[③] 在印度战略学界，反对印度政府不首先使用原则的声音就更多。K. 萨布拉曼亚和贾斯吉特·辛格等资深战略学家主张印度发展最低限度的核力量，由他们主持起草的《核原则草案》基本反映了他们的核主张。但随着这批老资格的战略学家相继退出印度国家安全顾问理事会，新加入的印度国家安全顾问理事会成员大部分倾向于主张放弃不首先使用核武器原则。据印度媒体透露，在 2003 年印度官方核文件出台前不久，由这批新成员组成的国家安全理事

① Kanti Bajpai, “No First Use in the India-Pakistan Context”, http://www.pugwash.org/reports/nw/bajpai.htm.

② See M. V. Ramana and Zia Mian, “The Nuclear Confrontation in South Asia”, http://www.inesap.org/bulletin23/art11.htm.

③ See Mohammed Badrul Alam, “Analysing India's Nuclear Doctrine: Is It a Paradigm Shift?”, *Journal of Asia-Pacific Affairs*, Vol. 6, 2005.

会曾建议政府放弃不首先使用核武器的原则。[①] 尽管最后官方出台的核文件中仍然承诺印度不会首先使用核武器，但它同时表示，如果受到化学和生物武器的攻击，印度有权进行核报复，[②] 印度不首先使用核武器的立场由此受到削弱。印度核问题专家 M. V. 拉马纳（M. V. Ramana）和齐亚·米安（Zia Mian）等人认为印度官方核文件增加的这一表述很可能反映了国家安全委员会此前提出的意见，这也许是印度完全抛弃不首先使用政策的第一步。[③] 最后，尽管印度坚持不首先使用核武器原则有其战略上的考虑，但政治考虑是更重要的因素。1999 年《核原则草案》发布后不久，西方国家先后解除了对印度的经济制裁，印度在国际上遭受孤立的处境大大改善，这可以用来解释 2003 年官方核文件表述在不首先使用立场上的倒退。而据印度学者自己的分析，印度之所以暂时还坚持不首先使用核武器原则，其目的是为印度从技术上进一步完善核武器以及将来实行首先使用核武器原则赢得时间。[④] 此外，不首先使用核武器原则被印度用来作为获取核国家身份的工具，这也让外界怀疑印度的诚意。所有这些都表明，印度的不首先使用核武器原则具有政治上的欺骗性，一旦对不首先使用原则政治上的需求降低，印度很有可能转而实行首先使用核武器的原则。

第三节 “可信的、最低限度的威慑”原则

1998 年 12 月 15 日，印度总理瓦杰帕伊就印度与美国有关核问题的双边谈判进展状况在印度议会进行陈述时首次指出，印度将实行“最低

---

① “Abandon no-first use policy, Security Board tells govt.”, Rediff on the Net, January 9, 2003, http://www.rediff.com/news/2003/jan/09ia.htm.

② http://meaindia.nic.in/pressrelease/2003/01/04pr01.htm.

③ M. V. Ramana and Zia Mian, “The Nuclear Confrontation in South Asia”, http://www.inesap.org/bulletin23/art11.htm.

④ Kanti Bajpai, “No First Use in the India-Pakistan Context”, http://www.pugwash.org/reports/nw/bajpai.htm.

限度的、可信的威慑”（Minimum Credible Deterrent）。[①] 这样，继首次宣布印度的不首先使用核武器原则 4 个月之后，他又提出了印度核战略的第二个核心原则。瓦杰帕伊在这次陈述中再次强调了印度的不首先使用原则，并表示印度的国家安全委员会及其下属机构将会详细解释印度核原则的核心概念。[②] 1999 年出台的《核原则草案》基本上围绕瓦杰帕伊这次讲话中所提到印度核战略两大核心原则展开，只不过将第二个核心原则表述为“可信的、最低限度的威慑”（Credible Minimum Deterrent），威慑前面的两个限定词的前后顺序发生了改变。2003 年发布的官方核文件中，沿用了“可信的、最低限度的威慑”这一表述。如同印度核战略的不首先使用原则一样，它的“可信的、最低限度的威慑”原则也存在着表述不清、内容相互矛盾等诸多问题。

一、公开核试验后印度国内的核辩论

在核武器问题上，没有哪一个国家像印度一样进行过如此旷日持久、范围广泛以及深入细致的大辩论。在 1998 年印度公开核试验之前，这样的大辩论有过四次，尽管引起争论的原因各不相同，但这些辩论都是围绕印度要不要发展核武器展开的。[③] 在 1998 年公开核试验之后，尽管印度国内反对发展核武器的声音仍然存在，但印度的核武器化进程已经不可逆转，于是发展为何种类型的核国家便成为新一轮大辩论的焦点。

核试验结束后，印度政府就表示印度的核武器不用于侵略，而是用

---

① 也有学者将“Credible”一词翻译为“可靠的”。本书将它翻译为“可信的”，是因为威慑不仅是一个军事—战略的概念，还是一个政治—心理的概念。印度发展核威慑能力的意图主要还在于使它认为的敌人相信印度的报复能力，从这个角度而言，印度需要对手觉得“可信”，而不仅仅是本国觉得“可靠”的问题。

② PM's Statement in Parliament on “Bilateral Talks with United States”, 15 December 1998, http://www.indianembassy.org/special/cabinet/Primeminister/pm (india-us) .htm.

③ 美国学者斯蒂芬·科恩对印度国内就核武器问题展开的这四次大辩论有过详细的论述。See Stephen P. Cohen, *India: Emerging Power*, New Delhi: Oxford University Press, 2001, Chapter 5.

于威慑目的，但核试验的成功仅仅是印度追求核威慑的开始。在1998年之前，除了那些一直致力于鼓吹发展核武器的人以外，印度人对核威慑知之甚少。核试验的成功促使更多的印度人开始思考威慑问题，这些问题主要包括：印度核威慑的目标是什么？印度将发展哪种核力量结构以达到威慑目的？印度将如何部署核威慑力量？印度人分别就这些问题发表各自的看法，从而展开了围绕印度核问题的第五次大辩论。印度学者坎迪·巴杰帕伊（Kanti Bajpai）将参加这次大辩论的印度人分为三大派别，分别是“拒绝派”（The Rejectionists）、“实用主义派”（The Pragmatists）以及“最大限度派”（The Maximalists）。①

“拒绝派”反对所有的核武器，但他们又认为由于世界上有核武器国家拒绝放弃拥有核武器，这些国家有可能会威胁到印度的安全，因此他们认为印度应当发展本国的核武器，以此作为迫使国际社会同意公正地销毁核武器的一个杠杆。印度前驻联合国大使阿兰达蒂·高斯（Arundhati Ghose）以及前外交秘书姆齐昆德·杜贝（Muchkund Dubey）一直是鼓吹该立场最为活跃的代表人物。在他们看来，印度的核武器只是促使国际社会销毁核武器的谈判筹码，因此印度只需要发展最低限度的威慑力量。由于这一派的人员主要来自外交领域，他们对最低限度的核威慑原则本身缺乏专业性的见解。

“最低限度派”认为核武器对印度的国家安全至关重要，针对印度的核威胁主要来自巴基斯坦和中国。此外，印度还需要发展有限度的核能力以遏制其他跨地区势力插手南亚事务。这一派的代表主要是K.萨布拉曼亚和贾斯吉特·辛格这样的资深战略学家。他们早于印度政府思考印度的核原则，在1998年之前就主张发展印度的核威慑，积极鼓吹印度的核武器化，并对历届政府的核选择政策展开批评。1998年核试验之后，他们支持政府公开核武器化，并主张印度发展最低限度的核威慑。他们从专业角度思考何为最低限度的威慑，主张将“最低限度”威慑灵

---

① 本书下述印度三大派别对印度核问题的看法主要参考了他的观点。See Kanti Bajpai, “The Great Indian Nuclear Debate”, in Anindyo J. Majumdar ed., *Nuclear India into the New Millennium*, New Delhi: Lancer's Books, 2000, Chapter Ⅲ.

活定义，认为印度应有限地部署核武器，赞成将印度核项目投资设最高限额，认为印度的核弹头和运载系统应分散部署。

“最大限度派”主张，印度应出于安全考虑尽快发展核武装。与“拒绝派”和“实用主义派”的主张不同，“最大限度派”反对“最低限度的威慑”概念，认为印度应发展全方位的核武器项目，不断地进行核试验，并发展印度的热核武器。这一派的成员深受西方（尤其是美国）核原则的影响，在他们看来，核武器不仅是象征性的符号，而且是战争工具，为了保持可信的威慑，印度将不得不做好超越“实用主义派”所主张的威慑姿态的准备，获得能打赢一场核战争的能力。“最大限度派”的代表人物是巴拉特·卡纳德（Bharat Karnad），《热核武器威慑》一文集中反映了他的观点。[①]

在以上各派中，对印度政府影响最大的是“最低限度派”。一方面是由于该派领军人物在 1998 年之前对印度的核原则已经有了深入思考，因其专业性受到印度政府青睐，K. 萨布拉曼亚和贾斯吉特·辛格等人还获得了进入第一届国家安全委员会制定印度核原则的机会。另一方面，该派还包括了贾斯旺特·辛格这样的重要政治人物，他曾在 1998 年印度人民党政府中担任外交部长。1998 年核试验结束后，他立即出版了一份全面分析印度防卫政策的研究报告，其中写道：“就核现实的理解而言，必然存在着不可避免的混论：一方面既要认识到这种武器的威慑因素，另一方面又要认识到它在局部冲突中毫无实用价值。”[②] 在“最低限度派”威慑思想的影响下，印度政府最终采取了“可信的、最低限度的威慑”原则。

二、最低限度威慑理论及印度的看法

罗纳德·布罗迪曾说过，“只有威慑的报复手段并不需要实际运用的

---

① Bharat Karnad, “A Thermonuclear Deterrent”, in Amitabh Mattoo ed., *India's Nuclear Deterrent: Pokhran Ⅱ and Beyond*, New Delhi: Har-Anand Publications Pvt. Ltd, 1999. Chapter 4.

② Jaswant Singh, *Defending India*, Chennai: Macmillan India Ltd, 1999, p. 270.

时候，威慑才能成为一种战略政策”。[①] 核武器的巨大破坏效应使得威慑战略有了实质性的意义。就对威慑的基本理念的理解而言，核武器拥有国之间并无太大差异，但由于面临的安全环境不同以及资源禀赋之间存在着差异，有核国家对于具体应当采取哪种核威慑原则有着不同的看法。在核威慑的发展历史上，大体出现过四种层级的核威慑（见表4—1），分别是最大限度威慑、相互确保摧毁威慑、有限威慑以及最低限度威慑。在这四种核威慑之外，印度的战略学家认为还存在一种“隐性威慑”，其威慑层级居于最低限度核威慑之下。[②]“隐性威慑”曾被一些学者用来描述印度和巴基斯坦在公开核试验之前所实行的核战略。实际上，贾斯吉特·辛格等人只是将“隐性威慑”作为一种过渡时期的战略原则，其最终目标旨在实现印度的最低限度威慑。而以K. 森达吉和K. 萨布拉曼亚为代表的战略学家在20世纪80年代开始就主张印度应实行最低限度核威慑。

表4—1　威慑的层级[③]

威慑名称	威慑思想
最大限度威慑	以压倒性的核优势为后盾，通过实施大规模报复威胁来慑止小规模和大规模的挑衅
相互确保摧毁威慑	拥有可靠的能摧毁对方的第二次打击能力，即在一方首先实施核打击后，另一方仍保留摧毁对方的核报复能力，只要保持这种“稳定的恐怖平衡”，就可能威慑双方都不敢发动战略核袭击
有限威慑	建立一支数量有限但是有效的核力量，能给对方一定程度的核打击，以此威慑对方，制止战争
最低限度威慑	以少量的单一型号的核武器，对准敌方的城市目标，以敌方的一部分居民和社会财富作为人质和“抵押品”，就足以对敌方构成有效威慑

① 引自［美］詹姆斯·多尔蒂、小罗伯特·普法尔茨格拉夫著，阎学通、陈寒溪等译：《争论中的国际关系理论》，北京：世界知识出版社，2003年版，第376页。

② “隐性核威慑”是贾斯吉特·辛格发明的一个概念，他将它定义为“一个国家拥有能用于政治和外交目的的可信的核武器能力，而且该国能在有限的时间内部署核武装并能有效地用于军事目的”。其具体形态是非核武器化，但保留核武器化的选择。See Jajit Singh，“A Nuclear Strategy for India”，in Jasjit Singh ed.，*Nuclear India*，New Delhi：Knowledge World，1998。

③ 参见陈崇北著：《威慑战略》，北京：军事科学出版社，1989年版，第75—76页；刘华秋主编：《军备控制与裁军手册》，北京：国防大学出版社，2000年版，第118—119页。

在探讨森达吉和萨布拉曼亚等人的最低限度核威慑思想之前，需要明确的一点是：这一思想并不是印度的发明，它很早就出现在西方核战略理论家的著述中。20 世纪 60 年代英国就接受了最低限度核威慑原则，其基本思想是：核武器具有空前规模的毁伤能力，以至于没有国家愿意冒险承受哪怕是最低限度的核攻击，因此只要少量的单一型号的核武器，对准敌方的城市目标，以敌方的一部分居民和社会财富作为人质和“抵押品”，就足以对敌方构成有效威慑。[①] 至于什么是“最低限度核威慑”，并没有一个被普遍接受的概念。有学者曾将它定义为“依靠能够摧毁敌方少数关键目标小规模的核报复力量防止敌人的攻击”。[②] 但这一定义过于简单，它所引出的问题比它能回答的问题还要多。概念的模糊为不同国家对它的不同解释留下了发挥的空间。正如印度学者拉杰什·M. 巴斯鲁所指出的，“最低限度核威慑的概念没有充分得到解释，这样，当威胁感增加或者来自特定利益集团的压力增大时，这一概念就有可能被曲解”。[③]

对于最低限度威慑理论，印度战略理论家有着自己的理解。在 K. 森达吉看来，尽管最低限度威慑理论来源于西方，但在东西方对抗的背景下，最低限度威慑主张从未被西方国家认真考虑过。他将核国家分为核大国、中等国家和核小国三大类（见表 4—2），认为最低限度威慑理论产生的背景应是核小国（或者中等核国家）和中等核国家（或者核小国）之间的对抗。而在冷战期间，核对抗只存在于核大国与核大国、中等核国家与核大国之间，因此西方的最低限度威慑理论并不严谨。在 1992 年和 1993 年发表的两篇探讨印度核威慑原则的文章基础上，他于 20 世纪 90 年代中期提出，印度在 1996 年至 2025 年 30 年间应坚持最低

---

① 翟玉成：《最低限度核威慑战略》，刘华秋主编：《军备控制与裁军手册》，北京：国防大学出版社，2000 年版，第 118 页。

② Quoted in Naeem Salik, “Minimum Deterrence and India Pakistan Nuclear Dialogue: Case Study on Pakistan”, LNCV South Asia Security Project Case Study 1/2006.

③ Rajesh M. Basrur, “Nuclear India at the Cross Roads”, *Arms Control Today*, Washington, September 2003, http://www.armscontrol.org/2003-09/Basrut.asp.

限度威慑原则。

表 4—2　有核国家的分类

核大国	中等核国家	核小国
美国	中国	以色列
俄罗斯	法国	印度
	英国	巴基斯坦

其要点包括：排除第一次打击战略；对核力量发展设限，避免军备竞赛；不需要一触即发的警戒机制；对核武器的可用性和可靠性不做过高要求。在他看来，为了实现有效的最低限度威慑，印度核力量建设应包括：制造 50—200 枚 2 万吨当量级的核武器；核弹头能够正确安装到轰炸机和所有的地对地导弹上；完善短程导弹技术；发展能打到所有中国城市的中程弹道导弹；建设能为各种海上航行器提供核动力的反应堆；不发展可能被美国视为威胁的洲际弹道导弹，但一旦迫于形势，可以发展少量简单的单弹头洲际导弹。① 在他的威慑战略设计中，明确以中国和巴基斯坦为假想敌，并主张分三个阶段发展对中、巴的有效核威慑。主张发展能打到所有中国城市的弹道导弹，并暗示印度应发展三位一体的核力量结构等，都说明其核理论实际上已经违背了最低限度威慑的基本思想。

相对于军人出身的森达吉而言，文职战略理论家萨布拉曼亚的最低限度威慑思想显得温和一些。在 1994 年发表的一篇论述印度核战略的文章中，他系统地阐述了最低限度威慑思想。② 在他看来，核威慑原则的有效性和可行性在很大程度上是一个观念的问题。那些拥有核武器的国

① K. Sundarji, *Vision 2100: A Strategy for the Twenty-Fist Century*, Delhi: Konark Publishers Pvt Ltd, 2003, pp. 99 – 187.

② K. Subrahmanyam, "Nuclear Force Design and Minimum Deterrence Strategy for India", in Bharat Karnad ed., *Future Imperilled: India's Security in the 1990s and Beyond*, New Delhi: Penguin books India (p) Ltd., 1994.

家相信它们能用核武装威慑其他国家，这反过来又令它们自身处于其他国家核武装的威慑之中。从这种意义上看，核威慑原则是一种自我实现的预言。处于核威慑观念体系中的国家只能被核武器所威慑，因而无核武器国家和有核武器国家之间的安全压力是不对称的，这就迫使无核武器国家追求发展核武器。对于印度这样的中等资源国家而言，最低限度威慑原则是一种具有吸引力的理性选择。萨布拉曼亚认为，威慑作为一种战略原则的前提是基本敌对关系的存在，而印度恰好一直面临着来自中国和巴基斯坦的核威胁。尽管中印双方都在努力改善双边关系，但评估印度面临的威胁应当以中国的能力为基础，而不是中国目前的意图。巴基斯坦的核威胁是特别针对印度的，并且巴方从来不讳言这一点。中国对使用核武器合法化没有兴趣，巴基斯坦的核武装又很有限，因此印度只需要发展最低限度核威慑就足够了。印度必须排除核战争原则，坚持不首先使用核武器。不首先使用原则要求印度发展可生存下来的用于报复的核力量，印度只需要大约60枚能够发射的核弹头就能满足最低限度威慑的需求。至于核武器的运载工具，印度应重点发展普里特维系列和阿格尼系列的弹道导弹，是否发展潜射弹道导弹尚需从长计议。

贾斯吉特·辛格发明了著名的“隐性威慑”概念，并且在核试验之后仍然坚持他的战略主张。但他同样是最低限度威慑理论的支持者，只不过在他看来，对于新生的有核国家来说，最低限度威慑能力不可能一夜之间就实现，而隐性威慑正是通向最低限度威慑的过渡时期的最佳战略选择。他认为印度的核弹头只要36枚左右就足够，但其生存能力非常重要，因此他特别强调印度要发展三基元的发射系统，其中发展的重点是中程弹道导弹（射程在500公里至5000公里之间）。①

三、“可信的、最低限度的威慑”原则及评价

1998年之前，印度战略理论家虽强调印度最低限度威慑的可信性，

---

① Jajit Singh，“A Nuclear Strategy for India”，in Jasjit Singh ed.，*Nuclear India*，New Delhi：Knowledge World，1998.

但他们很少用到“可信的、最低限度的威慑”这个词。在瓦杰帕伊于1998年底在议会陈述中提出印度要实行“可信的、最低限度的威慑”之后，无论是在官方的声明、文件还是学者的著述中，这一术语都得到了广泛使用。前文已论及，最低限度威慑一词本来就没有得到严格定义，再在其前面加上“可信的”这一修饰词，其含义就变得更加模糊了。事实上，在宣布印度成为核国家后不久，瓦杰帕伊就提出“印度将实行‘可信的威慑’以防止核武器的使用”,[①] 这比他提出印度要实行最低限度威慑整整早了半年时间。

在1998年5月的核试验结束一段时间之后，印巴双方都声称赞成“最低限度威慑”的概念，但双方都不确定这一术语对彼此真正意味着什么，外界也并不清楚这两个国家是否对他们各自的声明有足够的信心。[②] 问题的关键在于：最低限度威慑是一个适用于各种情况的抽象概念，还是一个随着外部安全环境变化而不断发生改变的具体用语？印度更倾向于后者。1999年初，印度前外交部长贾斯旺特·辛格在接受媒体采访时表示：“最低限度威慑不是量化的概念，它不具不变性。……它将根据具体安全状况的现实及其评估来决定。随着时间的发展，安全状况会发生改变，最低限度威慑也就随之改变。”[③]《核原则草案》中也强调，“可信的、最低限度的威慑是一个与战略环境、技术发展以及安全需求相关联的动态概念。核力量组成、部署以及使用等方面的实际规模将取决于这些因素”。[④]

印度“可信的、最低限度的威慑”原则的内在矛盾在于“最大可信性”与“最低限度”这两个概念之间的冲突。在瓦杰帕伊做出“印度将

---

① Kenneth J. Cooper, “Leader Says India Has a ‘Credible’ Deterrent”, Washington Post 17 June 1998, http://www.nti.org/e_ research/profiles/India/Nuclear/2296_ 2893.html.

② Naeem Salik, “Minimum Deterrence and India Pakistan Nuclear Dialogue: Case Study on Pakistan”, LNCV South Asia Security Project Case Study 1/2006, p. 3.

③ Prabhu Chawla and Raj Chengappa, Interview: Jaswant Singh, “Let's not Take the Worm's Eye View”, *India Today*, 11 January 1999, http://www.indianembassy.org/press/interview/jsingh_ jan_ 11_ 99.htm.

④ “Draft Report of National Security Advisory Board on Indian Nuclear Doctrine”, http://www.indianembassy.org/pic/nucleartest.htm.

实行可信的、最低限度的威慑”这一表述后，K. 萨布拉曼亚以及贾斯吉特·辛格这些原本主张印度实行最低限度威慑原则的战略理论家很快领会了领导人的意图，在由他们主持起草的《核原则草案》中，尽管保留了“最低限度”这一用词，但其中更多内容是在强调威慑的可信性。草案中声称，“印度的核力量的规划与战略应以威慑为要求，即应符合最大限度的可信性、可生存性、有效性，以及安全与安保等来反复权衡”。草案还声称，“印度的核力量将是一支与可信的、最低限度的威慑相适应的高效、灵活、多样、有持久作战和反应能力的力量。这些核力量将按照上述目标，实现飞机、机动陆基导弹和海基装备的三位一体。”与草案中不惜笔墨强调可信性形成鲜明对比的是，草案中没有一处对最低限度做出具体说明。在草案出台后，印度政府同样拒绝这么做，这甚至引起了美国的不满。①

从《核原则草案》的内容来看，印度之所以特别强调核威慑的可信性，其原因之一在于印度实行的不首先使用原则，这样一来，印度原本就令外界怀疑的不首先使用核武器承诺又成为它进一步发展其威慑力量的重要依据。萨布拉曼亚认为，“不首先使用原则基于这样一种认识，即威慑的核心在于对敌方可能拥有的第一次打击及对我方造成不可接受的破坏之核能力的不确定性，因此威慑是指在敌方核打击下生存下来以便实施报复反击的能力”。② 这样，威慑的可信性就显得特别重要。然而，为了达到可信的威慑，草案中又声称印度要发展“确定能在最短的时间内从和平部署转向充分使用的核力量”，这就意味着印度的核武装处于高度警戒的状态，这显然又与不首先使用原则相抵触。

实施最低限度威慑与追求威慑的最大可信性之间的矛盾在印度政界看来不是什么问题，但是一旦这一原则运用于指导核武器化和核部署的实践中，这一矛盾就会凸显出来。这是因为，一旦发展三位一体的核力

---

① 美国曾表示，印度迟迟不肯具体说明“可信的、最低限度的威慑”是美国解除对印度制裁的主要障碍。See “Define ‘minimum deterrent’ India told”, *The Hindu*, 15 April 1999。

② K. Subrahmanyam, “A nuclear strategy for India”, http: //www. fas. org/news/india/1998/05/980528 - et. htm.

量计划付诸实施，印度政府就将面临来自军方要求增加核武库规模的压力，能否将威慑限制在最低限度很值得怀疑。而且，基于可信性要求，核武器一旦进入部署过程中，战略实施者优先考虑的将会是核武器是否充足，而并非将数量维持在最低限度。

第五章／印度核战略的力量发展与使用

如果说核原则是印度核战略的“软件”，那么核力量则是印度核战略得以落实的“硬件”。印度核武器发展走的是一条先民用、后军用的道路。在大多数时期，印度政府在核政策方面相当克制。在要不要发展核武器的问题上，印度国内各派存在着很大分歧。尽管如此，印度的核武器技术开发与研制一直在政府的支持或默许下有条不紊地进行着。

1998 年是印度核武器发展史上特别重要的一年，这不仅在于公开进行的核试验，还在于印度同时宣布它已经是一个核国家。从这一刻起，印度走上了公开核武器化的道路。1999 年《核原则草案》的出台和 2003 年官方核文件的发布表明印度的核原则已经形成。印度核原则的独特之处在于其中所提及的核能力大多数都尚不具备，因此为了达到其战略要求，印度的核武器化进程势必会加快。本章在阐述印度核武器的发展历史以及对印度核武器能力进行分析的基础上，研究印度的核战略实践，并据此分析印度的核战略态势。

第一节　印度的核武器项目：历史回顾[①]

印度的核技术开发很早，自其独立之后，原子能就在和平利用的外

---

① 核武器有广义和狭义之分。广义上说核武器是指核弹（或核弹头）及其投掷发射系统（包括导弹、飞机、火炮等）。本章在论述核武器的历史发展时用的是广义上的核武器概念。

衣之掩盖下发展起来。从一开始起，印度是否发展核武器似乎就不是什么技术问题，而更是一个政治问题。[①] 印度通向核武器的道路特别漫长，其核弹的发展是在启动原子能项目、决定研制核武器、进行“和平核爆炸”、秘密推进核武器化以及公开进行核试验和核武器化等重要政治决策的推动下向前发展的。相对核弹的历史发展，印度导弹的发展过程较为简单，这里一并纳入核弹的发展过程加以叙述。截至 1998 年印度进行核试验时为止，印度历届政府一直没有采纳核威慑的战略，但印度的核能力离不开此前的政治支持和技术研发，因此研究当今印度的核战略应从这段历史开始。以印度政府所作的对推动核武器发展有重要意义的政治决策为标志，这里将印度核武器的发展历史（1945—1998 年）分为四个阶段。[②]

一、核技术基础设施的筹建与核武器技术的初步发展阶段（1945—1965 年）

甚至在独立之前，印度就开始了其核技术开发历史。1945 年 12 月，根据著名科学家霍米·巴巴博士的建议，印度塔塔基础研究所成立。该研究所开始了印度的核子物理研究，它后来被称为“印度核工程的摇篮”。印度核计划从一开始就得到了印度政府的支持。这是因为在印度领导人看来，技术上的落后和军事上的弱小是历史上印度被殖民的根本原因所在。霍米·巴巴向尼赫鲁游说，告诉他原子能是印度极有竞争力的领域，而尼赫鲁也确信只有科学界才能加快印度的发展速度。这样，两人很快在发展印度原子能的问题上取得了一致。在尼赫鲁的支持下，印

---

① Stephen P. Cohen, *India: Emerging Power*, New Delhi: Oxford University Press, 2001, p. 159.

② 以下有关印度核武器发展历史的论述重点参考了“核武器档案”网站中《印度的核武器计划》电子文档中的内容。该电子文档将 1998 年前印度的核武器发展史按技术发展的内在逻辑分为五个阶段。本书认为核武器技术的发展最终是由政治需求决定的，因此以印度政府在核武器发展方面的重要政治决策作为划分历史阶段的标准。该网站的网址为：http://nuclearweaponarchive.org。

度于1948年成立了原子能委员会（IAEC），巴巴任该委员会的第一任主席，归尼赫鲁总理直接领导。

1954年印度核计划开始向武器方面转向，IAEC于1月3日决定建立特朗贝（Trombay）原子能研究机构，1957年正式落成，1967年印度总理将它重新命名为巴巴原子能研究中心（BARC），即后来所称的“印度的洛斯·阿拉莫斯国家实验室”。1954年8月，印度原子能部成立，也归总理直接管辖，而且这种体制一直持续到现在。1956年，印度建成了由英国帮助设计的第一座供研究用的名为阿斯帕拉（ASPARA）的反应堆。而在此之前，原子能部已与加拿大谈判达成了一项引进坎杜（CANDU）型堆的协议，但加拿大不能为该堆提供重水。在艾森豪威尔政府“原子能用于和平”计划的指导下，美国向该堆提供了21吨的重水，该堆也因此被命名为希罗斯（CIRUS），为加印美核研究反应堆的缩写。希罗斯堆于1960年在巴巴原子能研究中心开始运行，这成为核扩散领域中的一个分水岭性事件，因为该堆能生产武器级钚。在当时核设施的商业转让才刚刚开始，并且没有相应的国际保障监督机构的情况下，希罗斯反应堆生产的武器级钚最终被印度发展核武器所用，1974年印度首次核试验所用的钚就是由它提供的。不仅如此，后来印度自行设计的功率更大的德鲁瓦（Dhruva）反应堆就是在希罗斯堆的基础上放大建成的。

从20世纪60年代开始，印度对发展核武器产生了更大的兴趣。1960年8月10日，尼赫鲁在印度议会的一次讲话中谈到，“印度决定不从事核弹制造以及类似的活动，但印度同样也决定不在技术上甘为人后”。[①] 1961年1月，巴巴博士在塔塔基础研究所秘密地成立了一个高压物理组，研究内爆武器所必需的兆巴范围状态方程。1963年，印度开始在特朗贝原子能机构建立第一个钚后处理厂，于1965年1月正式落成。该厂成为印度除希罗斯堆之外获取核装置所需钚的另一个重要途径。

印度的导弹技术研究相对原子能研究要晚些。1958年，防务研究与

---

① Dhirendra Sharma ed. , *The Indian Atom Power & Proliferation*: *A Documentary History of Nuclear Politics*, *Development and The Critics* 1958 - 1986, p. 78.

发展局成立，其主要任务是进行空间研究，印度的导弹发展计划从此开始启动。1962 年，在防务研究与发展局的领导下，印度国家空间研究委员会成立，其主席是维克兰·萨拉巴伊（Vikram Sarabhai）。印度的空间技术从一开始就获得了来自美国、法国、英国和苏联的积极合作。①

二、通向"和平核爆"阶段（1965—1974 年）

1965 年，印度总理夏斯特里秘密批准了巴巴博士提出的进行"地下核爆项目"的建议。② 但随后不久，巴巴在一次飞机失事中遇难，这使印度的"地下核爆项目"耽搁了一段时间。从 1967 年开始，巴巴原子研究中心开始全面承担发展核爆装置的任务，其领导人为印度另一著名科学家拉贾·拉马纳。到了 20 世纪 60 年代末期，从事核武器研究的科学家和工程师已达 50—75 人。1972 年，印度的第一个核装置基本上设计完成。同年 9 月，总理英迪拉·甘地指示巴巴原子研究中心制造核装置并准备试验，并将试验命名为"和平核爆"，代号为"弥勒佛"（Smiling Buddha）。1974 年 5 月 18 日，印度进行了所谓的"和平核爆"。拉贾·拉马纳在 1997 年承认这是一次核武器试验。③ 不过这个核装置只是实验性的，还不是一个可用的核弹。

1967 年，印度开始了空间研究以及卫星发射计划。1972 年，印度进行了罗西尼—560 探空火箭试射。罗西尼—560（Rohini－560）是由固体燃料助推的两级火箭，它可以将 100 千克的有效载荷发射到 334 千米的高度。④

---

① See Kamal Matinuddin, *The Nuclearization of South Asia*, Oxford University Press, 2002, pp. 110－111.

② K. Subrahmanyam, "Indian Nuclear Policy: 1964－98 (A personal recollection)", in Jasjit Singh ed., *Nuclear India*, New Delhi: Knowledge World, 1998, p. 27.

③ See Kamal Matinuddin, *The Nuclearization of South Asia*, Oxford University Press, 2002, p. 64.

④ http://cns. miis. edu/research/india/indiach2. htm.

三、为核武器化进行准备时期（1974—1989 年）

1974 年 5 月的“和平核爆”主要是在科学家的推动下进行的，无论是总理、军方还是印度政府的任何其他部门，在发展核武器问题上都不积极。因此，在这次核试验之后，印度并没有走上核武器化的道路。这一时期的重大事件是印度于 1977 年自行设计和建成了 100MWe（兆瓦功率）的德鲁瓦堆，该堆于 1985 年运行，20 世纪 90 年代之后成为印度主要的军用钚生产堆。

印度核武器的运载系统在这一时期得到较大发展。首先是 1978 年印度总理莫拉尔吉·德赛批准空军购买美洲虎轰炸机，计划成为核武器运载的第一批飞机。接着是 1980 年 7 月 18 日，第一代运载火箭将重 33.6 千克的小型卫星送入太空。1983 年，印度防务研究与发展局公布了“综合导弹研制计划”，计划发展四类导弹系统，其中包括可携带核弹头的大地（直译为普里特维，由印地语 Prithvi 意译而来）型短程地地导弹和烈火（直译为阿格尼，由印地语 Agni 意译而来）型中程地地导弹。

四、秘密核武器化和进行公开核试验时期（1989—1998 年）

1989 年 3 月 18 日，印度总理拉吉夫·甘地做出了一个重大的秘密决定，这一决定足以改变印度的核历史：他下令印度在一段特定的时间内制造出最低限度数量的随时可以装备的核弹。而且，他还任命一个高级官员来管理这一计划，并为实施该计划扫清包括财政预算在内的各种障碍。[①] 承担这一任务的是老练的政治家、国防部长纳里希·钱德拉（Naresh Chandra）。这对于印度核科学界来说是一个千载难逢的机会，印度核科学家们积蓄已久的能量很快爆发出来。具体承担制造这些核弹任

① Raj Chengappa, *Weapons of Peace: The Secret Story of India's Quest to be a Nuclear Power*, New Delhi: HarperCollins Publishers India Pvt Ltd, 2000, pp. 332 – 333.

务的机构是印度终端弹道研究实验室（TBRL）和军备研究与发展机构（ARDE）。据萨布拉曼亚所说，截至1990年印度已经储存了至少24枚未装配的核弹。①

在拉吉夫·甘地做出秘密核武器化的决定后，印度的核武器运载系统得到迅速发展。1989年4月，陆军获得了5.8亿卢比用于发展大地导弹的预算。5月22日，印度成功地进行了有效载荷为1000千克、射程为800千米的烈火中程弹道导弹的试验。1994年2月，印度在巴拉索尔（Balasore）进行了第三次烈火导弹发射试验，这次试验成功地将其射程扩展到1200千米，它宣告了烈火型导弹发展计划第一阶段的结束。此后，印度开始发展大地Ⅱ型导弹。相对于大地Ⅰ型导弹，大地Ⅱ射程更远，并且用固体燃料代替了大地Ⅰ型导弹助推段的液体燃料。在此期间，烈火导弹计划也持续取得进展，至1992年8月18日，印度已经完成了九次烈火导弹发射试验，其射程达到了250千米。

1993年，印度原子能委员会主席P.K.英格加尔（Iyengar）任期期满，继任者为拉贾戈帕拉·奇达姆巴拉姆（Rajagopala Chidambaram）。这是一次重要的人事变动。前者只是一个工程师，对发展印度的核武器态度并不积极；而后者是来自巴巴原子能研究中心的核武器专家，是1974年核试验的参加者之一，不过那时他还并不知名。在成为原子能委员会主席之后，奇达姆巴拉姆有机会推进他热衷的热核武器项目。这一项目始于20世纪80年代，需要通过氢弹试验来检测其研究成果。此外，奇达姆巴拉姆还与来自防务研究与发展局的阿卜杜勒·卡拉姆等人一起通力合作，意在迅速增强印度的核能力，从而使印度成为公认的有核能力的国家。他们的努力很快就取得了重要成果。1994年5月，印度的终端弹道研究（TBRL）发展了与内爆式核武器系统相匹配的改进型幻影2000飞机，并且在巴拉索尔地区成功地进行了投掷试验。随后，一个完整的核弹（除了钚芯用代用材料外）由改进型的幻影2000飞机在海面上空投放并引爆成功，这成为印度核武器化进程中的一个重要里程碑。

① http://nuclearweaponarchive.org/India/IndiaMomentum.html.

至此，印度完成了一种能运载核武器的全面作战准备系统。印度一旦遭遇国家危机，这些系统毫无疑问能够很快军用。从技术和军事角度来说，印度此时实际上已经成为一个核武器国家。是否要在政治上宣布成为核国家，就只欠政治领导层的政治决策这股东风了。

印度的导弹计划继续取得进展，并进入一个结硕果的时期。1994 年印度还成功发射了第二代极地轨道卫星运载火箭（PSLV），这标志着印度拥有了制造中远程弹道导弹的能力。[①] 新的烈火Ⅱ中程导弹已开始研制。在短程导弹方面，1995 年 10 月，20 枚预生产型的大地 SS－150（射程 150 千米）导弹秘密地交付给陆军第 333 导弹团。当时，大地 SS－150 上并未装备核弹头。1997 年 9 月，大地 SS－250（射程 250 千米）在正式部署前，完成了与核弹头结合的一体化试验。

1995 年 12 月《纽约时报》透露，总理纳拉辛哈·拉奥曾于年初指示奇达姆巴拉姆准备进行核试验，后来美国卫星发现了博克兰实验场进行准备工作的情况，在美国的压力下，拉奥政府放弃了计划中的核试验。另有学者的研究表明，印度的国家安全机构确实准备进行核试验，但总理拉奥并没有被说服，因此计划中的核试验没有实现的主要原因并不是来自美国的压力。[②]

但不管是出于什么原因，拉奥政府缺乏将印度核武器化推向公开并进行核试验的政治意志，最终做出这一政治决策的是一直以来都坚决主张印度发展核武器的印度人民党政府。在 1998 年 3 月第二次获得执政机会后，印度人民党政府于 5 月 11 日和 13 日在博克兰地区进行了代号为沙克蒂的五次核试验。在核试验结束后，总理瓦杰帕伊公开宣称印度成为核国家。至此，印度追求成为实际上的核国家的历程已经结束。此后，印度核政策进入了一个公开核武器化和制定核战略的新时期。

---

① 竺家亨、陈学印：《印度的核能力》，胡思得主编：《周边国家和地区核能力》，北京：原子能出版社，2006 年版，第 75 页。

② Aaron Karp, "Indian Ambitions and the Limits of American Influence", http://www.armscontrol.org/act/1998_05/kpmy98.asp.

第二节　印度的核武器能力

自1954年印度的核技术转向武器方向，印度的核武器发展历史已有半个世纪。在这段时间里，印度大力利用本国的人力、资源，并有计划地从国外引进军民两用技术、购买设备材料，逐步建立和发展了一套完整的核工业基础设施。此外，印度还先后进行了六次核试验。判断印度拥有多大的核武库以及能够达到多大的核武库规模，可以从两个方面进行，即以核试验水平为标志的核武器制造水平和核武器用裂变材料的生产能力及库存。

一、印度的核武器类型及水平分析

迄今为止，印度先后进行了六次核试验，其基本情况如表5—1。

表5—1　印度核试验

试验代号	装置类型	日期	官方宣布当量	外界测评当量
弥勒佛	裂变装置	1974年5月18日	12—15千吨	4—6千吨
沙克蒂 Ⅰ	热核装置	1998年5月11日	43—60千吨	12—25千吨
沙克蒂 Ⅱ	裂变装置	1998年5月11日	12千吨	12千吨
沙克蒂 Ⅲ	低当量装置	1998年5月11日	0.2千吨	低
沙克蒂 Ⅳ	低当量装置	1998年5月13日	0.5千吨	低
沙克蒂 Ⅴ	低当量装置	1998年5月13日	0.3千吨	低

资料来源：美国科学家联合会网站，http：//www.fas.org/nuke/guide/india/nuke/。

这六次核试验大体可以分为四种类型，对于印度官方宣称的试验成果与数据，外界并不完全认同，印度可能有的核武器设计类型及其相应水平如下：

其一，1974年5月首次核试验装置和1998年5月11日试验装置沙克蒂Ⅱ，采取的都是同样的内爆型纯裂变钚弹设计。通过前后两个装置的比较，可见印度实现了核武器发展进程中的武器化、小型化的主要目标，而且这类武器的设计水平大幅度提高。①

其二，1998年5月11日沙克蒂Ⅰ试验装置是初级采用聚变助爆的裂变钚弹设计。这种设计可以大大增强裂变装置的效率与爆炸威力，是实施核武器小型化的关键技术。

其三，由于印度武器级钚及铀235的储量有限，印度在1998年5月11日沙克蒂Ⅲ核装置试验中采用了反应堆级钚，其主要目的是为了证明反应堆钚制造核弹在印度的技术可行性，以备在急需时用来扩大核武库。

其四，1998年5月13日试爆的沙克蒂Ⅳ和Ⅴ均为亚千吨装置，印度官方宣称的威力分别为0.5千吨TNT当量和0.3千吨TNT当量。由于没有检测到任何地震信号，因此外界对这两次试验是否为真实核爆表示怀疑。5月17日印度原子能部和防务研究与发展局的联合声明称，这两次核试验是为了改进计算机模拟设计能力而提供相关数据，为将来在必要的情况下进行次临界试验做准备。② 因此，亚千吨级装置不会是印度核武库中的一种低威力战术核武器，它仅是一种试验装置而已。

通过对以上六次核试验的分析，基本可以断定印度核武库中实际拥有的核武器由武器级钚制造的内爆型纯裂变钚弹构成。除此之外，印度将来通过其他途径来扩充核武库的可能性有如下两个方面：

其一，热核武器。印度的热核武器计划始于20世纪80年代，主持该计划的是前文提到的奇达姆巴拉姆。在1998年5月的系列核试验中，印度声称沙克蒂Ⅰ核装置为二级热核装置。对于试验结果，印度官方声称的威力是43—60千吨TNT当量。外界测评为12—25千吨TNT当量，并认为初级

---

① 参见竺家亨、陈学印：《印度的核能力》，胡思得主编：《周边国家和地区核能力》，北京：原子能出版社，2006年版，第83页。

② “Joint Statement by Department of Atomic Energy and Defense Research and Development Organization”, http://www.indianembassy.org/pic/PR_1998/May98/prmay1798.htm.

助推部分试验成功，但次级局部失败。[①] 因此，这次核试验并不能说明印度已经成功研制出了热核武器，在印度现有的核武库中还未拥有氢弹。但是，基于沙克蒂I试验所取得的试验测试数据，再进一步完成热核武器的设计是可能的，但仍需再次进行氢弹试验。[②] 在印度战略学界，也有学者主张印度应以氢弹增强其核威慑力量，[③] 但这种主张并不占主流。同时，由于印度政府在核试验后已经在公开声明中明确表示印度将不会再次进行核试验，通过发展热核武器来扩充印度核武库的可能性是极低的。

其二，反应堆钚的裂变弹。沙克蒂Ⅲ核装置试验中采用的是反应堆级钚，印度因此有可能掌握利用反应堆级钚制造裂变核弹的技术。通常根据钚中钚240的丰度可将钚分为四类（如表5—2）。西方核武器专家认为，反应堆级钚可以用来制造核武器，而且美国早在1962年就曾成功地试验了一枚用反应堆级钚制造的核武器。目前，世界上有核武器国家的核武库中的裂变钚弹都是由武器级钚制造的，印度也是如此。但由于印度的钚和铀235储量有限，而印度的民用核电反应堆又积累了大量反应堆级钚，因此不难理解印度为何比其他国家更热衷于反应堆级钚的裂变弹的设计研究。在评估印度可能达到的核武库规模时，反应堆级钚的裂变弹应考虑进去。

表5—2　钚的分类[④]

钚的等级	钚240的含量
超级钚	<3%
武器级钚	<7%
燃料级钚	7%—18%
反应堆级钚	>18%

① http：//nuclearweaponarchive. org/India/IndiaShakti. html.

② 竺家亨、陈学印：《印度的核能力》，胡思得主编：《周边国家和地区核能力》，北京：原子能出版社，2006年版，第88页。

③ See Bharat Karnad，"A Thermonuclear Deterrent"，in Amitabh Mattoo ed.，*India's Nuclear Deterrent*：*Pokhran* Ⅱ *and Beyond*，New Delhi：Har-Anand Publications Pvt. Ltd，1999.

④ 参见刘华秋主编：《军备控制与裁军手册》，北京：国防大学出版社，2000年版，第234页。

二、印度核武器用裂变材料的生产能力和储量估计

经过半个多世纪的发展，印度已经拥有了一套完整的核工业体系，拥有从铀矿开采到放射性废物处置整个核燃料循环的设施（见表5—3）。由于印度是贫铀国家，铀矿资源非常有限，因此它从一开始走的就是利用钚来发展核武器的道路。钚在自然界中只是微量存在，要在反应堆中用中子辐照铀238同位素才能大量生产。国际上有核武器国家通常的做法是通过产钚堆直接生产武器级钚。但印度并没有军用钚生产堆，其核武器计划主要是靠两座重水慢化研究堆生产武器级钚。一般来说，研究堆的功率较低，产钚量很少，但功率较大的研究堆具有潜在的核扩散威胁。印度利用研究堆生产武器级钚的基本情况如表5—4所示。

希罗斯堆由加拿大在1954年提供，1960年在巴巴原子能研究中心正式运行。它是以“和平利用研究堆”的名义引进的，但并没有接受任何国际保障监督（国际原子能机构在当时尚未建立）。希罗斯堆设计功率为40兆瓦，每年可生产6.6—10.5千克的武器级钚（能力利用系数50%—80%），[①] 1974年印度的第一次核爆炸试验装置所用武器级钚就是由它提供的。从1977年开始，印度在希罗斯堆的基础上放大，自行设计和建造了100兆瓦的德鲁瓦堆，并于1985年开始运行。由于一些技术上的问题，该堆直到1988年1月才达到全功率运行，其功率为100兆瓦，每年可生产16—26千克的武器级钚（能力利用系数50%—80%）。[②] 同希罗斯堆一样，德鲁瓦堆也不受国际机构的保障监督，因而这两个堆的钚累计生产数量并不为外界所知。由于以下几个方面的因素，印度库存钚的数量更加具有不确定性。

---

① http://nuclearweaponarchive.org/India/IndiaArsenal.html.

② Ibid.

表 5—3　印度主要核工业基础设施

设施	备注
2 个大型核研究中心	巴巴原子能研究中心与英迪拉·甘地原子能研究中心
1 座铀矿开采与水冶厂	年产 300 吨铀
1 座纯铀化厂	生产 UO_2，制造重水堆用的芯块
3 座燃料元件制造厂	分别制造沸水堆、重水堆和快堆的燃料
9 座重水生产厂	为重水堆提供重水
8 座研究堆	大部分位于特朗贝
16 座核电站	总装机量达到 3577 MWe
4 座在建核电站	总装机量达到 3178 MWe
2 座离心浓缩中间工厂	生产浓缩铀
3 座后处理厂	生产钚

资料来源：David Albright and Susan Basu，"Separating Indian Military and Civilian Nuclear Facilities"，http：//www. isis-online. org。

表 5—4　印度武器级钚的生产

名称	地点	类型	开始运转时间	功能
希罗斯	特朗贝	40 兆瓦重水反应研究堆	1960 年	加拿大提供，生产武器级钚
德鲁瓦	特朗贝	100 兆瓦重水反应研究堆	1985 年	生产武器级钚
燃料制造工厂	特朗贝	135 吨重金属燃料/年	1982 年	为希罗斯堆和德鲁瓦堆制造天然铀金属燃料
钚分离工厂	特朗贝	30 吨重金属燃料/年	1964 年	处理希罗斯堆和德鲁瓦堆的燃料以用于核武器
钚武器元件设施	特朗贝	未知	未知	为核武器提供钚元件

资料来源：David Albright and Susan Basu，"Separating Indian Military and Civilian Nuclear Facilities"，http：//www. isis-online. org。

首先，外界对希罗斯堆和德鲁瓦堆的连续运转能力的评估存在着不同看法。其次，如一些分析家所认为的那样，印度是否已经使用所有能够得到的武器级钚制造了核武器，尚不清楚。最后，对于如何考虑核材料在生产、后处理和试验过程中所产生的损耗问题，存在着不同观点。[①]目前得到最广泛引用的数据由科学与国际安全研究所（ISIS）的戴维·奥尔布赖特（David Albright）提供，他认为到2002年底印度可利用的武器级钚为360千克。[②] 如果按照每五公斤的钚可以制造一枚核弹计算，那么总共可以制造70枚左右的核武器。斯德哥尔摩国际和平研究所（SIPRI）认为其中只有250千克的钚已经被使用到装配好的核弹头上，故而得出印度目前核武库中有50枚核弹的结论。[③]

印度在运转中的民用核动力反应堆有16个（见表5—5），另外还有七个正在建设中（见表5—6）。除了塔拉普尔的两个动力堆之外，其他所有的动力堆都是重水反应堆，如果燃料补给及时，它们都能生产武器级钚。而且，1998年5月11日试验的沙克蒂Ⅲ表明，印度有通过利用反应堆级钚来制造核弹的打算。

表5—5 印度运行中的核动力反应堆

反应堆	类型	每个堆的发电量	开始时间
塔拉普尔（Tarapur）Ⅰ、Ⅱ	轻水反应堆	150兆瓦	1969年
盖加（Kaiga）Ⅰ、Ⅱ	重水反应堆	202兆瓦	1999—2000年
卡克卡拉帕（Kakrapar）Ⅰ、Ⅱ	重水反应堆	202兆瓦	1993—1995年
卡尔帕卡姆Ⅰ、Ⅱ	重水反应堆	202兆瓦	1984—1986年
纳罗拉（Narora）Ⅰ、Ⅱ	重水反应堆	202兆瓦	1991—1992年
拉瓦塔塔（Rawatbhata）Ⅰ	重水反应堆	90兆瓦	1973年
拉瓦塔塔Ⅱ	重水反应堆	187兆瓦	1981年

① Stockholm International Peace Research Institute, *SIPRI Yearbook 2005: Armaments, Disarmament and International Security*, p. 594.

② See David Albright, "India's Military Plutonium Inventory, End 2004", ISIS website, May 7, 2005.

③ Stockholm International Peace Research Institute, *SIPRI Yearbook 2006: Armaments, Disarmament and International Security*, www. sipri. org/contents/expcon/India. pdf.

续表

反应堆	类型	每个堆的发电量	开始时间
拉瓦塔塔Ⅲ、Ⅳ	重水反应堆	202 兆瓦	1999—2000 年
塔拉普尔Ⅲ、Ⅳ	重水反应堆	490 兆瓦	2005—2006 年
总数（16）		3577 兆瓦	

资料来源：http：//www. world-nuclear. org/info/inf53. html。

表 5—6　印度建设中的核动力反应堆

反应堆	类型	每个堆的发电量	开始时间
盖加Ⅲ、Ⅳ	重水反应堆	202 兆瓦	2007 年
拉瓦塔塔Ⅴ、Ⅵ	重水反应堆	202 兆瓦	2007—2008 年
库丹库拉姆（Kudankulam）Ⅰ、Ⅱ	重水反应堆	950 兆瓦	2007—2008 年
卡尔帕卡姆原型快速增值堆	快速增值堆	470 兆瓦	2010 年
总数（7）		3178 兆瓦	

资料来源：http：//www. world-nuclear. org/info/inf53. html。

在印度大多数民用核动力反应堆不受国际机构保障监督的情况下，印度有可能利用它们来扩大钚生产，从而为扩充核武库提供裂变材料。据戴维·奥尔布赖特的估计，到 2002 年底印度拥有不受国际原子能机构保障监督的未辐照分离的反应堆级钚约 1000 千克，可以制造几百枚核武器。①

无论是武器级钚还是反应堆级钚，都需要对反应堆的乏燃料进行后处理才能分离出来，因此后处理能力对于一个意在发展核武器的国家显得非常重要。印度发展后处理技术起步早、投入大，第一个钚分离厂于 20 世纪 50 年代在特朗贝建立，1964 年开始运行。该厂在当时主要为希罗斯堆处理燃料，处理能力为每年 50 吨，且不受国际监督保障。1974 年印度第一次核试验所用钚就是由该厂从希罗斯堆的燃料中分离出来的。

① David Albright，"India's Military Plutonium Inventory，End 2004"，ISIS website，May 7，2005.

此后，为了维修与扩大，该厂被关闭了一段时间。其于 1983 年左右重新运行时，除了继续处理希罗斯堆的燃料外，还处理来自德鲁瓦堆的燃料。1977 年，印度在塔拉普尔建成大型后处理厂，命名动力堆燃料后处理厂，1979 年开始运行，每年可处理 100—150 吨希罗斯堆燃料，也不受国际原子能机构的保障监督。1998 年，印度建成了规模更大的卡尔帕卡姆后处理厂，足以处理现在印度所有反应堆的燃料，同样也不受国际原子能机构的保障监督。

利用武器级钚或反应堆级钚制造核武器是目前印度最有可能用来扩充核武库的途径。除此之外，印度提高其核能力的努力还包括以下几个方面的选择：

首先，利用高浓缩铀来制造核武器。对于印度是否在生产用于制造核武器目的的高浓缩铀，外界不得而知。但印度有两个正在运行中的气体离心设施，其中较大的一个从 1990 年就已开始运行，其主要目的是为印度正在发展的核动力潜艇生产高浓铀。[1]

其次，发展铀 233 来制造核武器。铀 233 是由钍 232 在反应堆中吸收中子而生成的一种铀同位素，其化学性质与铀 235 相似，理论上可用于制造核武器。印度拥有大量的钍资源，其储量居世界第一位，因此对于发展钍燃料循环特别热衷。1995 年 6 月曾有报道称，印度已掌握从辐照钍中提取铀 233 的技术，并有一座使用铀 233 作为燃料的研究堆在运行。[2] 但由于技术难度大、代价高，很快大量生产铀 233 并不现实。

最后，以“和平利用核能”的名义从国外获取核技术和核材料。在印度成为事实上的核国家之后，西方国家曾经对印度实施经济制裁。但随着这些制裁措施的先后解除，西方国家尤其是美国对印度的态度近些年大幅改变。2005 年印度和美国签订了民用核能合作协议，该协议 2006 年下半年先后在美国众议院和参议院通过。根据这一协议，在印度将其

---

① Stockholm International Peace Research Institute, *SIPRI Yearbook 2006: Armaments, Disarmament and International Security*, www. sipri. org/contents/expcon/India. pdf.

② 参见刘华秋主编：《军备控制与裁军手册》，北京：国防大学出版社，2000 年版，第 234—235 页。

民用核项目与军事核项目分离，并接受美国对其民用核设施检查的前提下，美国将向印度提供民用核技术、核燃料和核反应堆。考虑到印度在历史上正是借着和平利用核能的幌子，从国外引进核技术和设备用于发展核武器之目的的，外界有理由担心美印民用核能合作协议会促进印度核武器的发展。

第三节　印度核战略的力量使用

1999年出台的《核原则草案》提出印度要实施“可信的、最低限度的威慑”，并且明确表示要发展三位一体的核威慑力量。2003年公布的印度官方核文件中肯定了实施“可信的、最低限度的威慑”的提法，但其中没有对印度具体的核力量结构做出任何表述。而且，这两份核文件对于何谓“最低限度”都未给出一个明确的说法。在印度官方于公开核试验结束之后明确表态要继续推进核武器化进程以及近些年印度核军备动作频频的背景下，印度能否将威慑力量维持在最低限度不免令人怀疑。“可信的、最低限度的威慑”战略只是官方的提法，印度具体实施何种核战略是由核力量的结构以及战略意图所决定的。下文首先着手分析印度的核战略力量，然后在此基础上研究印度将如何发展它的核战略。

一、印度的核战略力量及其结构

由于核武器储备涉及到国家最高机密，因此外界很难精确估计印度核武库的规模与结构。目前比较普遍的看法是印度已经用其武器级钚制造了几十枚左右的核武器，美国自然资源保护委员会估计在60枚到90枚之间，①

---

① Natural Resources Defense Council，“Indian Nuclear Forces，2002”，http：//www. nrdc. org/nuclear/nudb/datab20. asp.

斯德哥尔摩和平研究所的数据是 50 枚左右。[①] 在 1998 年五次核试验中，除了代号为沙克蒂Ⅱ的试验装置为武器外，外界认为其他几个试验装置都不是武器，但印度原子能委员会的官员宣称印度已经成功进行了热核武器的试验。另外，沙克蒂Ⅲ用的是反应堆级钚，印度因此有可能掌握了利用反应堆级钚制造核武器的技术，这些都进一步给估算印度核武库增加了困难。为了更清晰地说明印度核武库的现有规模以及可能达到的规模，来自其他三个中等核国家的历史发展数据比较有借鉴意义（具体数据见表 5—7）。在 1999 年《核原则草案》提出“可信的、最低限度的威慑”原则后，印度各种官方声明和文件中都坚持了这一提法。对照在 20 世纪 60 年代都曾宣称过实行最低限度威慑战略的英、法两国，同样宣称实行最低限度威慑战略的印度目前的核武器库存实际上比 20 世纪的法国稍多，但远少于英国。因此，最低限度威慑原则在核武器的数量方面具有相当的灵活性，更何况印度提出的最低限度威慑前面还加上了“可信的”修饰语。从表 5—7 中也可以看出，法国和中国在掌握核武器的最初 10 年里，其核武器数量从几枚迅速增长到 100 多枚。考虑到印度核武器研制已经有多年的历史，其在公开核试验时就已经拥有几十枚核武器，并且近些年来仍在增加它的核武器库存，所以印度要想快速将其核弹头增加到一两百枚是很有可能的。结合前文印度核武器能力的分析，假以时日，印度的核武库完全有可能达到法国和中国当今的库存水平。而在印度战略界，有关印度核弹头数量的主张就是几十枚到 400 多枚之间（见表 5—8）。2004 年 11 月，来自印度国防部的消息称，“今后 5—7 年内印度将拥有 300—400 枚核和热核弹头，将在海陆空进行部署”。[②] 考虑到印度的核武器技术能力与核材料的生产能力，并参照中等核国家的核战略发展实践，这一目标是完全有可能达到的。

---

① Stockholm International Peace Research Institute, *SIPRI Yearbook 2006: Armaments, Disarmament and International Security*, www. sipri. org/contents/expcon/India. pdf.

② 参见竺家亨、陈学印：《印度的核能力》，胡思得主编：《周边国家和地区核能力》，北京：原子能出版社，2006 年版，第 91 页。

表 5—7 1964—2002 年间英、法、中三国核武器库存①

年份	英国	法国	中国
1964 年	310	4	1
1968 年	280	36	35
1970 年	280	36	75
1972 年	220	70	130
1973 年	275	116	150
1976 年	350	212	190
1988 年	300	410	430
1992 年	300	540	435
1998 年	260	450	400
2002 年	200	350	400

资料来源：美国自然资源保护委员会网站，http：//www. nrdc. org/nuclear/nudb/datab19. asp。

表 5—8 印战略界主张最低限度威慑所需核弹头数量

年份	战略理论家	核武器数量
1992 年	V. 奈尔（V. Nair）	约 135 枚
1994 年	K. 萨布拉曼亚	约 60 枚
1999 年	贾斯吉特·辛格	约 36 枚
1999 年	巴拉特·卡纳德（Bharat Karnad）	约 330 枚
2000 年	K. 萨布拉曼亚	约 150 枚
2000 年	R. R. 苏布拉玛尼安（R. R. Subramanian）	约 425 枚
2001 年	戈米特·坎瓦尔（Gurmeet Kanwal）	约 200 枚

资料来源：Ashley，“Toward a ‘Force-in-being’：The Logic，Structure，and Utility of India’s Emerging Nuclear Posture”，in Sumit Ganguly，*India As an Emerging Power*，London and Portland：Frank Cass，2003，p. 67。

① 仅选取对印度核武库的发展而言有参考意义的年份。

仅仅拥有核弹头并不能构成威慑。在不首先使用核武器原则的前提下，核威慑要求在潜在的进攻方发起攻击（包括核攻击）之后，仍然能够利用核武器给予敌人难以承受的打击。这就要求核武器具有可生存性，并且要能够在被攻击之后用核武器打击对方的战略资源，因此核弹头必须部署在有生存能力并且能打击到潜在敌人战略资源的发射平台上。在战略实践中，核武器国家的普遍做法是追求不同的核武器运载系统，并对核武器采取不同的部署方式。在印度进行公开核试验并宣布成为核国家后，印度国防部长费尔南德斯就公开表示印度要逐步建立起以陆基打击力量为主体，以空中打击力量和海基力量为辅的“三位一体”的核打击力量。1999 年出台的《核原则草案》也包括了印度将发展三位一体核战略力量的内容。对于印度政府来说，以非官方专家组成的安全顾问理事会出台的核草案实际上是一个试探性的政治气球。在 1999 年卡吉尔危机结束后不久出台的这份草案很快招致印度国内外的大量批评。在这种情况下，印度外交部长贾斯旺特·辛格曾于 1999 年底接受印度国内媒体记者采访时强调《核原则草案》并非官方的政策文件，“现在就讨论印度三位一体的核力量为时尚早”。[1] 2003 年官方出台的核文件中也未提及发展三位一体的核力量。但是，私下里，印度三位一体的核力量建设在有条不紊地进行着。2005 年国防部年度报告重申：“印度的核原则是基于可信的、最低限度的威慑原则，而不是在预警下发射。这一原则要求印度拥有陆基、海基和空中的核能力，并拥有可信的、最低限度的威慑能力，以阻止对印度使用核武器的威胁。”[2] 报告还进一步声明“不采取军备竞赛或者冷战时期的态势”，但同此前的官方声明和核文件一样，这份报告中仍未具体说明什么是最低限度的威慑。印度的核武库状况见表 5—9。

---

① See Arpit Rajain, *Nuclear Deterrence in Southern Asia: China, India and Pakistan*, New Delhi: Sage Publications, 2005, p. 229.

② Ministry of Defence—Government of India Annual Report 2004 - 2005, http://mod.nic.in/reports/welcome.html.

表 5—9　2005 年美国 NRDC 公布的印度核力量数据

类别/型号	射程/航程（千米）	第一次试验时间	载荷（千克）	备注
导弹系列				
大地Ⅰ	150	1988 年 2 月	1000	部署在陆军 333 和 335 导弹团，数量在 22 至 50 枚之间，单级液体燃料助推
大地Ⅱ	250	1996 年 2 月	500—750	为空军准备，可能已经部署 25 枚，单级液体燃料助推
大地Ⅲ	350	2000 年 4 月	1000	舰载发射导弹，2001 年 9 月试验成功，可能不久就会被部署
烈火Ⅰ	700	2002 年 1 月	1000	短程弹道导弹，单级固体燃料助推，已部署 36 枚
烈火Ⅱ	2000/2500	1999 年 4 月	1000	2004 年起部署在陆军 335 导弹团，机动发射，两级固体燃料助推
烈火Ⅲ	3500		1000	正在研制中，主要依靠极地卫星运载火箭技术设计
萨加里卡（Sagarika）	350⁺		500?	潜射弹道导弹，从俄罗斯引进技术，正在发展中。由于制导系统问题还远不能部署，计划部署时间是 2010 年或更晚
飞机				
米格—27				从俄罗斯购买，1986 年首次部署，共 147 架
米格—29	1650			从俄罗斯购买，共 64 架
幻影 2000	1850			从法国购买，共 40 架
苏—30	3000			从俄罗斯购买，1997 年首次部署，共 10 架
美洲虎	850			从英法购买，共 131 架

资料来源：美国自然资源保护委员会（NRDC），可从以下网站获取：http：//www. carnegieendowment. org/npp/numbers/india. cfm。

从表 5—9 可以看出，印度三位一体的核力量已经初露端倪，并处于进一步快速发展中，它将以陆基弹道导弹为主、空中核力量和海基核力量为辅。三位一体的核力量结构的好处在于它可以增强核力量的生存能力，而且三种核力量各有长处和短处，能够取长补短，因此可以增强战略威慑的有效性。

（一）陆基弹道核导弹

在1983年印度国防研究与发展局公布的“综合导弹研制计划”实行多年后，印度已经拥有了广泛的、大规模的自行研制和生产短程和中程弹道导弹的基础设施。在“综合导弹研制计划”中，大地系列导弹和烈火系列导弹从一开始就主要是为运载发射核武器而准备的。这两个系列的核导弹已经研制出并服役的主要有大地Ⅰ和大地Ⅱ、烈火Ⅰ和烈火Ⅱ。大地Ⅲ和烈火Ⅲ目前正在发展当中。

大地Ⅰ导弹是一种单级液体燃料助推导弹，1983年开始研制，并于1988年进行了首次试验。它是印度第一种具有核能力的导弹，1994年进入服役，主要采取公路机动的部署方式，现在部署在陆军333、444和555导弹团。美国中央情报局在2001年确认，大地Ⅰ导弹已经可以执行核打击任务。[①] 最近一次的大地Ⅰ导弹试射是在2005年11月12日。尽管未得到印度官方的确认，但外界普遍认为印度已经在不少大地Ⅰ导弹上装备有核弹头。[②] 大地Ⅱ（SS－250）导弹已经进入空军服役，有效载荷在500到700千克之间，并能达到250千米的最大射程，外界认为它还没有装备核弹头。正在研制发展的大地Ⅲ是一种两级固体燃料导弹，期望在有效载荷1000千克的情况下，能达到350千米的最大射程。

烈火系列导弹是印度陆基战略核力量的重点，其中烈火Ⅰ和烈火Ⅱ属于中程导弹，已研制成功并进入服役，烈火Ⅲ属于远程弹道导弹，目

---

① Natural Resources Defense Council，“Indian Nuclear Forces，2002”，http：//www. nrdc. org/nuclear/nudb/datab20. asp.

② Stockholm International Peace Research Institute，*SIPRI Yearbook 2006*：*Armaments*，*Disarmament and International Security*，www. sipri. org/contents/expcon/India. pdf.

前正在研制中。印度分别在1999年和2000年的国庆阅兵式上展示了烈火Ⅰ和烈火Ⅱ型中程导弹，向外界宣称印度已经具备战略核打击力量。1989年5月22日烈火Ⅰ导弹首次试验发射成功，其试验射程为700千米，已经部署在陆军334导弹团。烈火Ⅰ采用两级助推，第一级为固体燃料，第二级使用液体燃料，可以通过公路或者铁路机动发射架发射。烈火Ⅱ是烈火Ⅰ导弹的改进，其有效载荷1000千克，射程达2000千米，两级助推全部采用固体燃料，这使它更具机动性和快速反应能力。据拉贾·陈加帕（Raj Chengappa）透露，在1999年4月成功进行的烈火Ⅱ导弹发射试验中，其测试的不仅是导弹射程，“炸弹组秘密将一个未安装钚芯的核弹安装在它的弹头上，其目的是测试整个发射系统能否有效运转”。[①] 如果情况属实，那么这次试验就证明了烈火Ⅱ导弹已经具备运载发射核弹头的能力。烈火Ⅱ导弹的第二次试射和第三次试射分别在2004年1月和8月进行，开始部署在陆军335导弹团。2005年5月，烈火Ⅱ导弹和烈火Ⅰ导弹一起被并入印度三军战略力量指挥部进行管理。目前，印度防务研究与发展组织正在发展具有更远射程的烈火Ⅲ导弹，其设计最大射程可达3500千米。防务研究与发展组织原来计划在2003年进行烈火Ⅲ的首次试射，但由于技术上的问题，计划中的试射一推再推，直到2006年7月才最终进行，并未取得成功。由于烈火Ⅲ的研制过程进展不顺，2005年印度媒体曾传出国防部想越过中程弹道导弹的研制，直接发展洲际弹道导弹的消息。这种计划中的导弹将是三级助推设计，第一级和第二级用固体燃料，第三级用液体燃料，预计射程达到9000—12000千米，能够携带2到3枚15—20千吨TNT当量的核弹头。最少要到2015年之后才能考虑它进入服役的问题。[②]

---

① Raj Chengappa, *Weapons of Peace: The Secret Story of India's Quest to be a Nuclear Power*, New Delhi: HarperCollins Publishers India Pvt Ltd., 2000, p. 436.

② Stockholm International Peace Research Institute, *SIPRI Yearbook 2006: Armaments, Disarmament and International Security*, www.sipri.org/contents/expcon/India.pdf.

（二）空中核力量

战略轰炸机既可装载核炸弹，又可装载核导弹，并且由于其有人驾驶、起飞后可以再回来，因此使用起来比较灵活。但它的弱点也较为明显，即相对于导弹而言，其速度慢、飞行时间长、突防能力差。从长远的角度来说，印度的三位一体战略核力量会以陆基弹道导弹核力量为主体。然而，由于受到国际不扩散机制的制约，印度从国外引进导弹技术比较困难。战略轰炸机则不同，它可以直接从国外购买，这就使它成为处于初级发展阶段的印度核打击能力的核心。

20 世纪 70 年代以来，印度从英、法、俄三国购买的轰炸机有幻影 2000、美洲虎、米格—27、米格—29、苏—30 等。印度采用少量购买和大部分按许可证生产或联合生产的方式，这样既可省钱，又可满足大量军备的要求。这几种飞机都可用来运载核武器。但是考虑到射程、载重以及速度，最有可能作为核力量使用选择的主要有其中三种类型的飞机，分别是米格—27、美洲虎和幻影 2000H。

米格—27“鞭挞者”是在 20 世纪 70 年代和 80 年代生产的具有核能力的苏式飞机。印度斯坦航空公司按许可证装配了 165 架米格—27“鞭挞者”，印度命名为“勇士”（Bahadhur）。在满载的情况下，它重达 1.8 万千克，飞行距离大约为 800 千米，能够携带 3000 千克的炸弹。印度有九个米格—27 飞行中队，由于它们既可作为常规打击力量，又可作为核打击力量，外界尚不清楚具体是哪个中队持有核打击能力的飞机。据推测，最有可能执行核打击任务的是驻扎在德里北边的信旦（Hindan）第 20 攻击中队，大约有 50 架米格—27ML 部署在那里，距离拉合尔不超过 640 千米。

印度命名美洲虎轰炸机 IS/IB 为“剑”（Shamsher），其 1975 年至 1985 年间曾被英国空军用来运载核武器。1978 年，印度是将其作为核武器运载飞机引进的，但引进后印度发现自制的核弹相对于美洲虎运载飞机而言重量过大，且弹舱空间过小，因此在开始一段时间内并不能用。只是在印度核弹小型化后，美洲虎飞机才被用作核武器运载飞机。这种飞机净重 15450 千克，在最大载重 4775 千克时可飞行 1600 千米。印度从英国购进40架，然后按许可证本国生产了91架。印度有四个飞行中队部署了这种类型的飞机，其中可能执行核打击任务的是驻扎在距伊斯兰堡525千米的安巴拉（Ambala）的飞行中队。

由于印度在1978年为运载核武器目的而购进的美洲虎飞机在核弹小型化前并不实用，印度空军在20世纪80年代中期转而从法国引进幻影2000H飞机，1994年5月印度在巴拉索尔武器试验场成功进行的仿真核弹投掷试验任务就是由它承担的。印度空军已经在位于印度中北部的瓜里奥尔空军基地部署了两个幻影2000H飞行中队。

（三）海基舰载/潜射核力量

印度目前还不具备海基核打击能力，但为了实现发展可信的第二次核打击能力的目标，印度正在努力发展海基舰载和潜射核力量，但其研制工作进展缓慢。这种努力从两个方面展开，分别是发展印度的海基导弹和发展印度的核潜艇。

目前正在研制的海基导弹有“特努什”（Dhanush）和“萨加里卡”两种型号。“特努什”是“大地Ⅱ”地地导弹的舰载型，因此也称为“大地Ⅱ”海军型，导弹设计射程为350千米，战斗部1000千克，发射重量为4600千克，为单级液体燃料助推，在2000年4月首次试射时由于制导故障失败。2001年9月21日进行的第二次试射中，其飞行距离为150千米，有效载荷为500千克。再一次试射是在2005年11月28日，仍以水面舰只作为发射平台。由于印度的潜艇研制工作进展缓慢，“特努什”导弹以水面舰艇为发射平台实属无奈之举。利用水面舰艇发射缺乏足够隐蔽性，再加上其射程有限，战舰必须进入对方岸基火力区才能进行发射，因此这种海基打击能力较差。从印度急于用水面舰艇作为“特努什”海基导弹的发射平台的做法判断，印度追求海基核力量发展的想法非常迫切。[①] 为了发展更先进的海基核打击能力，另一种海基

---

① 竺家亨、陈学印：《印度的核能力》，胡思得主编：《周边国家和地区核能力》，北京：原子能出版社，2006年版，第96页。

导弹“萨加里卡”从一开始就是作为潜射弹道导弹而进行设计研究的。据美国中央情报局的报告，印度在2005年春季首次进行了这种潜射弹道导弹的飞行试验。①

2002年1月，在印巴之间发生激烈对峙期间，印度海军上将马德文德拉·辛格（Madhvendra Singh）曾声称：“从概念上理解，任何宣称‘不首先使用’原则的国家都要有第二次打击能力，这总是要求部署在陆地、空中以及海上的三位一体武器系统。”他进而指出，对于大多数有核能力国家而言，最强有力的打击力量是“隐蔽的、移动的，并位于水面下的”，“印度海军已经具有给敌人造成巨大破坏的可靠能力，这种破坏力是敌人所想象不到的”。② 辛格显然在暗示印度已经具备了潜射核打击力量。实际上，印度在20世纪70年代初就已经开始了核潜艇研制计划。20世纪80年代中期，印度利用本国技术开始研制一种被命名为“先进技术舰艇”（ATV）的核潜艇。之后，印度政府每年拨出大量经费用于核潜艇的研制，但“先进技术舰艇”研制计划进行得不太成功，一系列技术困难曾让该计划延期几年之久。据《简氏防务周刊》2004年5月19日的报道，来自俄罗斯的技术援助使印度解决了40—55兆瓦微型压水堆小型化所遇到的困难。③ 这一核心问题的解决，将会极大加快印度核潜艇的研制计划。

二、发展中的印度核战略及其特征

1999年出台的《核原则草案》中宣称了印度核战略的两大原则，即“不首先使用”原则与“可信的、最低限度的威慑”原则。从表面上看，印度似乎并不急于发展壮大它的核武库，但实际上，印度此举只不过是

---

① See Stockholm International Peace Research Institute, *SIPRI Yearbook 2006*: *Armaments*, *Disarmament and International Security*, www. sipri. org/contents/expcon/India. pdf.

② http://www. nti. org/e_ research/profiles/India/Nuclear/2296_ 5275. html.

③ 参见竺家亨、陈学印：《印度的核能力》，胡思得主编：《周边国家和地区核能力》，北京：原子能出版社，2006年版，第97页。

向外界标榜它仍然没有放弃过去奉行的核克制立场。纵观《核原则草案》的内容，其中除了表示要实行不首先使用核武器原则之外，其他内容甚至都可以写进美国五角大楼的核战略。草案没有具体说明何谓最低限度威慑，而是强调“可信的、最低限度的威慑是一个与战略环境、技术发展以及安全需求相关联的动态概念。核力量组成、部署以及使用等方面的实际规模将取决于这些因素”。① 这种措词表明所谓的最低限度威慑并没有一个最低的限度，这为印度发展核武库留下了充分的空间。

印度将成为一个什么样的核国家？这是印度在公开核试验之后就引起外界高度关注的问题。印度出台《核原则草案》和发布官方核文件的目的就在于向外界公开说明印度的核战略，并力图借此表明印度是一个负责任的核国家。但是，前者内容庞杂并相互矛盾，后者则过于简略。而且同所有其他国家一样，印度官方公布的核战略可能只是宣传性的，它可能是、也可能不是印度的实际核战略。印度官方宣布要实行的“可信的、最低限度的威慑”战略一旦付诸实践，很可能会偏离印度战略学家所主张的最低限度威慑理论。

尽管印度发展核武器的历史漫长，但印度政府公开制定核战略是1998 年之后的事情，至今也不超过十年的时间。印度《核原则草案》中提出的核力量发展目标有很多并未达到。印度核战略无论是在清晰的理论表述方面，还是在核力量发展与部署方面，都还没有完全成型。印度核战略正在快速发展当中，印度战略学家一般认为“可信的、最低限度的威慑”战略最终形成需要 20 年左右的时间。同以往印度核武器发展的历史一样，在这 20 年的时间里，就核问题展开的辩论仍然会持续进行，印度最终的核态势将是印度国内各派力量角力的结果。

印度官方宣称“可信的、最低限度的威慑”就其出发点而言，一方面在于建立可信的核威慑力量，从而最终服务于维护印度国家安全的目的；另一方面又是出于战略稳定性的考虑，所以强调威慑的“最低限

① “Draft Report of National Security Advisory Board on Indian Nuclear Doctrine”, http://www.indianembassy.org/pic/nucleartest.htm.

度”。但是在战略实践中，这两点很可能是矛盾的，印度政府因此不可能具体说明何谓最低限度。这种有意模糊其战略表达的做法实际上是有历史可循的。纵观印度核政策的发展历史，印度政府在核政策上一直采取模糊的态度，这一方面可以为发展核武器留下战略选择的空间，另一方面又可以向外界展示其核克制的立场，从而带来政治上的好处。正如斯蒂芬·科恩所指出，在印度进行公开核试验之后，核武器化的概念在印度仍然没有达成共识，核武器项目的身份也仍然疑虑重重，在印度看来，这种说不清的方式才是适合印度大战略的选择。①

印度核战略的发展充满变数。是通过扩充核武库来夺取核优势，还是保持较低限度的核力量来确保核安全，这是目前印度战略界争论的主要问题。印度只是个中等资源国家，因此不会无限度地扩充其核力量，但《核原则草案》中所提到的核力量目标以及印度之后在核军备发展方面的频繁动作表明，印度在核战略的实践中不会像官方文件所宣称的那样将核力量严格限定在最低限度的规模。从印度的官方文件、言论以及战略理论家的构想中，可以判断出印度核战略的意图。将印度的战略意图与印度的现有核力量结合在一起考察，可以得出发展中的印度核战略具有如下特征：

第一，强调核战略的防御性质。在印度看来，核武器主要是政治工具，而不是战争的军事工具，② 因此自印度公开宣称为核国家之后，其公开核战略中就排除了核战争原则。在将印度推向公开核武器化之后，印度总理瓦杰帕伊 1998 年 5 月 28 日就核武器的作用在议会演讲中指出：“印度不会将这些武器用于侵略或者威胁其他国家的目的，这些武器是自卫的武器，它们是用来确保印度不会遭受外来的核威胁或者胁迫的。”③ 为了向外界展示印度的核武器仅用于防御目的，《核原则草案》与 2003

---

① Stephen P. Cohen, *India: Emerging Power*, New Delhi: Oxford University Press, 2001, p. 180.

② See Jasjit Singh, “Why Nuclear Weapons”, in Jasjit Singh ed., *Nuclear India*, New Delhi: Knowledge World, 1998, p. 11.

③ See Ashley J. Tellis, *India's Emerging Nuclear Posture: Between Recessed Deterrent and Ready Arsenal*, Santa Monica: CA, Rand Corporation, 2001, p. 266.

年的官方核文件都宣称印度要实行不首先使用核武器的原则。实际上，作为一个新生的有核武器国家，印度的核力量相对于五个核武器国家而言处于弱势地位，它没有意愿将核武器视为合法的军事工具。同时，由于印度常规军事力量在南亚地区占据绝对优势地位，印度也有意降低核武器在印巴安全关系中的战略作用，从而达到防止巴基斯坦利用核力量抵消印度常规军事优势的目的。萨布拉曼亚认为，印度面临核战争威胁的可能性可以忽略不计，印度可能面临的核威胁是来自有核国家的核讹诈（核武器的威胁使用），他据此主张印度只要发展最低限度的核威慑力量来对付这种可能的核威胁就足够了。[①] 贾斯吉特·辛格也强调，印度的核武器仅用于威慑核武器的威胁使用。[②] 印度核战略的防御性还体现在印度对战术核武器的态度上。理论上，印度的战略观从逻辑上排除了核战争的观念，因此印度也就没必要拥有战术核武器。[③] 实践中，目前印度的核武库中并没有战术核武器。

第二，全面威慑与重点威慑相结合。印度的核文件中并没有明确说明印度核力量的威慑目标，但从官方的言论以及战略学家的著述中不难判断印度核威慑的重点是针对巴基斯坦与中国。巴基斯坦是印度的现实敌人，并且它的核战略明确宣称唯一的威慑目标就是印度，印度自然也会将它作为重点威慑对象。至于中国，印度在公开核试验前后都强调来自中国的核威胁。以往国内学者一般认为这是印度在为自己发展核武器寻找借口，中国并没有对印度构成核威胁。然而，长期以来，印度战略鹰派确实将中国核武器看作印度的核威胁，他们关于印度核战略的构想就建立在将中国作为除巴基斯坦外的一个重要假想敌的假设上。萨布拉

① K. Subrahmanyam, "Nuclear Force Design and Minimum Deterrence Strategy for India", in Bharat Karnad ed., *Future Imperilled: India's Security in the 1990s and Beyond*, New Delhi: Penguin books India (p) Ltd., 1994, pp. 187 – 188.

② Jasjit Singh, "Nuclear Doctrine for Defence", in Jasjit Singh and Manpreet Sethi eds., *Nuclear Deterrence and Diplomacy*, New Delhi: Knowledge World, 2004, p. 226.

③ K. Subrahmanyam, "Nuclear Force Design and Minimum Deterrence Strategy for India", in Bharat Karnad ed., *Future Imperilled: India's Security in the 1990s and Beyond*, New Delhi: Penguin books India (p) Ltd., 1994, pp. 188 – 189.

曼亚对此毫不讳言，他在谈到中国的核武器时，指出不管中国的意图如何，中国的核武器能力本身就是对印度的威胁。① 在1999年4月成功试射了射程为2000千米的大地Ⅱ中程弹道导弹之后，印度才决定公开宣布它具备了战略核能力，其原因就在于它能够对中国构成战略威慑。② 除了巴基斯坦和中国之外，印度核战略还有更宽泛的威慑对象。在1996—1997年度印度国防部的年度报告中，除重点说明中国和巴基斯坦的核威胁外，还列举了来自各个地区的核威胁，分别是：海湾和西亚地区［包括以色列核武库以及伊朗的核活动；中亚地区；亚太地区（日本、韩国、朝鲜和中国台湾等国家和地区的核能力都包括在内）；印度洋地区（特别强调美国核力量在该地区的存在）］。③ 印度国防部长费尔南德斯在对1998年公开核试验进行说明时，也特别提到美国在孟加拉湾地区的核部署威胁到了印度的安全。④ 印度战略界普遍认同的一个观点是，印度的核武器不仅是为了对付来自于中国和巴基斯坦的核威胁，而且也是防止发达的工业化国家干涉印度内政的重要手段。⑤ 第一次海湾战争引起了印度的这种担心，而科索沃战争则将这一担忧进一步加剧了，因为克什米尔问题有可能成为西方发达国家干涉印度内政的借口。

第三，以发展三位一体的核力量为长期目标，近期则以发展陆基战略核力量为主。在印度进行公开核试验之前，印度主流核战略理论家主张最低限度威慑战略，这种理论构想中并没有要求印度一定要发展三位

---

① K. Subrahmanyam, "Nuclear Force Design and Minimum Deterrence Strategy for India", in Bharat Karnad ed., *Future Imperilled: India's Security in the 1990s and Beyond*, New Delhi: Penguin books India (p) Ltd., 1994, p. 187.

② See Raju G. C. Thomas, "India's Nuclear and Missile Programs: Strategy, Intentions, Capabilities", in Raju G. C. Thomas and Amit Gupta eds., *India's Nuclear Security*, Colorado: Lynne Rienner Publishers, Inc., 2000, p. 106.

③ See Vijai K. Nair, "The Structure of An Indian Nuclear Deterrent", in Amitabh Mattoo ed., *India's Nuclear Deterrent: Pokhran Ⅱ and Beyond*, New Delhi: Har-Anand Publications Pvt. Ltd, 1999, p. 68.

④ See P. R. Chari, "India's Nuclear Doctrine: Confused Ambitions", *The Nonproliferation Review*, Fall-Winter, 2000, p. 123.

⑤ K. Subrahmanyam, "A Credible Deterrent", http://www.indianembassy.org/press/New_Delhi_Press/October_1999/Credible_Deterrent_Oct_04_1999.htm.

一体的核力量。萨布拉曼亚1994年撰文认为印度在发展海基核力量，特别是潜射弹道导弹核力量方面需要慎重，其理由一方面是海基核力量过于昂贵，另一方面是印度运用空中核力量和陆基核力量对中国和巴基斯坦实施最低限度的核威慑已经足够了。[①] 但在公开进行核试验之后，印度总理在接受战略理论家最低限度核威慑理论的同时，强调印度核威慑的可信性，其核心就是要发展三位一体的核力量。印度的这种意愿非常迫切，由于核潜艇的研制进度太慢，印度在2001年进行利用水面舰只作为发射平台的弹道导弹试验。在战略学界，无论是最大限度派还是占主流的最低限度派，都积极主张发展三位一体的核力量。就目前现有的核力量而言，印度近期的核威慑主要依靠陆基核力量和空中核力量。[②] 在这两种核力量中，印度又强调要以陆基核力量为主。这一方面是因为陆基核力量相对于空中核力量所具有的战略优势，另一方面则是出于这样一种担心：在印巴双方发生军事危机时，印度在为执行常规军事任务而出动轰炸机时，有可能让巴基斯坦误认为印度会对它进行先发制人的核打击，从而招致巴基斯坦的第一次核打击。拉贾·梅农（Raja Menon）甚至建议印度主动与巴基斯坦签订一项军控协议，消除各自核武库中的空中核力量。[③]

第四，印度的核战略是一种打击资源（城市）战略，而非打击军事力量战略。印度公开核战略中坚持不首先使用核武器，这就排除了第一次核打击战略的可能性。强调发展第二次核打击能力，依靠较低规模的核力量对针对印度的“核讹诈”进行强有力的报复，这只能建立在打击资源（城市）战略的基础上。

第五，强调文职机构在战略制定中的主导权。在印度的战略文化传统中，就一直排斥军人在政治决策中的作用。核战略尽管是军事战略的

---

① K. Subrahmanyam, “Nuclear Force Design and Minimum Deterrence Strategy for India”, in Bharat Karnad ed., *Future Imperilled*: *India' s Security in the 1990s and Beyond*, New Delhi: Penguin books India (p) Ltd., 1994, pp. 189 - 195.

② 印度退役海军少将拉贾·梅农认为在2020年前，印度尚无法建立可靠的海基核力量。See Raja Menon, *A Nuclear Strategy for India*, New Delhi: Sage Publications, 2000, p. 224。

③ Raja Menon, *A Nuclear Strategy for India*, New Delhi: Sage Publications, 2000, p. 202.

一部分，但基于核武器不可轻易使用的特性，其政治意义大于军事意义，核战略的制定与核力量的发展与其说是军事问题，倒不如说主要是一个政治问题。在印度核武器发展历史进程中，军方所起的作用非常小。在印度公开宣布为核国家之后，鲜有证据表明印度政府在商议核大计时扩大了军方的参与度。①

---

① Stephen P. Cohen, *India*: *Emerging Power*, New Delhi: Oxford University Press, 2001, p. 191.

第六章／印度核战略的影响

在1998年5月进行公开核试验并宣布为核国家之后，印度的核政策进入了制定核战略原则并实施核战略实践的全新时期。印度的核战略以巴基斯坦和中国为主要威慑目标，这必然会对南亚地区的安全稳定和中印之间的安全关系带来深远影响。

第一节　印巴核威慑关系的稳定性分析

在印度的核辩护士们看来，印度只要拥有基本的核力量，就能将印巴之间的军事冲突限制在印度具有优势的常规武器的对抗范围内，核武器有利于稳定南亚地区的军事形势。① 但是，核威慑并不能防止常规战争的爆发，更不能遏制通常导致战争的政治危机。1998年南亚核试验一年之后，印巴之间就发生了卡吉尔战争，这是两个有核武器国家之间发生的第一场大规模的直接军事对抗。更有学者研究指出，卡吉尔战争恰恰是核武器引起的，巴基斯坦拥有核武器使其军队更大胆地实施其计划。② 2002年，印巴之间又发生了有可能导致战争的严重政治危机。无论是在卡吉尔战争还是2002年危机中，印巴双方领导人都多次发表核威

---

① Stephen P. Cohen, *India: Emerging Power*, New Delhi: Oxford University Press, 2001, p. 167.

② Pervez Hoodbhoy, "What, Us Worry?", Los Angeles Times, 9 June 2002, http://www.zmag.org/content/showarticle.cfm?ItemID=1927.

胁的言论。仅在卡吉尔战争期间，印度和巴基斯坦部长及其他官员发表的直接或间接的核威胁言论就不少于13次。[①] 在印巴两国都已进行公开核试验并开始制定发展核战略的背景下，两国之间发生常规战争和政治危机的可能性不但没有消除，而且基于双方的核叫嚣，南亚地区的安全局势面临着新的威胁。威慑是核战略的灵魂，印度核战略对南亚安全的影响最重要的体现就是对印巴核威慑稳定性的影响。

威慑既是军事技术概念，也是心理—政治概念，[②] 核威慑的稳定性分析也需要从这两个方面着手。从军事技术的角度来讲，威慑的双方为确保己方威慑的有效性，就需要不断进行高投入的技术革新，通过有计划地提高安全可靠的第二次打击能力，从而最终达到稳定的相互威慑。从军事技术角度来看，印巴之间远未达到稳定的相互威慑状态。[③] 但在稳定的核威慑如何得以维持这一问题上，美国学者约瑟夫·S. 奈（Joseph S. Nye）认为不应当仅从军事技术的角度寻找答案，核威慑双方政治关系的改进才是解决问题的关键。[④] 本节的分析即是从这一前提出发，引入国际关系中的学习理论，并借助约瑟夫·奈对核学习的论述，从心理—政治的角度来分析印巴核威慑的稳定性。

一、国际关系理论中的学习与核学习

古典现实主义理论认为，在无政府状态中，有一个与国家间政治相伴随的安全困境，这决定了各个国家必然要为权力而斗争。从这一逻辑出发，古典现实主义得出一个著名的观点，就是伴随强权兴衰的必然是

---

① M. V. Ramana and Zia Mian, "The Nuclear Confrontation in South Asia", http://www.inesap.org/bulletin23/art11.htm.

② ［美］詹姆斯·多尔蒂、小罗伯特普法尔茨格拉夫著，阎学通等译：《争论中的国际关系理论》，北京：世界知识出版社，2003年版，第379页。

③ 直到20世纪60年代中期，美苏两个超级大国才达到稳定的相互威慑。而印巴两国成为事实上的核国家不到十年时间，它们的核力量与20世纪60年代的美苏两个超级大国的核力量相比存在着相当大的差距。

④ See Joseph S. Nye, Jr., "Nuclear learning and U.S. - Soviet security Regimes", *International Organization*, Vol. 41, No. 3, 1987, p. 371.

战争。但是，在美苏对峙的核时代，这种理论无法解释美苏之间的冷和平。面对这一理论困境，新现实主义对古典现实主义进行了理论修正，强调两极体系的结构稳定性。但新现实主义的缺陷也很明显，即它过于强调体系的结构稳定性而无法解释国际政治的变化。而且，即使是稳定的两极也无法避免偶然事件促使威慑失败的情况发生。显然，对于国际关系这个复杂的领域而言，现实主义的权力理论的解释力是有限的。在约瑟夫·奈看来，只有对国际体系的强制性、国内社会的性质以及主要国家的政策进行综合考察，才能较为全面地解释国际政治。①

自由主义理论认为，有一个全球社会与国家并存，且与国家一起共同发挥作用，是制约国家行为的一部分外部环境。跨国界贸易、人民之间的接触以及国际制度，导致了难以用现实主义者那种纯粹的无政府观点解释清楚的情势。②

对于国际关系理论这两大传统，约瑟夫·奈认为它们之间的对立被过分夸大了，进而主张这两种理论分析方法应该互为补充，他的学习理论正是这两大理论相结合的产物。其学习理论主要解决的三个问题是：（1）国家在国际关系中如何学习；（2）国家利益如何被定义以及那些定义如何变化；（3）合作能否被学习。现实主义理论把国家的学习行为看作对国际体系结构变化的反应，或者把国家的学习行为放到博弈理论术语中去理解。当双方得利或者未来前景表明合作的回报很多时，国家将会改变它们追求利益的战略。从这种意义上讲，合作是可以被学习的。但是现实主义不能解释国际利益本身是如何再定义的。自由主义理论给出的答案是国内和国际因素的互动，从而对现实主义理论做出了很好的补充。③

---

① See Joseph S. Nye, Jr., "Nuclear learning and U. S. - Soviet security Regimes", *International Organization*, Vol. 41, No. 3, 1987, p. 372.

② ［美］约瑟夫·奈著，张晓明译：《理解国际冲突：理论与历史》，上海：上海人民出版社，2002 年版，第 7 页。

③ Joseph S. Nye, Jr., "Nuclear Learning and U. S. - Soviet Security Regimes", *International Organization*, Vol. 41, Vol. 3, 1987, p. 372.

（一）“学习”的概念与分类

在西方国际政治学界，自20世纪70年代后期以来，有关学习理论及其在外交上的应用一直是热门话题之一。[①] 因此，在奈以前，就有不少学者对学习理论进行过探讨。其中，罗伯特·杰维斯较早探讨了过去的事件对人们的知觉产生的影响，指出“一个人从国际关系史的重大事件中学到的东西是决定他的认识的重要因素，这种认识又影响到他对所接收的信息的解读”。[②] 这一观点为后来的大多数学者所接受。但是，对于“学习”的理解，不同的学者则有不同的看法。罗伯特·杰维斯的理解实际上主要集中在人们对历史事件的学习上。厄恩斯特·哈斯（Ernst Hass）对“学习”的理解则突破了这一范畴，他认为在国际关系里，当“新的知识被用来重新定义国家利益的内涵时”，便发生了学习过程。[③] 杰克·S. 列维（Jack S. Levy）则把研究重点放在“经验学习”上，并把它定义为“对经验的观察和解释引起的信念的改变或者新的信念、技能和程序的发展”。[④] 约瑟夫·奈的定义相对简单：“学习是通过研究或者经验来发展知识。”[⑤]

综合上述定义可以看出，国际关系中“学习”的内容大体分为两大类：一类是行为主体对历史经验（包括杰维斯提到的“国际关系史的重大事件”）的学习；另一类则是行为体对新的信息或者知识的学习。

根据学习主体的不同，学习理论家们在“个人学习”的基础上，又发展出“组织学习”和“政府学习”的概念。罗伯特·杰维斯认为，

---

① 参见王逸舟：《西方国际政治学：历史与理论》，上海：上海人民出版社，1998年版，第455页。

② ［美］罗伯特·杰维斯著，秦亚青译：《国际政治中的知觉与错误知觉》，北京：世界知识出版社，2003年版，第217页。

③ Ernst Hass, “Why Collaborate? Issue-Linkage and International Regimes”, *World Politics*, Vol. 32, No. 3, 1980, p. 390.

④ Jack S. Levy, “Learning and Foreign Policy: Sweeping a Conceptual minefield”, *International Organization* Vol. 48, No. 2, 1994, p. 283.

⑤ Joseph S. Nye, Jr., “Nuclear learning and U. S. - Soviet security Regimes”, *International Organization*, Vol. 41, No. 3, 1987, p. 378.

"如果一个事件影响到一个组织团体中许多成员的知觉倾向，就可以说这是属于组织团体的学习的范畴了"。[①] 杰克·列维对"个人学习"、"组织学习"和"政府学习"的关系做了较完整的阐述。在他看来，"组织学习"同单个人学习不同，它只是通过服务于组织中的个人，并且以将个人习得有选择地转化为组织程序完成的；"政府学习"则是把个人学习和组织学习得到的结论有选择地转化为政府的制度和决策程序。在不同的政治体系下，政府学习的方式是不一样的。高度集权的政治体制下，最高领导人及其最有实力的决策层既从他们的智囊团那里了解和借鉴历史，也凭借当权者个人的经历与智慧来观察和分析环境；比较分散的政治体系中，各种权力相互制衡的结果，使学习过程显得更加多元和有力。然而，究竟是个人学习更重要，还是组织学习或政府学习更重要，要取决于具体的情况、具体的国家和具体的问题。[②]

按目的—手段关系链中学习作用的差别，约瑟夫·奈把国际关系中的学习分为"简单学习"和"复杂学习"。"简单学习"仅用新的信息改变手段，而没有改变目的—手段链中的居于深层次的目的；"复杂学习"则是在因果关系复杂的情况下认识到目的和手段之间的冲突，从而导致新的优先选择和新的权衡。他认为大多核行为中的变化仅仅是因环境改变而改变了手段，比较少的情况下才出现目标的调整以及新规则的发展。[③] 他认为两种学习都重要，但"复杂学习"比"简单学习"具有更多的重要性。

（二）学习的作用

理论的产生总是根源于对现实的关注。国际关系学者对学习理论的兴趣主要在于研究学习对对外政策的影响，进而研究它对国家间关系产

---

① ［美］罗伯特·杰维斯著，秦亚青译：《国际政治中的知觉与错误知觉》，北京：世界知识出版社，2003 年版，第 244 页。

② Jack S. Levy，"Learning and Foreign Policy：Sweeping a Conceptual minefield"，*International Organization* Vol. 48，No. 2，1994，pp. 287 – 289.

③ Joseph S. Nye，Jr.，"Nuclear learning and U. S. – Soviet security Regimes"，*International Organization*，Vol. 41，No. 3，1987，p. 380.

生什么样的影响。

首先，应当明确的是，学习并不必须等于或者导致政策的变化。一方面，国家很可能因外部因素的变化而改变自己的外交政策，也可能因领导层的变化而调整某个时期的对外方针，还可能因官僚体系或社会层面上发生的联盟改组而修正特定的政策，当然也会因个人对于政策目标的看法、信念的变化而引起政策变化过程。所有这些变量都对政策产生作用，但只有最后一种属于“学习—政策变化”的范畴。[①] 另一方面，行为主体可能从经验中学习到了一些东西，但是国内因素有可能妨碍他们用所吸取的教训去改变政策。约瑟夫·奈也指出，“新信息带来的信念的变化并不一定会产生政策影响”。[②]

其次，“社会结构和政治权力的转移，决定着谁的学习能起作用”。[③] 因此，人们不但要了解同代人对普通经验的解释是不同的，而且也要理解公众舆论、社会团体以及政治精英中所发生的信念的转变。[④] 罗伯特·杰维斯特别指出领导人的代际变化会对学习的效果产生影响。在他看来，通过代际更换，政治决策层能够具有新的面目，新的政治决策者更愿意也更容易将新的观念、思想和学习过程引入决策过程。[⑤]

再次，从过去政策的成败中学习特别重要。过去政策的成功有助于政策的连续性，过去政策的失败会导致政策的改变。对于没能预料到的失败而言，领导人从中学习的东西更深刻，从而对以后政策制定的影响更大。而且，一般说来，领导人从失败中学到的东西比从成功中学到的东西对政策的影响更大。[⑥]

---

① Jack S. Levy, “Learning and Foreign Policy: Sweeping a Conceptual minefield”, *International Organization* Vol. 48, No. 2, 1994, pp. 289 – 290.

② Joseph S. Nye, Jr., “Nuclear learning and U. S. – Soviet security Regimes”, *International Organization*, Vol. 41, No. 3, 1987, p. 379.

③ Ibid., p. 381.

④ Ibid.

⑤ 参见［美］罗伯特·杰维斯著，秦亚青译：《国际政治中的知觉与错误知觉》，北京：世界知识出版社，2003 年版，第六章。

⑥ Jack S. Levy, “Learning and Foreign Policy: Sweeping a Conceptual minefield”, *International Organization* Vol. 48, No. 2, 1994, pp. 304 – 305.

最后，学习可以改变意向。国际关系中的镜像理论认为：同关系恶化的过程一样，紧张局势的缓和过程也是一个相互反映的过程。如果一方能打破恶性循环，主动表示友好并做一些让步，另一方的行为也迟早会向好的方向转变。[①] 对立双方之间存在的这种相互学习的过程有利于双方建立合作，进而对于缓和双方之间紧张的冲突关系有着重要意义。

（三）核学习

在两个对峙的核国家之间，约瑟夫·奈认为存在着一个"核学习"的过程，这对双方的核威慑关系有稳定作用。在《核学习与美苏安全机制》一文中，奈认为，在美苏核对峙的40多年中，有关核武器的新的信息以及美苏两国处理核问题的经验改变了两国以前的信念，并且在以下几个领域两国在很大程度上达成了共识，从而建立了不同程度的合作机制。[②]

第一，核武器的巨大破坏性以及不可使用性。双方都认识到核战争不仅会带来重大伤亡，而且它对环境的破坏是无法估量的。对此，美苏双方的政府在核时代都学到了不少。虽然发明核武器是为了使用，但双方关于核武器讨论最多的是它的不可使用性或者核武器只能用来威慑。在认识到美苏双方之间的任何冲突都有可能带来灾难性结果的情况下，两国政府都强调要防止双方间包括核战争和常规战争在内的任何战争。在美国方面，尽管没有公开宣示不使用核武器，但是许多观察家都相信美国在核武器的使用方面实际上采取的是不使用立场。在苏联方面，斯大林时代苏联还坚持认为两大阵营之间不可避免地要发生战争，但在1956年苏共二十大上赫鲁晓夫完全改变了这一立场。

第二，对核武器的指挥控制的重要性。在美苏拥有核武器数量都还比较有限的年代，双方把核武器置于各自的民政机构的控制之下。当双

---

① ［美］詹姆斯·多尔蒂、小罗伯特普法尔茨·格拉夫著，阎学通等译：《争论中的国际关系理论》，北京：世界知识出版社，2003年版，第263页。

② Joseph S. Nye, Jr., "Nuclear learning and U.S. - Soviet security Regimes", *International Organization*, Vol. 41, No. 3, 1987, pp. 382 - 391.

方的核武系统变得更多和更复杂之后，双方都设计出更精心的技术和政治方法，以用来解决控制问题以及减少意外的核战争的危险。

第三，防止核武器向更多国家扩散。在20世纪五六十年代，美苏两国都天真地认为与盟国分享核技术是有利的，并且核技术的扩散规模能够被控制，同时认为和平核技术的出口能够避免军用。但是，科技知识的发展以及美苏两国的外交经历改变了它们的态度和政策。这一学习的成果尤为显著，美苏先后建立了包括《部分禁试条约》与《不扩散核武器条约》在内的安全机制。

第四，要对双方发展军备进行控制。原先的一些幻想（如一项技术革新不会很快被对方获得等）被抛弃了。美苏两国都逐渐认识到进行正式的军备控制谈判的重要性，因此冷战期间美苏两国进行了多次军备控制谈判，也达成了一些重要的双边军控协议。

第五，必需的威慑力量。核威慑原则的模糊性以及不确定性阻碍了美苏双方的学习。

奈认为，由于核稳定的复杂性，美苏双方都继续寻求威胁对方力量的尝试，从而使得第五个方面很难发展出某种机制以及进行明确的合作。但是前面四个方面的核学习以及随之而来的共识确实导致了双方明确的合作，尽管这种合作还很有限，而正是这些合作促成了冷战时期美苏两国间大体比较稳定的核威慑状态。

二、核学习对印巴核威慑稳定性的影响

1998年5月11日和13日，印度进行了五次核试验。作为对印度核试验的回应，巴基斯坦于5月28日和30日也进行了六次核试验。这些核试验使南亚次大陆安全状况急剧恶化，从而引起了学者们的忧虑。核试验结束后，印巴双方均着手发展和实施各自的核战略，为此双方致力于在数量和质量两个方面发展核武器，并逐步巩固核武器的基础设施。由于印巴两国长期的敌对关系，南亚地区长期处于不稳定状态，因此在许多学者看来，在印巴两国迈过“核门槛”后，南亚地区已成为当今世

界最有可能出现核威慑失败，从而导致核武器使用的地区。

在核试验结束后不久，印巴双方都出现了很多煽动性言论，大有要把核武器投入使用之势，核试验本身也在南亚引起了一场严重的核危机。但是，从南亚核危机，到之后的卡吉尔战争，再到后来的2002年危机，南亚核对峙也始终只是停留在口头上，这些冲突最终都未能演变成一场核冲突，将来这种状况也不大可能出现，其中一个重要的原因在于：南亚核试验后双方关系的互动中，存在着一个核学习的过程，这种学习过程有利于稳定印巴之间的核威慑关系。

在南亚核试验后，经过一段时间的学习，印巴双方至少在以下三个方面达成了共识：

（一）核武器主要用于威慑，对核武器的使用设限

对于核武器的用途，印巴两国政府和人民都存在着一个学习过程。印度的原子能项目开展较早，但直到20世纪60年代，对于该项目在军事上的用途仅仅有极少数人能够说得出来。[①] 但几十年过去了，情况发生了很大的变化，其中重要原因在于，人们从美苏两国在冷战期间核对峙的历史经验中已经积累了很多有关核武器用途的知识。在印巴两国相继核爆后，这些知识自然成为两国政府官员以及民间学者学习的重点。M. V. 拉马纳指出，如果在孟买爆炸一枚广岛级的核武器，在几个星期时间内就会导致15万到80万人死亡，在南亚其他人口密集的城市同样会造成类似悲剧。[②]

正是认识到核武器的这种巨大威力，印巴两国都逐渐认识到核武器的主要用途应该是威慑，除非是在国家的核心利益受到严重挑战的情况下才能使用。为了明示自己的政策，它们都先后通过不同的方式表示核武器只有极少数情况下才会使用。在1999年出台的《核原则草案》以

---

① Stephen P. Cohen, *India: Emerging Power*, New Delhi: Oxford University Press, 2001, p. 160.

② M. V. Ramana, "Effects of a Nuclear Blast Over Bombay", http: //www. ippnw. org/MGS/V5N2Ramana. html.

及2003年公布的官方核理论文件中，印度都声称“不首先使用”，“核武器只有在回击对印度领土或对任何地方的印度军队所发动的核攻击时才使用”。巴基斯坦陆军战略计划司司长卡利德·基德韦（Khalid Kidwai）将军则指出，“如果巴基斯坦作为一个国家存在本身处在危险情况下，核武器才能被使用，导致这种危险的情形包括：（1）印度攻击巴基斯坦并占领它的大片领土；（2）印度毁灭了巴基斯坦武装力量的大部分；（3）印度对巴基斯坦实施经济封锁；（4）印度在巴基斯坦造成政治不稳定，或者进行大规模的内部颠覆活动”。①

（二）需完善核武器指挥控制系统，防止意外核战争的发生

对于核国家而言，建立核武器指挥控制系统的一个重要目的就是为了确保对核武器的政治控制，与此相关联的则是要避免意外使用或者未经授权使用的情况发生。印巴两国长期处于敌对状态，两国的极端势力都主张利用核武器达到各自的政治目的，因此对印巴两国政府而言，对核武器的使用权进行严格控制就显得尤为迫切。1999年2月拉合尔峰会上达成的拉合尔宣言承诺，两国“将立即采取措施减少意外使用或未经授权使用核武器的风险”。②

巴基斯坦率先建立了由军方、政治家以及科学家组成的核武器控制指挥当局，当时的总统穆沙拉夫拥有最终发言权。但实际上，巴基斯坦军队完全控制了核武器的指挥控制权，其他政治和官僚机构并没有发挥作用的余地。巴基斯坦的这种政治体制较容易引起人们关于巴基斯坦不会遵守核威慑规则的猜疑。但是，正如迈克尔·金兰爵士所说：“很难想象到，任何一个协调的政治社会会没有其所珍视的东西而不怕别人破坏或捣毁的。”③ 这一点即使在巴基斯坦这样一个极端困难的国家也是如

---

① M. V. Ramana and Zia Mian, “The Nuclear Confrontation in South Asia”, http://www.inesap.org/bulletin23/art11.htm.

② http://www.indianembassy.org/South_Asia/Pakistan/lahoredeclaration.html.

③ ［英］迈克尔·金兰爵士：《威慑过时了吗？》，斯德哥尔摩国际和平研究所编，中国军控与裁军协会译：《SIPRI年鉴2003：军备·裁军和国际安全》，北京：世界知识出版社，2004年版，第860页。

此。印度的政治权力比较分散，由于陆军、空军以及国防部内部的官僚争斗，印度的核武器指挥控制系统建立步伐落后于巴基斯坦。到2003年1月，印度政府才宣布已建立一个两个层次的机构——核指挥局来管理核、导武库。核指挥局由总理任主席的政治委员会和总理的国家安全顾问任主席的执行委员会组成。

（三）稳定核军备竞赛，秉承建立最低限度的有效核威慑原则

印巴核试验引发的煽动性言论平息之后，两国政府认识到这么做的危险性，开始向着军备控制和缓和迈出了第一步。如同冷战时期两个超级大国一样，印度和巴基斯坦也试图把核问题的辩论从裁军转到核威胁的处理上来，[①] 于是在1999年2月，印度总理瓦杰帕伊和巴基斯坦总理谢里夫举行了拉合尔峰会。尽管拉合尔会议所带来的南亚和缓的安全气氛很快就被卡吉尔战争破坏了，但这次峰会上达成的拉合尔宣言为限制南亚地区的核武器威胁和启动核裁军提供了一个可能的基础，如果两国进入较好的外交关系时期的话。[②]

核威慑思想的形成基本上是在美苏冷战时期，其内容已经相当丰富。对印巴这两个新兴的核国家而言，在学习西方核威慑思想的同时，结合本国的战略需求以及本国的实际相当重要，它们最终在这点上也达成了共识。一方面既要强调核威慑的可信性，另一方面又要强调这种有限性是最低限度的。早在1999年8月17日印度国家安全顾问委员会发表的印度核理论的报告草案中，印度就提出建立“可信的、最低限度的威慑”，这在2003年印度政府发表的官方核理论文件中再次被重申。巴基斯坦则在1998年核试验后就一直奉行建立一支与印度核武器库相当规模核力量的核政策，强调不惜代价保持最低限度的有效威慑力。虽然都在致力于发展各自的核力量，印巴两国的核武库在一段时间内仍将保持目

---

① M. V. Ramana and Zia Mian, “The Nuclear Confrontation in South Asia”, http://www.inesap.org/bulletin23/art11.htm.

② Mian, Z. and Ramana, M. V., “Beyond Lahore: from transparency to arms control”, Economical and Political Weekly, Apr. 17 1999, p. 941.

前水平。①

综上所述，自1998年印巴两国成为事实上的核国家后，两国经过一段时间的核学习，逐步达成了一些共识，并使得两国之间在核安全问题上有了一些初步的合作，从而在一定程度上促进了印巴核威慑的稳定性。但是，印巴核威慑总体上仍处于不稳定状态，除了技术上的因素外，乃在于印巴两国在核学习过程中出现了一定程度的偏差。这主要表现在：1999年的卡吉尔战争和2000年危机中两国频繁使用核威胁的言论，以及它们所采取的核边缘政策。这与印巴两国尚处于核学习进程的初步阶段是相关的。实际上，美苏两国之间的核学习进程历时多年，它们之间因核学习建立起来的不同程度的合作机制也是一步步建立起来的，所以印巴核学习还有很长的路要走，而随着核学习进程的不断深入，印巴之间的核威慑关系将会更趋于稳定。印巴两国在学习过程中的代际转换值得期待。一方面，新一代的领导人更容易转换他们的思维，在双边关系中因此有可能采取更加合作的立场，而一方的主动合作又会改变另一方的敌对意向，从而使得印巴关系进入一种良性循环中；另一方面，新一代的公众之间随着了解的增多，也就更能理解政府的政策，从而减少印巴和解的压力。

第二节　印度核战略与中印安全关系

在1998年进行公开核试验前后，印度高层政治领导人曾多次散布“中国威胁”论，中国国内学者通常将这理解为印度进行核试验的借口。②

---

① M. V. Ramana and Zia Mian, “The Nuclear Confrontation in South Asia”, http: //www. ine-sap. org/bulletin23/art11. htm.

② 这方面的著述较多，可参见杜幼康：《印度核试验与中印关系》，《国际问题论坛》1998年第3期；张文木：《核试后南亚形势及走向》，《战略与管理》1999年第2期；张力：《印度的核政策与核战略》，《南亚研究季刊》2000年第2期；张力：《印度核试以来的中印关系》，《南亚研究季刊》2004年第1期；林良光、叶正佳、韩华著：《当代中国与南亚国家关系》，北京：社会科学文献出版社，2001年版，第三章。

这只是看到了问题的一个方面，更值得注意的是，这些言论同时也反映了印度长期以来对中国的安全担忧。尽管中印关系近些年来有了很大的进展，但印度仍然将中国视为战略上的对手，在规划其军事战略尤其是核战略时更是如此。印度战略学家自20世纪80年代就开始规划印度的核战略，其中最重要的假想敌就是中国。在1998年公开核试验后，他们更积极鼓吹发展针对中国的核威慑力量。① 印度作为中国的重要近邻，在其核战略以中国为重要战略目标的情况下，中印安全关系必然受到深远影响。

一、1998年印度核试验后的中印关系

1998年4月16日，印度国防部长乔治·费尔南德斯在前往西部边境进行视察的途中向随行记者发表谈话，攻击中国军队在所谓的“阿鲁纳恰尔邦”修建直升机停机坪。此后又于5月3日在新德里向私营印度国内电视台发表谈话，变本加厉地把中国说成是对印度的“头号潜在威胁”，“超过了巴基斯坦”。② 英国《金融时报》驻新德里记者马克·尼科尔森（Mark Nicholson）认为费尔南德斯的讲话反映印高级军方人士这样的看法：从长远看，对印的主要军事挑战来自中国而非巴基斯坦，他们要求对中国采取更加强硬的路线，中印边界争端只有采取强有力的立

---

① 在印度学者论述印度核战略相关的论著或论文中，毫无例外地都会提到发展针对中国的核威慑力量。See Jasjit Singh ed., *Nuclear India*, New Delhi: Knowledge World, 1998; Amitabh Mattoo ed., *India's Nuclear Deterrent: Pokhran Ⅱ and Beyond*, New Delhi: Har-Anand Publications Pvt Ltd., 1999; Raja Menon, *A Nuclear Strategy for India*, New Delhi: Sage Publications, 2000; V. N. Khanna, *India's Nuclear Doctrine*, New Delhi: Samskriti, 2000; M. L. Sondhi, *Nuclear Weapons and India's National Security*, New Delhi: Har-anand Publications Pvt Ltd., 2000; Bharat Karnad, *Nuclear Weapons & Indian Security: The Realist Foundations of Strategy*, Delhi: Macmillan India Limited, 2002; K. Sundarji, *Vision 2100: A Strategy for the Twenty-Fist Century*, Delhi: Konark Publishers Pvt Ltd., 2003.

② 有关费尔南德斯的言论参见林良光、叶正佳、韩华著：《当代中国与南亚国家关系》，北京：社会科学文献出版社，2001年版，第97—98页。

场才有可能获得解决，要求公开印度的核威慑力量。[①] 在费尔南德斯发表有关“中国威胁”言论后不久，印度就于1998年5月11日和13日进行了两轮共五次核试验。中国政府对印度核试验的第一反应并不强烈，在第一轮核试验结束后，中国外交部发言人朱邦造只是表示中国政府“严重关切”印度的核实验，并指出印度进行核试验违背了国际潮流，不利于南亚地区的和平与稳定。[②] 但是在印度进行第二轮核试验后，《纽约时报》披露了印度总理瓦杰帕伊写给美国总统克林顿的秘信，其中提到中国对印的“核威胁”，并不指明地提到印度曾在1962年遭到“武装侵略”。[③] 显然，印度有意以“中国威胁”作为进行核试验的借口，中国政府对印度核试验的表态随之发生了变化。中国外交部于5月15日发表声明表示：“印度政府不顾国际社会的强烈反对，继五月十一日进行核试验之后，又于五月十三日再次进行两次核试验，中国政府对此深感震惊，并予以强烈谴责。……印度政府冒天下之大不韪，破坏禁止核试验的国际努力，企图称霸南亚，挑起南亚核军备竞赛，却诬蔑中国对其构成核威胁，这是毫无道理的。”[④] 新华社在5月19日发表文章，指出“麦克马洪线”是非法的，1962年大规模边界冲突的起因是印度政府继续奉行其扩张政策。文章谴责印度用“中国威胁论”为借口进行核试验，不顾近期以来两国关系的良好进展，混淆国内公众舆论的视听。文章指出，印度用核武器对中国和其他邻国构成了新的威胁，印度必须立即停止发展核武器。同时，文章还批评了印度在西藏问题上的政策，用词尖锐：“事实上，印度在西藏问题上扮演了极不光彩的角色”，“在西藏问题上，印度当局是对不起中国人民的”。[⑤] 至此不难看出，印度为推卸破坏核禁

① 参见林良光、叶正佳、韩华著：《当代中国与南亚国家关系》，北京：社会科学文献出版社，2001年版，第99页。

② See Jing-dong Yuan, “Foe or Friend? The Chinese Assessment of a Rising India After Pokhran-Ⅱ”, in Lowell Dittmer eds, *South Asia's nuclear security dilemma*: *India*, *Pakistan*, *and China*, N. Y. Armonk: M. E. Sharpe Inc., 2005.

③ “Text of the Indian Prime Minister's letter to the American President”, http://www.ipcs.org.

④ 《人民日报》1998年5月15日，第1版。

⑤ “历史不容否认，事实胜于雄辩”，《人民日报》（海外版）1998年5月19日。

试的责任而推出“中国威胁”的做法严重损害了此前已有较大改善的中印关系。许多印度人认为，中国反对、谴责的并不是核试验本身，而主要是对核试后印总理致克林顿的那封信感到愤怒，其中将所谓中国因素作为印度核试和核选择的理由。[①]

面对印度政府的无端指责，中国政府除了对印度行为进行谴责之外，还通过外交努力消除印度核试验的消极影响。中国采取的第一个外交行动是与美国一起号召联合国安理会五个常任理事国，就印巴核试验召集一次部长会议。1998 年 6 月 4 日，五个常任理事国的外长在日内瓦召开会议，这次会议通过了《关于印巴核试验的联合声明》。两天之后，中国作为联合国安理会的轮值主席，又积极促成联合国安理会通过了 1172 号决议。该决议谴责印巴核试验，要求它们立即停止核武器计划，无条件签署《不扩散核武器条约》和《全面禁止核试验条约》。6 月 26 日，中国国家主席江泽民与来访的美国总统克林顿就南亚问题发表了一份联合声明，再次谴责印度核试验，表示双方同意在安理会内与其他国家密切合作，以防止南亚核及导弹竞赛升级，加强国际防扩散努力。声明还表示，尽管印、巴进行了核试验，但根据《不扩散核武器条约》，印、巴不享有核武器国家地位。[②] 在双边层面，中国在印度核试验后宣布无限期中止中印联合工作小组[③]（Sino-Indian Joint Working Group）例会，双方就边界问题展开的谈判就此被暂时搁置下来。

核试验也使印度在国际上陷入极为孤立的困境。除了前文提到的五国外长联合声明以及安理会通过的 1172 号决议对印度核试验予以谴责外，不少国家还召回了驻印大使以示抗议；美国率先对印采取制裁措施，包括禁止双边经济援助、军事和技术交流；日本等国则宣布对印度实施经济制裁；东盟国家指责印度核试验严重阻挠了东盟为建立东南亚无核

---

① 张力整理：《印度学者谈印度核战略》，《南亚研究季刊》2000 年第 1 期。

② 《人民日报》1998 年 6 月 28 日，第 2 版。

③ 1988 年印度总理拉吉夫·甘地访华期间，中印双方同意成立副部级联合工作小组，以寻求边界问题的解决办法。第二年，中印联合工作小组（JWG）正式成立，除首次会谈外，规定此后轮流在双方首都每年举行一次会议，原定于 1998 年 8 月在北京举行的第 11 次例会因印度核试验后中印关系的逆转而取消。

武器区的努力；整个欧盟感到“震惊与愤慨”；甚至一向对印度友好的俄罗斯也对印度的核试验表示“遗憾和失望”。[①] 因此，在核试验之后，印度也急于修复同世界各国之间的关系，这也包括与中国的关系。但中印对话一度陷入停顿，引发了两国关系缓和后少见的危机。这主要源于双方之间的以下分歧：中国提出“解铃还需系铃人”，要求印度就以“中国威胁”为借口发展核计划做出道歉和解释，并停止核军备化进程；印度则需要中国认可新出现的战略现实，即接受印度成为核国家的既成事实。[②] 就当时情况而言，中印之间几乎没有希望进行任何有实质意义的核对话。

由于促使中印两国改善关系的深层动因基本未变，[③] 中印双方随着国际和地区局势的变化相继采取了比较务实的政策，经过艰难努力逐渐打开了恢复对话的局面。在印度核试验之前，影响中印关系的两个关键性问题分别是两国领土争端以及中巴战略关系，两国之间关系的缓和也正是双方从这两个问题上的对话开始的。1999 年 2 月，印巴之间开展了“巴士外交”，双方签署了《拉合尔宣言》。印巴和解有利于中印关系的正常化，因此中国对这一举动表示赞赏。2 月底中印两国官员在北京开始自印度核试以来的首次正式接触。5 月中旬，印巴之间在克什米尔发生了卡吉尔冲突。冲突期间，巴基斯坦和印度两国高层领导人先后访问中国。在巴基斯坦陆军参谋长穆沙拉夫率团访问中国期间，中国外交部长唐家璇代表中国政府指出，中国希望印巴之间能找到政治解决的有效途径；印巴两国同为南亚地区的重要国家，应共同防止克什米尔问题升级。[④] 随后印度外长贾斯旺特·辛格访问中国，印度舆论对他的访问事

---

① 参见杜幼康：《印度核试验与中印关系》，《国际问题论坛》1998 年第 3 期，第 25 页。

② 张力：《印度核试以来的中印关系》，《南亚研究季刊》2004 年第 1 期，第 39 页。

③ 这些深层动因包括：中印两国均致力于经济建设和社会发展，既需要稳定的国内局势，也需要和平的国际环境；中印都面临西方经济技术控制以及政治干涉的威胁；鉴于中国与印度邻国的关系以及中国在南亚地区的影响，印度需要改善与中国的关系；印度此番以“中国威胁论”为由进行核试验基本上是策略性的，它的“北防、西攻、南下”军事战略在可以预见的将来不会发生改变。参见杜幼康：《印度核试验与中印关系》，《国际问题论坛》1998 年第 3 期，第 25—26 页。

④ 参见张力：《印度核试以来的中印关系》，《南亚研究季刊》2004 年第 1 期，第 44 页。

前就抱乐观态度，认为这次访问正遇上中国重新调整外交政策和南亚政策的关键时刻，中国已重新开始重视印度对国际新秩序可能做出的积极贡献，并已经确认了它对卡吉尔冲突所持的中立立场；中印外长的会谈尽管可能不会使中国与印度在后者的核地位问题上达成一致，但中国不会让核试的阴影笼罩与印度的未来关系。① 印度学者认为，中国的中立态度清楚地表明中国在南亚政策方面的新立场，这使1998年5月印度核试验之后偏离轨道的中印关系又渐入正轨。②

就双方领土争端展开的对话在1999年也逐渐恢复。这一年4月16日，原本应在1998年8月举行的联合工作小组第11次例会在北京恢复举行。联合工作小组恢复工作表明两国关系摆脱了因印核试验引起的外交僵局，但此时两国关系并没有彻底走出印度核试的阴影。2000年是中印建交50周年，在强调双边关系正常化的气氛中，印度总统科切里尔·纳拉亚南（Kocheril Narayanan）访华，他的访问基本上结束了印度核试以来两国之间的紧张状态，使两国关系接近于恢复正常。在依旧敏感的边界问题上，纳拉亚南提出尽快完成第一阶段的边界勘定工作、划定双方实际控制线。2003年6月，印度总理瓦杰帕伊访华，双方重申愿通过平等协商，寻求公正合理以及双方都能接受的解决边界问题的方案，在最终解决之前共同努力保持边境地区的和平与安宁，致力于继续执行为此目的签署的有关协定。双方同意各自任命特别代表，从两国关系大局的政治角度出发，探讨解决边界问题的框架。经过双方特别代表五次会晤，2005年4月，两国政府签署了《关于解决中印边界问题政治指导原则的协定》以及《关于在中印边境实控线地区军事领域建立信任措施的实施办法的议定书》。2005年9月和2006年3月，双方特别代表举行第六次和第七次会晤，开始探讨解决边界问题的框架。③ 至此，中印边界

---

① 参见张力：《印度核试以来的中印关系》，《南亚研究季刊》2004年第1期，第44页。

② ［印］斯瓦兰·辛格著，周可欣编译：《核试爆后的中印关系及其走向》，《南亚研究季刊》1999年第4期，第54页。

③ 参见中国外交部网站，http：//www.fmprc.gov.cn/chn/wjb/zzjg/yzs/gjlb/1328/default.htm。

谈判已经取得重大进展，中印关系也因此完全进入一个较好的发展时期。

二、印度核战略对中国战略环境与南亚政策的影响

在印度1998年核试验之前，中印安全关系主要受到两国之间悬而未决的边界争端以及中巴战略关系这两大问题的影响。在核试验前后，印度在这两大问题上大做文章，渲染“中国威胁”并以此作为核试验的借口，原已缓和的中印关系由此出现大的倒退。在两国的共同努力下，双方正是以两大问题为突破口使中印关系重新趋于正常。但是，印度核试验又给中印安全关系增添了一个新的难题，即中印之间在核问题上的分歧：中方要求印度以“中国威胁”为借口发展核计划做出道歉和解释，并停止核军备化进程；而印度则要求中国接受印度成为核国家的既成事实。这一分歧在双方关系缓和的过程中实际上被回避了，尽管“中国威胁论”在双方关系正常的过程中渐渐消退了，然而印度此次核试验与1974年的核试验有着很大的不同：1974年英迪拉·甘地政府将核试验冠以“和平核爆”的名义，而且随后并没有将印度引向核武器化的道路上去；1998年核试验后，瓦杰帕伊政府公开宣布印度为核国家，并开启了印度的公开核武器化进程。印度核政策已经进入一个制定核原则并进行核战略实践的新时期，但不幸的是，“中国威胁”仍是印度核战略制定与发展的重要依据。因此，随着印度核战略的制定与实施，中国的战略环境必然受到影响。如何在新的战略环境中应对拥有核武器的印度，已成为中印安全关系中的重要议题。

（一）印度核战略与中国的战略环境

印度领导人在核试验后散布的“中国威胁”言论不能不引起中国的担忧。对中国来说，身边突然出现一个公开表示敌意的核国家，对中国的安全环境无疑是种挑战，而且随着以中国为重要威慑目标的印度核战略的制定与实施，中国安全受到的挑战也就越来越大。不仅如此，由于印度核战略的深入发展，南亚地区的核武器化已形成不可逆转之势，中

国因此面临的地缘政治环境随之恶化。此外，在印度成为事实上的核国家并开始公开制定核战略之后，美国南亚安全战略做出了重大调整，印美关系对中国安全的影响也越来越大。

1. 印度发展针对中国的核威慑

中印关系的一个奇怪但重要的特征是两国间存在着不对称的威胁观：印度对中国怀有深深的恐惧，而中国并不将印度视为严重威胁，并且对印度视中国为威胁的想法难以理解。① 因此，1998 年印度以“中国威胁”作为进行核试验借口的做法激怒了中国，并引起了中国的强烈反应。但是，印度领导人在核试验前后的“中国威胁”论调却真实反映了印度长期以来的安全担忧。1997 年至 1998 年的印度国防部年度报告声称：“印度清醒地认识到中国是一个核武器国家，并且继续维持着一支世界最大之一的常备军。……中国对巴基斯坦核武器和导弹项目的帮助也直接威胁到了印度的安全。”② 印度核试验之后，就在中印关系恶化期间发布的 1998 年至 1999 年度国防部报告尽管针对“中国威胁”的措词有所缓和，但仍提到印度对中印之间未解决的边界问题的关注，并称“中国帮助巴基斯坦发展核武器项目，而且向巴基斯坦转移导弹和导弹技术，从而影响了南亚地区的安全状况”。③ 在最近一份印度国防部年度报告中，印度在论及对中国的安全关注时仍集中在边界问题和中巴关系上。由于中印边界谈判近些年已取得较大进展，这份报告表示中印双方正着手通过和平手段来解决双方的边界争端。但报告中仍表示印度应关注“中印之间的国防贸易以及中巴之间的核合作和导弹合作”。④ 事实却是：中国在 1992 年就加入了《不扩散核武器条约》，因此也就接受了有关核技术转让的严格规定；在导弹技术转让方面，尽管中国并不是《导弹及其技术

---

① John W. Garver, “Asymmetrical Indian and Chinese Threat Perception”, in Sumit Ganguly, *India As an Emerging Power*, London and Portland: Frank Cass, 2003, p. 109.

② Quoted in John W. Garver, “Asymmetrical Indian and Chinese Threat Perception”, in Sumit Ganguly, *India As an Emerging Power*, London and Portland: Frank Cass, 2003, p. 112.

③ Ibid.

④ Annual Report Year 2005 - 2006, Ministry of Defence, Government of India, http://mod.nic.in/reports/MOD-English2006.pdf, p. 10.

控制制度》（MTCR）的成员国，但中国已经在1992年承诺严格遵守MTCR的准则；2004年正式加入了核供应国集团（NSG），这是中国对国际防核扩散努力的重要贡献。因此，直到现在印度还指责中国向巴基斯坦转让核和导弹技术是没有道理的，这种指责只是印度用来制造“中国威胁”的借口。

对印度领导人在1998年核试验前后发表“中国威胁”言论的做法，印度主流舆论对此持批评态度。但是，这种批评主要集中在印度领导人不应该公开宣称“中国威胁”，认为这是笨拙的外交行为。而对于印度领导人对“中国威胁”的评价，主流舆论总体上是认可的。[①] 实际上，印度总理瓦杰帕伊写给美国总统克林顿的信中提到的“中国威胁”，是与前述印度国防部年度报告中的内容相一致的。同样的言论还可见于贾斯旺特·辛格于1998年发表在美国《外交事务》杂志的文章中，而发表这篇文章时辛格正在印度外交部长任上。这篇文章集中论述了中国如何帮助巴基斯坦发展核项目和导弹项目。辛格认为，中国对巴基斯坦的所谓“扩散”构成了“对印度安全的威胁”，“中国的崛起和印度与巴基斯坦关系持续紧张使20世纪80年代和90年代成为印度极为麻烦的一段时期”。[②] 在印度感到面临“中国威胁”的情况下，印度的战略理论家纷纷主张发展针对中国的核威慑力量。

印度军方至今仍然对1962年中印边界冲突中的失败感到耻辱，他们对中国的不信任是根深蒂固的。一些经历过1962年中印边界冲突的军官退役后加入了战略理论界，他们对费尔南德斯的“中国威胁论”大加赞赏。布里杰什·D.贾亚尔（Brijesh D. Jayal）是军人出身的战略理论家的代表，他提醒印度不要忘记所谓中国在与其他国家打交道时是以力量为后盾，并且不会放过任何利用敌人弱点为自己谋利的机会，指责中国仍然占领了数万平方公里的印度领土，且对更多的印度领土怀有野心。

---

① See Karsten Frey, *India's Nuclear Bomb and National Security*, *London and New York*: *Routledge*, 2006, p. 117.

② See Jaswant Singh, “Against Nuclear Apartheid”, http: //www. indianembassy. org/pic/js/js (foreignaffairs) . html.

为了对付这样一个中国，印度也必须以军事力量为后盾，包括部署针对中国的核武器。他批评印度的战略决策结构：既然印度已经获得了最终的武器系统（指核武器），它就应当由那些懂得如何使用它的人掌管，也就是说，按下红色按钮的权力应转交给军方。[①]

为了追求印度对中国的“现实威慑”，战略理论家们主张印度必须展示以中国城市为目标的核打击能力。[②] 巴拉特·卡纳德是印度第一届国家安全顾问理事会的成员，同时也是印度核辩论中最大限度派的代表人物。他主张印度应发展成为与英、法、中三国同一级别的核国家，只有这样，印度才可能享有同中国之间的平等的和平。为此，印度必须发展热核武器，这样当中印之间发生冲突时，就可以避免出现中国利用核优势将冲突升级而使印度处于弱势的情况。为了威慑中国，印度的核武器不仅要能打到中国的政治中心北京，还必须能打到中国南部以及东南沿海包括香港、上海在内的商业中心和工业中心。[③] 退役陆军准将维杰·奈尔设计的针对中国的威慑战略更为具体，他认为中国的战略纵深、核武优势、分散的工业结构等因素决定了威慑中国比威慑巴基斯坦要难得多，而这又是完整的印度核威慑结构所必不可少的。在他看来，尽管中国在中印权力平衡中占有优势地位，但中国的主要威胁来自美国、日本等国家。因此，印度只需让中国确信印度的核力量能够摧毁四到五个政治中心城市或者同等数目的战略工业中心，中国就将在全球权力平衡中处于不利地位，这样印度就能够对付来自中国的核冒险。他还认为，由于核威慑需要强调心理上的平衡，因此印度必须发展能够在中国第一次打击下生存下来的核报复能力，这种核报复能力能够同时对以下三类中国目标进行毁灭性打击：（1）四到五个政治中心城市，具体城市的选取应根据对资源的价值进行分析的基础上做出决定；（2）九到十个中国

---

① See Karsten Frey, *India's Nuclear Bomb and National Security*, London and New York: Routledge, 2006, p. 118.

② Arpit Rajain, *Nuclear Deterrence in Southern Asia: China, India and Pakistan*, New Delhi: Sage Publications, 2005, p. 248.

③ Bharat Karnad, “A Thermonuclear Deterrent”, in Amitabh Mattoo ed., *India's Nuclear Deterrent: Pokhran Ⅱ and Beyond*, New Delhi: Har-Anand Publications Pvt Ltd., 1999, pp. 128 – 142.

的战略工业中心，摧毁它们就可以从根本上减缓中国的经济增长；（3）战略海基力量。[1] C. 拉贾·莫汉是当今印度最有影响的战略理论家之一，他有关威慑中国的观点比那些军人出身的战略理论家的观点显得更系统也更温和一些，代表了一段时间内印度战略理论界的主流看法。莫汉的政策建议是印度需要快速完成中程弹道导弹的发展，射程更远的大地Ⅱ型导弹对获取与北京的战略均势来说具有根本意义。他认为发展与北京的战略核均势并不等同于追求反中国的政策，权力平衡不是要界定敌人，而是通过大国之间的能力平衡去寻求战略稳定。[2]

2. 印度核战略对中国周边安全环境的影响

1998 年 5 月的印度核试验直接导致了巴基斯坦的核试验，在两个宿敌都爆炸了自己的核装置之后，南亚地区安全局势骤然紧张起来。核试验只是印度走向核战略的开端，随着印度核战略的深入发展，南亚地区的核武器化已形成不可逆转之势，印巴之间的核军备竞赛也会随之进一步升级。核武器并没有使印巴两国增强安全感，相反两国关系在核试验之后进入一个新的持续紧张的时期。在核试验之后，两国之间经历了一次战争和一次严重的政治危机，威胁使用核武器的言论在这期间从未间断过。尽管印度率先制定了不首先使用核武器的原则，但印度同时强调要发展可信的核威慑，为此它又致力于发展三位一体的第二次核打击能力，但是第二次打击能力不是朝夕之间就可以发展起来的，印度可信的核威慑尚需时日。巴基斯坦由于核力量的相对劣势，它从一开始就坚持不放弃首先使用核武器的原则。因此，从技术角度分析，印巴之间稳定的核威慑关系短期内难以形成。此外，印度和巴基斯坦两国的核指挥与控制体系尚不健全，这也增加了两国之间爆发核冲突的危险。

在 2002 年危机结束之后，印巴关系进入一个逐渐缓和的时期。但

---

① Vijai K. Nair, "The Structure of An Indian Nuclear Deterrent", in Amitabh Mattoo ed., *India's Nuclear Deterrent: Pokhran* Ⅱ *and Beyond*, New Delhi: Har-Anand Publications Pvt. Ltd, 1999, pp. 87–88.

② See Karsten Frey, *India's Nuclear Bomb and National Security*, *London and New York: Routledge*, 2006, p. 119.

是，导致印巴冲突的那些根源仍然存在，两国的敌对关系没有得到根本改变。由于核武器并不能防止常规战争，更不能防止两国间的政治危机，卡吉尔战争并不是两个核武器国家之间发生的第一次有限战争，而且很可能也不是印巴之间发生的最后一次有限战争。从1999年卡吉尔战争和2002年危机中可以看出，印巴危机升级到跨越核门槛的危险是显而易见的，但是那种主张在核威慑的背景下可以打有限战争的理论在印度却已经相当流行。① 然而，在印巴稳定的核威慑关系远未形成，并且双方核武器的指挥控制系统尚不完善的情况下，印巴两国是否有足够的政治智慧与资源防止有限战争不会升级，这是很值得怀疑的。

印度核战略的推行恶化的还不仅是中国的南亚安全环境。如斯蒂芬·科恩所指出的，由于印度的核项目支持者钟情于善意核扩散合理性的设想，认为拥有核武器是一种稳定和缓和的行为，所以很少考虑到印度核项目与除巴基斯坦和中国以外的其他地区核项目的相互作用。② 印度核武器化进程每向前推进一步，就逼着在常规军备上处于劣势的巴基斯坦紧跟印度的步伐。巴基斯坦的核项目虽然是针对印度的，但给以色列带来了严重的问题，使以色列担心，一旦巴基斯坦改变政策，就可能做出和以色列敌对国家共享核技术的决定。巴基斯坦不久也很可能会多一个掌握核武器的西边邻国——伊朗。虽然巴基斯坦和伊朗两国从未处于过敌对状态，但它们在对待巴基斯坦什叶派教徒问题上存在着严重的分歧。科恩的结论是一个亚洲范围内的核系统已初露端倪，亚洲在未来将会出现一个从以色列到朝鲜的核国家链，虽然这些国家有些并不相邻，但它们都可能拥有能够飞到至少两个其他国家的导弹。③ 中国本来就要面临来自美国甚至俄罗斯的核威胁，现在不仅多了印度这个新的核威胁，而且还处于正在形成中的亚洲核系统内，中国的核安全环境正变得糟糕。

---

① P. R. Chari, "Nuclear Crisis, Escalation Control, and Deterrence in South Asia", http://www.stimson.org/southasia/pdf/escalation_ chari.pdf.

② Stephen P. Cohen, *India: Emerging Power*, New Delhi: Oxford University Press, 2001, p. 189.

③ Ibid.

在这个系统内部，包括印度在内的许多国家的核指挥和控制系统仍不完善，其中还有些国家并没有明确的公开核战略，系统内部的核国家因各种不确定性容易遭受攻击，因为一次意外的核武器发射事故很可能会引起一连串的错误评估。在这种情况下，中国不仅要考虑到已知的核威胁，还必须对来自不明国家的意外攻击做出反应。

3. 印美核关系的发展与中国安全

冷战期间，在美苏争霸的背景下，由于国际结构性的原因，印美关系一直处于相互疏远的状态。[①] 早在独立之初，印度就确立了不结盟的外交基本原则。这一外交原则实践的高峰期是在20世纪50、60年代，印度也因此成为国际不结盟运动的重要领导国家。然而，在中印边界冲突失利以及中国成为核武器国家这两大历史事件的影响下，印度的不结盟立场开始动摇。20世纪60年代后期至70年代初，印度曾向西方国家寻求核安全保障，然而都以失败告终。在第三次印巴战争期间，美国曾派遣“企业号”航母进入孟加拉湾，印度人相信该航母携带有核武器，并认为印度受到了美国的核威胁。[②] 这一事件还成为后来印度战略学家主张发展核武器的重要依据之一，美印核关系自一开始就显得不和谐。在1974年印度进行首次核试验之后，美国联合其他国家对印度实行了关于核技术和导弹技术的出口限制。美国不仅严格限制本国与印度的核贸易，还在1975年推动建立了“核供应国集团”，管制全球的核贸易。1978年3月，美国国会通过了《核不扩散法案》，规定核技术的出口必须以买方接受保障监督为前提。印度发展核武器的政策目标与美国在全球范围内防止核扩散的战略目标存在着重大冲突，因此在相当长时间内核武器问题都是制约印美关系发展的一个重要因素。对于印度的决策层来说，从美国冷战时期外交政策吸取的教训就是：美国是一个不值得信

① 马加力：《印美关系走向》，《现代国际关系》2005年第8期，第15页。

② 印度战略学家贾斯吉特·辛格将它列为印度受到核威胁的五次历史事件之一，其他四次均来自巴基斯坦。See Jasjit Singh，“Future of Nuclear Deterrence：Credibility and Consequences”，in Jasjit Singh and Manpreet Sethi eds.，*Nuclear Deterrence and Diplomacy*，New Delhi：Knowledge World，2004，pp. 200 – 202。

任并且有时还是充满敌意的国家。[①]

在1998年印度进行核试验之后，美国支持联合国通过了谴责印巴核试验的1172号决议，并连同中国一起再次对印巴核试验进行了谴责，要求印度放弃核武器化。此外，美国还从经济上对印度进行制裁。印度核试验将紧张的印美核关系推到了顶峰，然而具有讽刺意味的是，正是这次核试验迫使美国不得不改变以核不扩散为重心的对印政策，并重新审视与印度的关系。一方面，克林顿政府不愿意放弃以核不扩散为重点的对印政策；另一方面，美国也认识到以前那种以制裁为手段的政策并没有产生应有的效果。[②] 在经历了一段时间的交锋之后，美国逐渐接受了印度已拥有核武器这一现实，但拒绝承认印度的核国家地位。2000年3月，克林顿在其总统任上的最后一年对印度进行了为期5天的访问，成为近22年来第一位访问印度的美国总统。贾斯旺特·辛格在克林顿来访前曾说过，此访"将启动一个旨在结束过去50年毫无生气的印美关系的进程"。[③] 印度一贯将核武器与大国地位联系在一起，克林顿在核试验之后的印度之行在某种程度上印证了印度的这种看法。

小布什政府上台以后，新的共和党政府继续前任政府重新审视对印政策的做法。尚在2000年大选期间，后来担任小布什政府国家安全顾问的赖斯就撰文称"印度具有崛起为大国的潜质，美国应密切关注印度在地区平衡方面的作用，中国是美印两国的共同考虑因素"。[④] 促使小布什政府对印度核政策做出重要改变的是"9·11"事件，美国出于反恐的现实需要，取消了印度核试验后对印度的所有制裁。但"9·11"事件并非美国对印核政策做出改变的根本原因，更重要的原因在于美国和印度在把中国视为潜在威胁和主要对手这一点上的共同认识，它们在限制中国崛起上有着共同利益。但是，如果印度的力量不足够强大，美国未

---

① Stephen P. Cohen, *India: Emerging Power*, New Delhi: Oxford University Press, 2001, p. 282.

② Ibid., p. 315.

③ 郑瑞祥：《印美关系展望》，《国际问题研究》2000年第4期，第28页。

④ 引自傅小强：《南亚：大国关系新布局》，《世界知识》2006年第6期，第36页。

必会重视印度对中国的牵制作用。实际情况是，印度已经在1998年核试验之后成为事实上的核国家，并且随着印度核战略的深入发展，印度已经具备了打击中国的战略核威慑力量。一些美国人甚至认为，“当一个像中国这样的大国兴起时，需要制衡它。俄罗斯从北方，日本、韩国从东方，印度从西方和南方，总有一天美国人会感谢印度的核试验”。①

印度也有借助美国力量来抗衡中国的想法。印度核谈判首席代表贾斯万特·辛格在《反对核隔离》一文中称：“作为冷战结束后的遗产，新的亚洲平衡正伴随着新的结盟与新的真空的出现而逐渐形成。印度为实现它至高无上的国家利益而适时地修正不平衡并填充危险的真空。印度正为保卫亚洲的平衡而做出贡献，为维护民主制度而努力。”② 言外之意就是，中国的强大已破坏了亚洲的平衡，印度不得已而发展核武器提高本国力量来制衡中国。这样解释的目的，正如一位美国学者在《国际事务》杂志上所评论的：“印度的战略是利用中美间的冲突，来部分充当美国的一个代理人，抵抗中国的威胁，以此摆脱印度的孤立状态。”③

印美两国都有强烈的意愿将双方核关系继续向前推进。2005年7月18日，印度总理曼莫汉·辛格抵美进行正式国事访问。在结束访问之前，双方领导人发表了一份联合声明，其中概括了“美印民用核合作协议”的基本内容，从而成为美印核关系取得重大进展的标志性事件。在这份声明中，美国称印度是一个“拥有先进核技术的负责任国家”，值得“与其他类似国家得到同样的利益和好处”。美国政府表示将寻求国会同意，修改现行美国法律和政策，并将与其友邦和盟国一道调整国际机制，以便能充分与印度开展民用核能合作和贸易，包括但不限于尽快考虑向具有安全保障的塔拉普尔核反应堆提供燃料。同时，美国还将鼓励它的伙伴也尽快考虑这种要求。印度对印美核协议的义务承诺包括：

---

① 引自张利军：《美国南亚政策的目标与思路》，《当代亚太》1999年第7期，第13页。

② Jaswant Singh, “Against Nuclear Apartheid”, http: //www. indianembassy. org/pic/js/js (foreignaffairs) . html.

③ William Walker, “International Nuclear Relations after the Indian and Pakistani Test Explosions”, International Affairs, Vol. 74, No. 3, 1998, p. 41.

（1）分阶段鉴别区分民用和军用核设施与核项目，将民用核设施自觉置于国际原子能机构的监督机制之下；（2）执行国际原子能机构附加议定书所规定的其他监管制度；（3）继续单方面中止核试验；（4）与美国一道为缔结停止生产裂变物质的多边协议（FMCT）而努力；（5）对敏感物资和技术实行全面出口控制；（6）符合并遵守导弹技术控制机制（MTCR）和核供应国集团（NSG）的规定原则。①

“美印民用核合作协议”是印度为实施核战略而展开的外交行动所取得的重大胜利，其核国家的身份实际上通过该协议得到了美国的承认。协议允许印度将其核设施划分为军用和民用两部分，只有民用核设施才接受国际原子能机构的监督，而具体是哪些核设施属于军用、哪些属于民用，这完全由印度说了算。而美国的《防核扩散法》要求对同它进行核能合作的国家，除了其他四个公认的核武器国家外，必须接受“全面安全保障”条件，即将该国全部的核设施和活动置于国际原子能机构的安全保障之下，并且不得从事军事核活动。这事实上就要求除了联合国安理会五个常任理事国以外的所有国家放弃发展核武器，以非核武器国家身份加入《核不扩散条约》，从而取得国际民用核能合作的资格。② 显然，“美印核合作协议”是与美国的《防核扩散法》相抵触的，印度享受到了只有核国家才能得到的美国核合作。

美国不惜以带头违反它所主导的国际核不扩散体制为代价，向印度承诺修改其核不扩散的相关法律来与印度进行核合作，其动机远不是改善美印双边关系那么简单。就美国而言，“中国因素”对美印核合作协议的达成起到了关键性作用。就印度而言，与美国达成核合作协议是获得核国家身份的重要步骤，而且与美国的核贸易可以得到现实的实惠，这对印度进一步深入发展其核威慑力量有着重要意义。印度并不是不清楚美国的意图，甚至在一定程度上，印度也乐于充当美国制衡中国的重要伙伴，如果还不能称之为盟友的话。美印两国学者以及媒体对核协议

① “India-U. S. Joint Statement”, http://www.indianembassy.org/press_release/2005/July/21.htm.

② 参见王艳：《核印度“转正”》，《中国新闻周刊》2006 年第 9 期。

的解读也清楚地表明，防范中国是美印之间进行核合作的重要考量。不少美国的分析认为，美国的主要用意是要利用印度来遏制中国，印美核协议是华盛顿旨在利用印度制衡中国的一个明显信号。卡内基国际和平基金会核不扩散项目负责人约瑟夫·舍林申恩（Joseph Cirincione）指出："该协议的关键是，美国正准备与中国之间发生重大冲突，因此想组建一个反华联盟"；"在这种情形下，印度作为一个核力量甚至比作为非核国家更有利用价值。这是一个在好伙伴和坏家伙之间作选择的计划，重要的是实力政治，而不是核不扩散原则"。[①] 美联社认为，美国显然希望借助核协议拉拢印度来制衡中国，实现其在亚洲的战略布局。[②] 对印度而言，强化与美国的战略关系能极大地增加自身的战略分量。因此，印度官方并不排斥美国利用印度制衡中国的做法。担任印美民用核能合作协议谈判特使的希亚姆·萨兰（Shyam Saran）的看法有典型意义，在2005年11月的一份声明中，他认为"印度与美国能够更好地促进亚洲地区的平衡"，这只能被解释为中国的崛起正在破坏这一地区的平衡。[③]

印美核协议为21世纪以来印美关系的全面升温做了阶段性的总结和诠释，为印美双边关系尤其是战略关系的发展定下了基调。中国对该协议与本国的直接或潜在关联应给予充分重视，如果印美联合声明能得到全面和切实执行，有可能促使印美关系发生根本性转变。

（二）印度核战略对中国南亚政策的影响

印度是中国的第二大邻国，并且两国之间还存在着边界冲突，如何处理好与印度的关系是中国外交中的战略性问题。在印度公开宣布为核国家，并且其核战略以中国为重要威慑目标的背景下，中国的南亚安全战略目标不会发生改变，但是具体的南亚政策却需要根据出现新变化的

---

① 引自张力：《从"核协议"解读印美战略关系》，《南亚研究季刊》2005年第3期，第49页。

② 李韦华、伍浩松编译：《美印全面核合作以及由此引发的思考》，《国外核新闻》2005年第8期，第8页。

③ See Jabin T Jacob，"Indo-US Nuclear Deal：the China Factor"，http：//www. ipcs. org/IPCS-Special-Report－14. pdf，p. 2.

战略环境做出调整。对中国而言，为本国的经济和社会发展创造长期和平与稳定的周边环境，是中国的根本战略利益之所在。印度被称为“正在出现的大国”（Emerging Power），而中国则被称为“正在崛起的大国”（Rising Power），伴随着两国国力增长的必然是相互之间的竞争。中印两国都是核力量国家，如何维持中印之间的良性竞争并在竞争中避免冲突是中印两国都要面对的重要外交课题。

鉴于印度核战略与中国的相关性，核问题成为中国南亚政策中无法回避的一个新问题，应予以高度重视。首先，需要明确的是，印度尽管以“中国威胁”作为核武器化和制定核战略的依据，但中印两国在核武器问题上并非存在着不可调和的矛盾。中印两国均坚持不首先使用核武器的原则，印度实际上并不担心中国会使用核武器威胁印度的安全。在印度国内占主流的最低限度派支持印度核项目的理由在于，印度的安全利益会因不对称的核关系而受损，这正是他们支持印度发展核武器的重要原因。[①] 随着印度成为公开的有核武器国家，以及印度核武器化的进一步推进，印度的这种安全担忧已在逐渐消退。而最大限度派所担心的是，一旦中印发生冲突，印度会因目前的核力量劣势而在危机升级中受到中国的核威胁，但他们的观点在印度并非居于主流。中印之间就核问题展开对话，并据此建立相互之间的各项信任措施是完全有可能的。

其次，尽管印度主流的看法并不是担心来自中国的核攻击，但印度担忧中国与印度的邻国尤其是巴基斯坦之间的战略关系。印度成为有核武器国家的事实也并未消除印度的这种担忧，前文提到的印度国防部年度报告仍无端指责所谓中国向巴基斯坦提供核和导弹技术援助就很能说明印度的担忧。巴基斯坦也是中国的重要邻国，并且在相当长时间内两国之间保持着友好合作关系。这种友好关系仍需持续下去，但如何使中巴

---

① See K. Subrahmanyam, “Nuclear Force Design and Minimum Deterrence Strategy for India”, in Bharat Karnad ed., *Future Imperilled: India's Security in the 1990s and Beyond*, New Delhi: Penguin books India (p) Ltd., 1994; Jasjit Singh, “Future of Nuclear Deterrence: Credibility and Consequences”, in Jasjit Singh and Manpreet Sethi eds., *Nuclear Deterrence and Diplomacy*, New Delhi: Knowledge World, 2004.

关系不影响到中印关系的良好发展，仍是中国南亚政策中需要处理好的一个重要问题。如中国学者指出，南亚地区平衡和稳定及巴基斯坦的健康发展是中国在南亚的两大主要利益。① 如何在存在冲突的印巴之间保持有效的政策平衡，中国的南亚政策必须经受此种考验。

再次，“中国核威胁”在印度国内仍有一定的市场，一个重要的原因在于中印之间尚未完全解决的边界问题。一些印度战略分析家认为，尽管中国对外宣布不首先使用核武器原则，但是当双方因领土争端再次发生冲突时，中国有可能会在其主张的现处于印度控制的领土上威胁使用核武器，从而达到有利于中国的解决方案。② 因此，他们主张印度与中国签订双边的不首先使用核武器协定。但是，在印度尚不具备核国家身份的情况下，印度的这种提议仍难以使中国接受。这一问题需要通过多边而不是双边的途径去解决，中国应积极促成印度加入到国际核不扩散体制中来。在此之后，这两个世界上仅有的坚持不首先使用核武器原则的有核武器国家，有可能达成不首先使用核武器原则的双边协议，并且促使更多的国家接受这一原则，从而最终在加强双边友好关系的同时，为世界和平做出积极贡献。

最后，中国应超越睦邻的概念，用战略的眼光看待印度。③ 在印度成为事实上的核国家之后，美国有意利用印度作为制衡中国的工具。但正如印度学者所指出：“从历史上说印度既不强烈敌视也不完全信赖华盛顿，美国和印度之间平淡的联系也确保印度不会情愿充当美国遏制中国的马前卒。”④ 由于印度已经拥有了核武器能力，并且这种能力还在不断提高，印度对实行独立外交政策具备了更充足的信心。印度主流战略学家主张，不管中美两国对印度的核能力采取何种态度，印度都应当坚持

---

① 张贵洪：《布什政府的南亚政策与中国的安全环境》，《南亚研究》2003 年第 2 期，第 34 页。

② V. N. Khanna, *India's Nuclear Doctrine*, New Delhi: Samskriti, 2000, p. 106.

③ 韩华：《友好邻邦还是安全威胁——中印如何看待对方》，《南亚研究》2002 年第 2 期，第 13 页。

④ ［印］斯瓦兰·辛格、刘卫东：《中印关系中的美国因素》，《美国研究》2006 年第 1 期，第 113 页。

发展独立的核威慑力量，并在中美两国之间保持平衡。[①] 中国驻印度前大使程瑞声曾指出，中印两国之间的最大的共同利益主要不是来自国际或地区的地缘政治，而是来自两国的双边关系。[②] 将中印关系置于战略的高度，可以防止两国关系受到国际上其他因素的不利影响。

① See Karsten Frey, *India's Nuclear Bomb and National Security*, *London and New York*: *Routledge*, 2006, p. 119.

② 程瑞声:《论新世纪的中印关系》,《国际问题研究》2004 年第 3 期，第 44 页。

参考文献

一、中文参考书目

（一）专著与编著

1. 曹永胜、罗健、王京地著：《南亚大象——印度军事战略与发展现状》，北京：解放军出版社，2002 年版。

2. 陈崇北著：《威慑战略》，北京：军事科学出版社，1989 年版。

3. 宫玉振著：《中国战略文化解析》，北京：军事科学出版社，2002 年版。

4. 胡思得主编：《周边国家和地区核能力》，北京：原子能出版社，2006 年版。

5. 林承节著：《独立后的印度史》，北京：北京大学出版社，2005 年版。

6. 林良光、叶正佳、韩华著：《当代中国与南亚国家关系》，北京：社会科学文献出版社，2001 年版。

7. 刘华秋主编：《军备控制与裁军手册》，北京：国防工业出版社，2000 年版。

8. 刘建、朱明忠、葛维钧著：《印度文明》，北京：中国社会科学出版社，2004 年版。

9. 马加力著：《关注印度——崛起中的大国》，天津：天津人民出版社，2002 年版。

10. 钮先钟著：《现代战略思潮》，台北：台湾黎明文化事业股份有限公司，1985 年版。

11. 尚会鹏著：《印度文化传统研究》，北京：北京大学出版社，2004 年版。

12. 孙士海主编：《南亚的政治、国际关系及安全》，北京：中国社会科学出版社，1998 年版。

13. 孙士海主编：《印度的发展及其对外战略》，北京：中国社会科学出版社，2000 年版。

14. 吴永年、赵干城等著：《21 世纪印度外交新论》，上海：上海译文出版社，2004 年版。

15. 王乐理著：《政治文化导论》，北京：中国人民大学出版社，2000 年版。

16. 王逸舟著：《西方国际政治学：历史与理论》，上海：上海人民出版社，1998 年版。

17. 王仲春、闻中华著：《不散的核阴云——核武器与核战略：从昨天到明天》，北京：国防大学出版社，2000 年版。

18. 阎铸主编：《军事战略导论》，北京：中国社会科学出版社，1992 年版。

19. 张贵洪著：《超越均势：论后冷战时期的美国南亚安全战略》，复旦大学博士生论文，2003 年。

20. 张忠祥著：《尼赫鲁外交研究》，北京：中国社会科学出版社，2002 年版。

21. 赵恒著：《印度核政策研究》，复旦大学博士生论文，2004 年。

22. 朱明权、苏长和、吴莼思著：《威慑与稳定——中美核关系》，北京：时事出版社，2005 年版。

（二）译著

1. ［瑞士］A. H. 若米尼著，刘聪译：《战争艺术概论》，北京：解放军出版社，2005年版。

2. ［美］爱德华·鲁特瓦克著，军事科学院外国军事研究部译：《战略——战争与和平的逻辑》，北京：解放军出版社，1990年版。

3. ［英］巴瑞·布赞等著，朱宁译：《新安全论》，杭州：浙江人民出版社，2003年版。

4. ［英］巴兹尔·亨利·利德尔—哈特著，中国人民解放军军事科学院译：《战略论——间接路线战略》，北京：战士出版社，1981年版。

5. ［美］彼得·帕雷特主编，时殷弘等译：《现代战略的缔造者：从马基雅维利到核时代》，北京：世界知识出版社，2006年版。

6. ［美］伯纳德·布罗迪等著，于永安、郭莹译：《绝对武器》，北京：解放军出版社，2005年版。

7. ［德］卡尔·冯·克劳塞维茨著，中国人民解放军军事科学院译：《战争论》，北京：商务印书馆，1982年版。

8. 国际问题研究所编译：《国际条约集（1969—1971）》，北京：商务印书馆，1980年版。

9. ［美］汉斯·J. 摩根索著，徐昕等译，王缉思校：《国家间政治——寻求权力与和平的斗争》，北京：中国人民公安大学出版社，1990年版。

10. ［美］亨利·基辛格著，国际关系研究所编译室译：《选择的必要：美国外交政策的前景》，北京：商务印书馆，1973年版。

11. ［美］亨利·基辛格编，军事科学院外国军事研究部译：《国家战略问题》，北京：军事科学出版社，1992年版。

12. ［印］贾瓦哈拉尔·尼赫鲁著，齐文译：《印度的发现》，北京：世界知识出版社，1956年版。

13. ［澳］克雷格·A. 斯奈德等著，徐纬地等译：《当代安全与战略》，长春：吉林人民出版社，2001年版。

14. ［美］肯尼思·华尔兹著，信强译，苏长和校：《国际政治理论》，上海：上海人民出版社，2003年版。

15. ［英］劳伦斯·弗里德曼著，黄钟青译：《核战略的演变》，北京：中国社会科学出版社，1990 年版。

16. ［美］美国陆军军事学院编，军事科学院外国军事研究部译：《军事战略》，北京：军事科学出版社，1986 年版。

17. ［美］罗伯特·杰维斯著，秦亚青译：《国际政治中的知觉与错误知觉》，北京：世界知识出版社，2003 年版。

18. ［美］罗伯特·基欧汉、约瑟夫·奈著，门洪华译：《权力与相互依赖》，北京：北京大学出版社，2002 年版。

19. ［美］罗杰·斯皮德著，秦志高译：《八十年代战略威慑》，北京：战士出版社，1983 年版。

20. ［瑞典］斯德哥尔摩国际和平研究所编，中国军控与裁军协会译：《SIPRI 年鉴 2003：军备·裁军和国际安全》，北京：世界知识出版社，2004 年版。

21. 《苏联军事百科全书》总编译组：《战争与战略》，北京：中国社会科学出版社，1983 年版。

22. ［美］威廉·默里等编，时殷弘等译：《缔造战略：统治者、国家与战争》，北京：世界知识出版社，2004 年版。

23. ［美］约瑟夫·奈著，张小明译：《理解国际冲突：理论与历史》，上海：上海人民出版社，2002 年版。

24. ［美］约瑟夫·拉彼德、［德］弗里德里希·克拉托赫维尔主编，金烨译：《文化和认同：国际关系回归理论》，杭州：浙江人民出版社，2003 年版。

25. ［美］詹姆斯·多尔蒂、小罗伯特·普法尔茨格拉夫著，阎学通、陈寒溪等译：《争论中的国际关系理论》，北京：世界知识出版社，2003 年版。

二、中文论文

1. 段培君：《战略学何以可能》，《中共中央党校学报》第 7 卷，第 1 期，2003 年 2 月。

2. 罗天虹：《论西方战略与安全研究的转变》，《世界经济与政治》2005 年第 9 期。

3. 刘永涛：《试论西方“战略文化”思潮》，《国际观察》1996 年第 6 期。

4. 李际均：《论战略文化》，《中国军事科学》1997 年第 1 期。

5. 程瑞声：《论新世纪的中印关系》《国际问题研究》2004 年第 3 期。

6. ［印］斯瓦兰·辛格、刘卫东：《中印关系中的美国因素》，《美国研究》2006 年第 1 期。

7. 韩华：《友好邻邦还是安全威胁——中印如何看待对方》，《南亚研究》2002 年第 2 期。

8. 张贵洪：《布什政府的南亚政策与中国的安全环境》，《南亚研究》2003 年第 2 期。

9. 张力：《从“核协议”解读印美战略关系》，《南亚研究季刊》2005 年第 3 期。

10. 王艳：《核印度“转正”》，《中国新闻周刊》2006 年第 9 期。

11. 张利军：《美国南亚政策的目标与思路》，《当代亚太》1999 年第 7 期。

12. 傅小强：《南亚：大国关系新布局》，《世界知识》2006 年第 6 期。

13. 郑瑞祥：《印美关系展望》，《国际问题研究》2000 年第 4 期。

14. 马加力：《印美关系走向》，《现代国际关系》2005 年第 8 期。

15. ［印］斯瓦兰·辛格著，周可欣编译：《核试爆后的中印关系及其走向》，《南亚研究季刊》1999 年第 4 期。

16. 张力：《印度核试以来的中印关系》，《南亚研究季刊》2004 年第 1 期。

17. 杜幼康：《印度核试验与中印关系》，《国际问题论坛》1998 年第 3 期。

18. 张力整理：《印度学者谈印度核战略》，《南亚研究季刊》2000

年第 1 期。

19. 张文木：《核试后南亚形势及走向》，《战略与管理》1999 年第 2 期。

20. 张力：《印度的核政策与核战略》，《南亚研究季刊》2000 年第 2 期。

三、英文参考书目

1. A. J. R. Groom and Margot Light, eds., *Contemporary International Relations: A Guide to Theory*, London: Pinter Publishers Ltd., 1994.

2. A. Subramanyam Raju ed., *Nuclear India: Problems and Perspectives*, New Delhi: South Asian Publishers, 2000.

3. Amitabh Mattoo ed., *India's Nuclear Deterrent: Pokhran Ⅱ and Beyond*, New Delhi: Har-Anand Publications Pvt. Ltd, 1999.

4. Anindya J. Majumdar ed., *Nuclear India into the New Millennium*, New Delhi: Lancers Books, 2000.

5. Anindya J. Majumdar, *Lethal Games: Nuclear Security, Arms Control and Leadership In Indo-Pak Relations*, New Delhi: Lancers Books, 2004.

6. Arpit Rajain, *Nuclear Deterrence in Southern Asia: China, India and Pakistan*, New Delhi: Sage Publications, 2005.

7. Arunabha Ghosh ed., *India's Nuclear Policy: Pokhran Ⅱ and Its Aftermath*, Kolkata: Progressive Publishers, 2002.

8. Ashley J. Tellis, *Stability In South Asia: Prospects of Indo-Pak Nuclear Conflict*, USA: RAND Publications, 2000.

9. Ashley J. Tellis, *India's Emerging Nuclear Posture: Between Recessed Deterrent and Ready Arsenal*, Santa Monica: CA, Rand Corporation, 2001.

10. Ashok Kapur, *India's Nuclear Option: Atomic Diplomacy and Decision Making*, New York: Praeger Publishers, 1976.

11. Barry Buzan, *An Introduction to Strategic Studies: Military Technology*

and International Relations, New York: St. Martin's Press, 1987.

12. Bharat Karnad ed. , *Future Imperilled*: *India's Security in the 1990s and Beyond*, New Delhi: Penguin books India (p) Ltd. , 1994.

13. Bharat Karnad, *Nuclear Weapons & Indian Security*: *The Realist Foundations of Strategy*, Delhi: Macmillan India Limited, 2002.

14. Bhabani Sen Gupta, *Nuclear Weapons?*: *Policy Options for India*, New Delhi/Beverly Hills/London: Sage Publications, 1983.

15. Colin Gray, *Nuclear Strategy and National Style*, Lanham, Md. : Hamilton Press, 1986.

16. Colin Gray, *Modern Strategy*, Oxford: Oxford University Press, 1999.

17. Carl G. Jacobsen ed. , *Strategic Power*: *USA/USSR*, New York: St. Martin's Press, 1990.

18. D. R. SarDesai and Raju G. C. Thomas eds. , *Nuclear India in the Twenty-First Century*, New York: Palgrave-Macmillan Publishes Ltd, 2002.

19. David Cortright and Amitabh Matto eds. , *India and the Bomb*: *Public Opinion and Nuclear Options*, Indiana: University of Notre Dame Press, 1996.

20. Dhirendra ed. SHARMA, *The Indian Atom Power & Proliferation*: *A Documentary History of Nuclear Policies*, *Development and the Critics* 1958 – 1986.

21. G. Evans, Richard Newnham, *The Penguin Dictionary of International Relations*, London: Penguin Books, 1998.

22. Gabriel A. Almond and Sidney Verba, *The Civic Culture*: *Political Attitudesand Democracy in Five Nations*, Princeton, N. J. : Princeton University Press.

23. George Perkovich, *India's Nuclear Bomb*: *The Impact on Global Proliferation*, Berkeley, Los Angeles and London: University of California Press, 1999.

24. Haider K. Nizamani, *The Roots of Rhetoric: Politics of Nuclear Weapons in India and Pakistan*, New Delhi: India Research Press, 2001.

25. Hilary Synnott, *The causes and Consequences of South Asia' s Nuclear Tests*, New York: Oxford University Press, 1999.

26. J. P. Jain, *Nuclear India Volume* Ⅰ, New Delhi: Radiant Publishers, 1974.

27. Jasjit Singh ed., *Nuclear India*, New Delhi: Knowledge World, 1998.

28. Jasjit Singh and Manpreet Sethi eds., *Nuclear Deterrence and Diplomacy*, New Delhi: Knowledge World, 2004.

29. Jaswant Singh, *Defending India*, Chennai: Macmillan India Ltd, 1999.

30. John Baylis, James Wirtz, Eliot Cohen, and Colin S. Gray eds., *Strategy in the Contemporary World: An Introduction to Strategic Studies*, New York: Oxford University Press, 2002.

31. John Glenn, Darryl Howlett, Stuart Poore, eds., *Neorealism Versus Strategic Culture*, Hants: Ashgate Publishing Limited, 2004.

32. K. Sundarji, *Vision 2100: A Strategy for the Twenty-Fist Century*, Delhi: Konark Publishers Pvt Ltd., 2003.

33. Kamal Matinuddin, *The Nuclearization of South Asia*, Oxford University Press, 2002.

34. Karsten Frey, *India's Nuclear Bomb and National Security, London and New York: Routledge*, 2006.

35. Keith R. Krause, ed., *Culture and Security: Multilateralism, Arms Control, and Security Building*, London: Frank Cass, 1999.

36. Ken Booth, *Strategy and Ethnocentrism*, New York: Holmes & Meier Publishers, 1979.

37. Ken Booth and Russell Rrood, eds., *Strategic Culture in the Asia-Pacific Region*, Houndmills, Basingsoke, Hampshirre: Macmillan Press Ltd,

1999.

38. M. L. Sondhi, *Nuclear Weapons and India's National Security*, New Delhi: Har-anand Publications Pvt Ltd., 2000.

39. Peter J. Katzenstein, ed., *The Culture of National Security: Norms and Identity in World Politics*, New York: Columbia University Press, 1996.

40. Prakash Chander, *India and Pakistan Unending Conflict: Nuclear Doctrine and Its Aftermath*, 41. New Delhi: A. P. H. Publishing Corporation, 2003.

42. Lt Gen Pran Pahwa, PVSM (Retd.), *Command And Control Of Indian Nuclear Forces*, New Delhi: Knowledge World, 2002.

43. R. R. Subramanian, *India, Pakistan, China: Defence and Nuclear Tangle in South Asia*, New Delhi: ABC Publishing House, 1989.

44. Raj Chengappa, *Weapons of Peace: The Secret Story of India's Quest to be a Nuclear Power*, New Delhi: HarperCollins Publishers India Pvt Ltd, 2000.

45. Rear Admiral Raja Menon, *A Nuclear Strategy for India*, New Delhi: Sage Publications, 2000.

46. Rear Admiral Raja Menon eds., *Weapons of Mass Destruction: Options for India*, New Delhi: Sage Publications, 2004.

47. Raju G. C. Thomas and Amit Gupta eds., *India's Nuclear Security*, Colorado: Lynne Rienner Publishers, Inc., 2000.

48. Robert M. Lawrence and Joel Larus eds., *Nuclear Proliferation Phase* Ⅱ, Lawrence/Manhattan/Wichita: The University Press of Kansas, 1974.

49. Sampooran Singh, *India and the Nuclear Bomb*, New Delhi: S. Chand & Co. Pvt Ltd., 1971.

50. Sumit Ganguly, *India As an Emerging Power*, London and Portland: Frank Cass, 2003.

51. Stephen P. Cohen, *India: Emerging Power*, New Delhi: Oxford University Press, 2001.

52. V. N. Khanna, *India's Nuclear Doctrine*, New Delhi: Samskriti, 2000.

四、英文论文

1. Adirupa Sengupta, "Scientist Says bomb was tested in 74'", India Abroad, 17 October, 1998.

2. A. G. Noorani, "India's Quest for a Nuclear Guarantee", Asian Survey, Vol. 7, No. 7, 1967.

Alastair Iain Johnston, "Thinking about strategic culture", International Security, Vol. 19, No. 4, 1995.

3. Colin S. Gray, "Across the Nuclear Divide-Strategic Studies, Past and Present", International Security, Vol. 2, No. 1, 1977.

4. Colin S. Gray, "National style in Strategy", International Security, 1981, Vol. 6, No. 2, 1981, p. 21.

5. David Albright, "India's Military Plutonium Inventory, End 2004", ISIS website, May 7, 2005.

6. David Baldwin, "Security Studies and the End of Cold War", World Politics, Vol. 48, No. 1, 1995.

7. Ernst Hass, "Why Collaborate? Issue-Linkage and International Regimes", World Politics, Vol. 32, No. 3, 1980.

8. George Tanham, "Indian Strategic Culture", Washington Quarterly, Vol. 15, No. 1, 1992.

9. Jack S. Levy, "Learning and Foreign Policy: Sweeping a Conceptual minefield", International Organization Vol. 48, No. 2, 1994.

10. Jeffrey S. Lantis, "Strategic Culture and National Security Policy", International Studies Review, Vol. 4 Issue 3, 2002.

11. John Cherian, "The BJP and the bomb", http://www.hinduonnet.com/fline/fl1508/15080040.htm.

12. Joseph S. Nye, Jr. , "Nuclear learning and U. S. - Soviet security Regimes", International Organization, Vol. 41, No. 3, 1987.

13. Jaswant Singh, "Against Nuclear Apartheid", http: //www. indianembassy. org/pic/js/js (foreignaffairs) . html.

14. K. Subrahmanyam, "A Credible Deterrent", http: //www. indianembassy. org/press/New_ Delhi_ Press/October_ 1999/Credible_ Deterrent_ Oct_ 04_ 1999. htm.

15Mohammed Badrul Alam, "Analysing India's Nuclear Doctrine: Is It a Paradigm Shift?", Journal of Asia-Pacific Affairs, Vol. 6, 2005.

16. Mohammed B. Alam, "India's Nuclear Doctrine: Context and Constraints", Working Paper No. 11, South Asia Institute, University of Heidelberg, Germany, October 2002.

17. M. V. Ramana, "Scientists, Nuclear Weapons, and Peace in India", http: //www. inesap. org/bulletin22/bul22art08. htm.

18M. V. Ramana and Zia Mian, "The Nuclear Confrontation in South Asia", http: //www. inesap. org/bulletin23/art11. htm.

19. P. R. Chari, "India's Nuclear Doctrine: Confused Ambitions", The Nonproliferation Review, Fall-Winter, 2000.

20. Rahul Roy-Chaudhury, "Nuclear Doctrine, Declaratory Policy, and Escalation Control", http: //www. stimson. org/southasia/pdf/ESCCONTROLCHAPTER5. pdf, p. 112.

21. Rajesh M. Basrur, "Nuclear Weapons and Indian Strategic Culture", Journal Peace Research, Vol. 38, No. 2, 2001.

22. Ramesh Thakur, "The Impact of the Soviet Collapse on Military Relations with India", Europe-Asia Studies, Vol. 45, No. 5, 1993.

23. Richard K. Betts, "Should Strategic Studies Survive?", World Politics, Vol. 50, No. 1, 1997.

24. Rajesh M. Basrur, "Nuclear India at the Cross Roads", Arms Control Today, Washington, September 2003, http: //www. armscontrol. org/act/

2003 – 09/Basrur. asp.

25. Rodney W. Jones andSumit Ganguly, "Debating New Delhi' s Nuclear Decision", International Security, Vol. 24, No. 4, 2000.

26. Sandy Gordon, "Capping South Asia's Nuclear Weapons Programs: A Window of Opportunity?", Asian Survey Vol. 34, No. 7, 1994.

27. Sumit Ganguly, "India's Pathway to Pohkran Ⅱ: The Prospects and Sources of New Delhi's Nuclear Weapons Program", International Security, Vol. 23, No. 4, 1999.

28. Waheguru Pal Singh Sidhu, "Evolution of India's Nuclear Doctrine", http://www. cprindia. org/admin/paper/Sidhu. pdf.

29. William Walker, "International Nuclear Relations after the Indian and Pakistani Test Explosions", International Affairs, Vol. 74, No. 3, 1998.

30. Yitzhak Klein, "A Theory of Strategic Culture", Comparative Strategy, Vol. 10, No. 1, 1991.

五、互联网资源

1. 工程师与科学家反扩散国际网，http://www. inesap. org/
2. 核武器档案网，http://nuclearweaponarchive. org/
3. 军备控制协会，http://www. armscontrol. org/
4. 卡内基和平基金会不扩散项目，http://cns. miis. edu/
5. 科学与国际安全协会，http://www. isis-online. org/
6. 美国 NTI 网站，http://www. nti. org
7. 美国科学家联合会，http://www. fas. org
8. 美国自然资源保护委员会，http://www. nrdc. org
9. 印度总理府，http://pmindia. nic. in/
10. 印度外交部，http://meaindia. nic. in/
11. 印度驻美大使馆，http://www. indianembassy. org
12. 印度国防部，http://mod. nic. in

13. 印度人民党，http：//bjp. org/
14. 印度和平与冲突研究所，http：//www. ipcs. org
15. 印度拉迪夫（rediff）网站，http：//www. rediff. com
16. 斯德哥尔摩国际和平研究所，http：//www. sipri. org/
17. 蒙特雷国际学院防扩散研究中心，http：//cnc. miis. edu
18. 史汀生中心，http：//www. stimson. org
19. 普格瓦什科学与世界事务会议，http：//www. pugwash. org
20. 中国外交部网站，http：//www. fmprc. gov. cn/

后记

本书是在笔者的博士论文基础上修改而成的。选择印度核问题作为博士论文的研究主题并非笔者的初衷。因此，当导师沈丁立老师要求笔者将研究方向转向南亚时，笔者曾一度因自己的短视而在心理上难以接受。但随着研究的逐步深入，笔者对南亚问题有了新的认识；通过对印度核战略的研究，笔者找到了研究南亚问题的一个很好的切入点，并明确了主要研究方向。沈老师作为导师，在笔者的学术之路上充当了引路人的角色。就这篇论文而言，从选题到定稿，从框架到具体内容，都在沈老师的悉心指导范围之内。在某种程度上甚至可以说，本论文是对沈老师敏锐思想的注脚，如果有一些可取之处，那首先应归功于沈老师的指导。

坦率地说，作为一个文科背景出身的研究者，核战略方面的研究并非笔者特长，笔者本人对最终研究成果也不是特别满意。在勉力完成这项研究之后，笔者曾一度有意无意间将出书事宜搁置下来。这本著作最终得以面世，首先应感谢笔者的中心主任杜幼康教授。他不仅给予了笔者很多研究方面的重要指导和建议，同时还积极为笔者争取了出版基金。此外，无论是在学业还是生活的诸多方面，杜教授都给予了笔者太多帮助。能遇到杜教授这样的良师益友，实乃笔者一生之所幸。

感谢复旦大学国际问题研究院的各位同事。从论文的写作到成书的过程中，任晓教授、石源华教授、苏长和教授、吴心伯教授、信强教授、徐以骅教授、张贵洪教授、张家栋教授、赵华胜教授、王小华老师等分别给予了不同方面的关心与帮助。还要特别感谢中国国际战略研究基金会张沱生研究员、中国社会科学院樊吉社研究员、中国军事科学院姚云竹研究员。在他们的邀请下，笔者得以有幸参加《各国核战略比较》研究课题，并在参与研究的过程中加深了对印度核战略的理解，姚云竹老师更是对笔者完成的研究成果全文进行了评阅与修改。感谢南亚研究界的各位同仁，特别是在与刘学成研究员、孙士海研究员、张力教授、赵干城研究员等前辈的学习交流中，笔者获益良多。

云南财经大学印度洋地区研究中心给笔者提供了许多与南亚学界同仁交流的机会，更是直接提供了本书的出版资金。时事出版社的谢琳女士以她高效的工作和认真负责的态度，对本书的出版提供了重要帮助。此外，家人、老师、同学、朋友给予了笔者很多关怀和帮助，在此一并致谢。

章节根

2015 年 12 月于复旦大学文科大楼

图书在版编目（CIP）数据

印度的核战略/章节根著．—北京：时事出版社，2015.12
ISBN 978-7-80232-911-9

Ⅰ.①印… Ⅱ.①章… Ⅲ.①核战略—研究—印度 Ⅳ.①E817

中国版本图书馆 CIP 数据核字（2015）第 266995 号

出 版 发 行：时事出版社
地　　　址：北京市海淀区万寿寺甲 2 号
邮　　　编：100081
发 行 热 线：（010）88547590　88547591
读者服务部：（010）88547595
传　　　真：（010）88547592
电 子 邮 箱：shishichubanshe@sina.com
网　　　址：www.shishishe.com
印　　　刷：北京市昌平百善印刷厂

开本：787×1092　1/16　印张：15.75　字数：225 千字
2015 年 12 月第 1 版　2015 年 12 月第 1 次印刷
定价：60.00 元
（如有印装质量问题，请与本社发行部联系调换）